Econometrics

計量経済学講義

難波 明生
Namba Akio

日本評論社

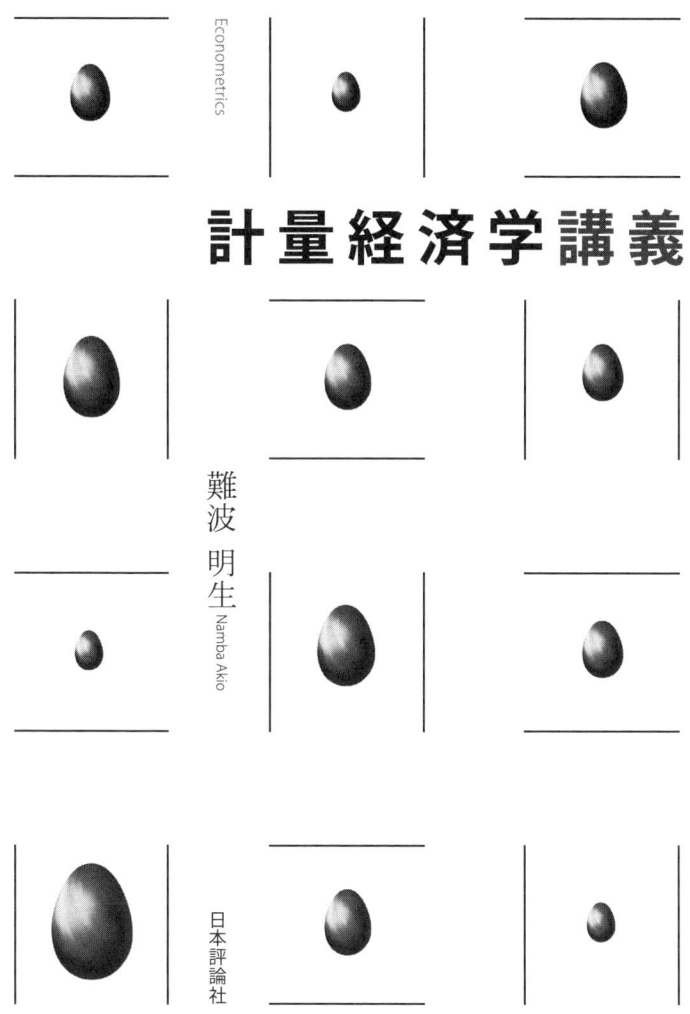

●──はしがき

本書は，学部上級生および大学院1年次の学生を対象に，計量経済学の基礎理論を解説することを目標とする．コンピュータおよびソフトウェアの発展とともに，計量経済学は多くの学生に利用可能なものとなり，卒業論文や修士論文・博士論文には，計量経済学を利用して実証分析を行っている論文が数多く見られる．それに伴い，計量経済学の理論や応用法を説明した書籍が多数発行されている．これらの中には，様々なモデルを紹介している上に，努力次第で学部生でも理解できるように書かれている非常に優れたものがいくつもある．また，最近のソフトウェアを用いれば，計量経済学の理論的な背景を知らなくても，様々なモデルを推定して分析を行えるようになってきた．この結果，計量経済学に触れる学生が今後ますます増加するであろうと期待される．このように，計量経済学が難解なものではなく，誰にでも利用できるツールとなってきているのは非常に喜ばしいことである．

しかし，このような優れた書籍，ソフトウェアによって計量経済学の魅力に触れた学生が，さらに新しい手法やモデルを利用したいと考えた場合には，計量経済学の理論に関する知識が必要不可欠となる．計量経済学の理論を学習する際に，欧米の大学院でテキストとして用いられている書籍を読むことは非常に良い方法である．しかし，実際にそれらの書籍にあたればすぐにわかることではあるが，テキストとして用いられているような著名な計量経済学の書籍は，どれもかなり分厚いものである．これは，現在の計量経済学で扱われるモデルや手法が多岐にわたるものになっているためである．このような書籍を隅々まで読むのはもちろんすばらしいことではあるが，限られた時間内に論文を作成しなければならない学生にとっては，「基礎となる理論」を勉強した後は自身の興味のあるトピックに集中して勉強することも重要であろう．本書の目的は，この「基礎となる理論」について解説することである．

もう少し詳しくいえば，「基礎となる理論」は推定法・検定法であるが，これは計量経済学を学習する全ての者が避けては通れない部分であるとともに，これをある程度理解しておけば，かなり幅広いモデルに対して応用が利く．読者には，この「基礎となる部分」を理解した上で，自身の興味あるトピックに関する書籍や論文を読む，あるいは，巻末の参考文献で挙げた書籍を読むなどして，さらに知識を蓄え，理解を深めていただければと思う．本書は，さらなる学習・研究において応用が利くように，ある程度一般性のある記述になるように配慮したつもりであるので，必要に応じて副読本のように利用してもらえれば幸いである．

本書で前提としている基礎知識は，統計学の基礎（推定・検定まで），計量経済学の基礎（単回帰・重回帰程度まで）および微積分の基礎（自然対数の微分・合成関数の微分・偏微分程度まで）である．大学院レベルの計量経済学の理論を効率的に扱うには，線形代数（行列・ベクトル）が不可欠であるが，これはいくつかの数学定理・公式とともに第Ⅱ部の９章，10章にまとめてある．必要に応じて参照し，それでもなお知識不足であると感じる読者は，巻末の参考文献に挙げた書籍を利用するなどして補足していただきたい．また，11章では，数理統計学の基礎に関する補足をまとめている．11章の内容全てが第Ⅰ部の本編で必要になるわけではないが，本編をより深く理解するために役立つと思うので，必要に応じて参照するとともに，数理統計学を学んだ経験のない読者は，一度全体に目を通していただければと思う．

本書は，筆者が講義で用いていた「講義ノート」をもとに加筆・修正を行ったものである．このようなノートを準備した理由は，筆者自身が神戸大学大学院経済学研究科の学生であった頃，大谷一博，谷崎久志の両先生が講義において配布して下さった講義ノートが，学習過程において大きな助けになったからである．本書の内容も，両先生の講義ノートから多くの影響を受けている．さらに，両先生には学生の頃より多大なるご指導，ご支援を賜っている．心より感謝したい．また，前述の両先生に加えて，神戸大学で同じ講座に所属する（あるいは所属した）羽森茂之，松林洋一，福重元嗣，山根史博，末石直也の諸先生方からは，研究・教育についてご支援，ご助言をいただくとともに多くの学問的刺激を受けている．さらに，全員の名前を挙げることはできないが，神戸大学に所属する多くの先生方からも多くの学問的刺激やご支援をいただいている．

前述のように，本書は筆者の講義ノートをもとにしているが，本書の内容からもわかるように，講義では計量経済学の基礎理論に関する解説を主として行っており，応用研究についてはほとんど触れていない．筆者がこのように基礎理論のみに集中した講義を行うことができるのも，他の先生方が実際の応用に関する優れた講義を数多く開講してくださっているからである．記して感謝の意を表したい．また，筆者が個人ページ上で公開していた講義ノートに目をとめて，このような出版の機会を与えてくださるとともに，原稿を丁寧にチェックし，数多くの有益な助言をしてくださった日本評論社第2編集部の吉田素規氏にもこの場を借りてお礼を述べたい．最後に，いつも筆者の研究・教育活動を支えてくれる家族に深く感謝したい．

2015年4月

難波明生

●——目　次

I

計量経済学の基礎理論

第1章 重回帰

本章では，重回帰モデルにおける最小自乗推定量を導出し，その基本的な性質について説明する．重回帰モデルを効率的に扱うには，行列およびベクトルの基礎的な知識が必要になるが，これらは10章にまとめてあるので，必要に応じて参照していただきたい．

1.1 重回帰のベクトル・行列表現

回帰係数が k 個ある線形回帰モデル

$$y_i = \beta_1 x_{1i} + \beta_2 x_{2i} + \cdots + \beta_k x_{ki} + u_i \tag{1.1}$$

を**重回帰モデル**（**multiple regression model**）という．ただし $i = 1, 2, \ldots, n$ であり，x_{ji} は j 番目の説明変数の，i 番目の観測値を表す．全ての i に対して $x_{1i} = 1$ であるとすれば，β_1 は定数項になる．

回帰係数のベクトルを $\boldsymbol{\beta} = [\beta_1\, \beta_2 \cdots \beta_k]'$，説明変数の i 番目の観測値のベクトルを $\boldsymbol{x}_i' = [x_{1i}\, x_{2i} \cdots x_{ki}]$ とすると，(1.1) 式の重回帰モデルは

$$y_i = [x_{1i}\, x_{2i} \cdots x_{ki}] \begin{bmatrix} \beta_1 \\ \beta_2 \\ \vdots \\ \beta_k \end{bmatrix} + u_i = \boldsymbol{x}_i' \boldsymbol{\beta} + u_i \tag{1.2}$$

と書き表すことができる．本書では，ここでの表記のように，特に断らない場合には，列ベクトルを用いてベクトルを表すことにする．(1.2) 式が $i = 1, 2, \ldots, n$ に

対して成り立つので

$$\begin{aligned} y_1 &= \boldsymbol{x}_1{}'\boldsymbol{\beta}+u_1 \\ y_2 &= \boldsymbol{x}_2{}'\boldsymbol{\beta}+u_2 \\ &\vdots \\ y_n &= \boldsymbol{x}_n{}'\boldsymbol{\beta}+u_n \end{aligned}$$

である．この式を行列でまとめると

$$\begin{bmatrix} y_1 \\ y_2 \\ \vdots \\ y_n \end{bmatrix} = \begin{bmatrix} \boldsymbol{x}_1{}' \\ \boldsymbol{x}_2{}' \\ \vdots \\ \boldsymbol{x}_n{}' \end{bmatrix}\boldsymbol{\beta}+\begin{bmatrix} u_1 \\ u_2 \\ \vdots \\ u_n \end{bmatrix}$$

と書ける．したがって

$$\boldsymbol{y} = \begin{bmatrix} y_1 \\ y_2 \\ \vdots \\ y_n \end{bmatrix},\quad \boldsymbol{u} = \begin{bmatrix} u_1 \\ u_2 \\ \vdots \\ u_n \end{bmatrix},\quad \boldsymbol{X} = \begin{bmatrix} \boldsymbol{x}_1{}' \\ \boldsymbol{x}_2{}' \\ \vdots \\ \boldsymbol{x}_n{}' \end{bmatrix} = \begin{bmatrix} x_{11} & x_{21} & \cdots & x_{k1} \\ x_{12} & x_{22} & \cdots & x_{k2} \\ \vdots & & & \vdots \\ x_{1n} & x_{2n} & \cdots & x_{kn} \end{bmatrix}$$

とすれば，重回帰モデルは

$$\boldsymbol{y} = \boldsymbol{X\beta}+\boldsymbol{u} \tag{1.3}$$

と書き表すことができる．

1.2 最小自乗法

$\tilde{\boldsymbol{\beta}} = [\tilde{\beta}_1\,\tilde{\beta}_2\cdots\tilde{\beta}_k]'$ を $\boldsymbol{\beta}$ の推定量のベクトルとする．このとき，推定の残差は

$$e_i = y_i-\tilde{y}_i = y_i-\boldsymbol{x}_i{}'\tilde{\boldsymbol{\beta}},\quad i = 1, 2, \ldots, n$$

となる．残差ベクトルを $\boldsymbol{e} = [e_1\,e_2\cdots e_n]'$ とすると

$$\boldsymbol{e} = \boldsymbol{y}-\boldsymbol{X}\tilde{\boldsymbol{\beta}}$$

である．このことから，残差２乗和は

$$\begin{aligned} S(\tilde{\boldsymbol{\beta}}) &= \sum_{i=1}^{n} e_i^2 = \boldsymbol{e}'\boldsymbol{e} = (\boldsymbol{y}-\boldsymbol{X}\tilde{\boldsymbol{\beta}})'(\boldsymbol{y}-\boldsymbol{X}\tilde{\boldsymbol{\beta}}) \\ &= \boldsymbol{y}'\boldsymbol{y}-\boldsymbol{y}'\boldsymbol{X}\tilde{\boldsymbol{\beta}}-\tilde{\boldsymbol{\beta}}'\boldsymbol{X}'\boldsymbol{y}+\tilde{\boldsymbol{\beta}}'\boldsymbol{X}'\boldsymbol{X}\tilde{\boldsymbol{\beta}} = \boldsymbol{y}'\boldsymbol{y}-2\boldsymbol{y}'\boldsymbol{X}\tilde{\boldsymbol{\beta}}+\tilde{\boldsymbol{\beta}}'\boldsymbol{X}'\boldsymbol{X}\tilde{\boldsymbol{\beta}} \end{aligned}$$

となる．最後の行の変換では，$\boldsymbol{y}'\boldsymbol{X}\tilde{\boldsymbol{\beta}}, \tilde{\boldsymbol{\beta}}'\boldsymbol{X}'\boldsymbol{y}$ ともにスカラーであるから $\boldsymbol{y}'\boldsymbol{X}\tilde{\boldsymbol{\beta}} = \tilde{\boldsymbol{\beta}}'\boldsymbol{X}'\boldsymbol{y}$ となることを用いている．最小自乗推定量を求めるには，この残差2乗和を $\tilde{\boldsymbol{\beta}}$ で微分したものを $\mathbf{0}$ と置けばよい．$\boldsymbol{y}'\boldsymbol{X}$ が $1\times k$ のベクトルであることと $\boldsymbol{X}'\boldsymbol{X}$ が対称行列であることに注意して，10.11 節の公式を利用して残差2乗和を微分すると

$$\frac{\partial S(\tilde{\boldsymbol{\beta}})}{\partial \tilde{\boldsymbol{\beta}}} = -2\boldsymbol{X}'\boldsymbol{y}+2(\boldsymbol{X}'\boldsymbol{X})\tilde{\boldsymbol{\beta}}$$

となる．したがって，最小自乗推定量を $\boldsymbol{b}$ とすると，$\boldsymbol{b}$ は

$$-2\boldsymbol{X}'\boldsymbol{y}+2(\boldsymbol{X}'\boldsymbol{X})\boldsymbol{b} = \mathbf{0}$$

つまり

$$\boldsymbol{X}'\boldsymbol{y} = (\boldsymbol{X}'\boldsymbol{X})\boldsymbol{b}$$

を満たすベクトルである．この式は**正規方程式（normal equation）**と呼ばれる．

$\boldsymbol{X}$ のランクが k である（このとき，$\boldsymbol{X}$ は**フルランク〈full rank〉**であるといい，どの説明変数も他の説明変数の線形結合ではない）とき，$(\boldsymbol{X}'\boldsymbol{X})^{-1}$ が存在し

$$\boldsymbol{b} = (\boldsymbol{X}'\boldsymbol{X})^{-1}\boldsymbol{X}'\boldsymbol{y} \tag{1.4}$$

となる．

この $\boldsymbol{b}$ が $S(\tilde{\boldsymbol{\beta}})$ を最小化する値であって，最大化する値でないことは $S(\tilde{\boldsymbol{\beta}})$ のヘッシアン $\partial^2 S(\tilde{\boldsymbol{\beta}})/\partial\tilde{\boldsymbol{\beta}}\partial\tilde{\boldsymbol{\beta}}' = 2\boldsymbol{X}'\boldsymbol{X}$ が正値定符号行列であることからわかる[1)]．また，$\boldsymbol{X}'\boldsymbol{X}$ が正値定符号行列であることは，$\boldsymbol{X}$ がフルランクのとき，$\boldsymbol{d} = \boldsymbol{X}\boldsymbol{c}$ とすると，任意の $\mathbf{0}$ でないベクトル $\boldsymbol{c}$ について $\boldsymbol{c}'\boldsymbol{X}'\boldsymbol{X}\boldsymbol{c} = \boldsymbol{d}'\boldsymbol{d} > 0$ となることからわかる．

1.3 残差の性質

重回帰モデルにおいて，(1.4)式の最小自乗法を用いた場合の残差ベクトルは

$$\boldsymbol{e} = \boldsymbol{y}-\boldsymbol{X}\boldsymbol{b} = \boldsymbol{y}-\boldsymbol{X}(\boldsymbol{X}'\boldsymbol{X})^{-1}\boldsymbol{X}'\boldsymbol{y} = [\boldsymbol{I}_n-\boldsymbol{X}(\boldsymbol{X}'\boldsymbol{X})^{-1}\boldsymbol{X}']\boldsymbol{y} = \boldsymbol{M}\boldsymbol{y}$$

1）定符号行列については，10.10 節を参照.

となる．ただし $\boldsymbol{M}=\boldsymbol{I}_n-\boldsymbol{X}(\boldsymbol{X}'\boldsymbol{X})^{-1}\boldsymbol{X}'$，$\boldsymbol{I}_n$ は $n\times n$ の単位行列であり，$\boldsymbol{M}'=\boldsymbol{M}$ かつ $\boldsymbol{M}\boldsymbol{M}=\boldsymbol{M}$ なので $\boldsymbol{M}$ は対称な**べき等行列**（**idempotent matrix**）である．また $\boldsymbol{M}$ の左から $\boldsymbol{X}'$ を掛けると

$$\boldsymbol{X}'\boldsymbol{M}=\boldsymbol{X}'[\boldsymbol{I}_n-\boldsymbol{X}(\boldsymbol{X}'\boldsymbol{X})^{-1}\boldsymbol{X}']=\boldsymbol{X}'-(\boldsymbol{X}'\boldsymbol{X})(\boldsymbol{X}'\boldsymbol{X})^{-1}\boldsymbol{X}'=\boldsymbol{X}'-\boldsymbol{X}'=\boldsymbol{0}$$

となることがわかる．同様に $\boldsymbol{M}\boldsymbol{X}=\boldsymbol{0}$ も成立する．このことから，上の式で得られた $\boldsymbol{e}=\boldsymbol{M}\boldsymbol{y}$ という関係に $\boldsymbol{y}=\boldsymbol{X}\boldsymbol{\beta}+\boldsymbol{u}$ を代入すると，残差と撹乱項の間に

$$\boldsymbol{e}=\boldsymbol{M}(\boldsymbol{X}\boldsymbol{\beta}+\boldsymbol{u})=\boldsymbol{M}\boldsymbol{u} \tag{1.5}$$

という関係があることがわかる．また，説明変数と残差には

$$\boldsymbol{X}'\boldsymbol{e}=\boldsymbol{X}'\boldsymbol{M}\boldsymbol{y}=\boldsymbol{0}$$

という関係があることがわかる．このことを，残差 $\boldsymbol{e}$ と説明変数 $\boldsymbol{X}$ は**直交**するという．$\boldsymbol{X}$ の 1 列目の要素が全て 1 であれば（つまり回帰式が定数項を含めば），$\boldsymbol{X}'\boldsymbol{e}$ の第 1 列の要素は $\sum_{i=1}^{n}e_i$ を意味する．したがって，回帰式が定数項を含む場合，最小自乗法による残差の総和は 0 になる．また，回帰直線の理論値 $\hat{\boldsymbol{y}}=\boldsymbol{X}\boldsymbol{b}$ と残差 $\boldsymbol{e}$ も，

$$\boldsymbol{e}'\hat{\boldsymbol{y}}=\boldsymbol{e}'\boldsymbol{X}\boldsymbol{b}=\boldsymbol{y}'\boldsymbol{M}\boldsymbol{X}\boldsymbol{b}=\boldsymbol{0}$$

であるから直交する．

1.4 決定係数

決定係数は次のように定義される

$$R^2=1-\frac{\sum_{i=1}^{n}e_i^2}{\sum_{i=1}^{n}(y_i-\bar{y})^2}$$

ただし $\bar{y}$ は y_i の標本平均である．$\boldsymbol{\iota}$ を全ての要素 が 1 であるような列ベクトルであるとすると，$\bar{y}=\boldsymbol{\iota}'\boldsymbol{y}/n$ であるから

$$\begin{aligned}\sum_{i=1}^{n}(y_i-\bar{y})^2&=(\boldsymbol{y}-\tfrac{1}{n}\boldsymbol{\iota}\boldsymbol{\iota}'\boldsymbol{y})'(\boldsymbol{y}-\tfrac{1}{n}\boldsymbol{\iota}\boldsymbol{\iota}'\boldsymbol{y})\\&=\boldsymbol{y}'(\boldsymbol{I}_n-\tfrac{1}{n}\boldsymbol{\iota}\boldsymbol{\iota}')(\boldsymbol{I}_n-\tfrac{1}{n}\boldsymbol{\iota}\boldsymbol{\iota}')'\boldsymbol{y}=\boldsymbol{y}'(\boldsymbol{I}_n-\tfrac{1}{n}\boldsymbol{\iota}\boldsymbol{\iota}')\boldsymbol{y}\end{aligned}$$

となる（$[\boldsymbol{I}_n-\frac{1}{n}\boldsymbol{\iota}\boldsymbol{\iota}']$ は対称なべき等行列である）．したがって，決定係数は

$$R^2=1-\frac{\boldsymbol{e}'\boldsymbol{e}}{\boldsymbol{y}'(\boldsymbol{I}_n-\frac{1}{n}\boldsymbol{\iota}\boldsymbol{\iota}')\boldsymbol{y}}$$

と書き表すことができる．

回帰式が定数項を持つ場合，決定係数には $0 \leqq R^2 \leqq 1$ という性質がある．また，決定係数は残差2乗和 $\boldsymbol{e}'\boldsymbol{e}$ が小さいほど1に近くなる．このことから，決定係数は回帰モデルの当てはまりの良さを表す指標であると考えることができる．

実際の分析においては，どのような変数を説明変数として回帰式に含めればよいかは未知である．したがって，残差2乗和が小さくなるような，言い換えれば決定係数が1に近くなるような説明変数を回帰式に含めようとするのは自然な考えであろう．しかしながら，説明変数を回帰式に加えたとき，残差2乗和は必ず小さくなる（より厳密に言えば，説明変数を加えたときに残差2乗和が大きくなることはない）．このことから，決定係数が大きい回帰モデルの方が良いモデルであるという判断基準に従うと，実際には無関係な説明変数を含んでいたとしても，説明変数の多いモデルの方が良いモデルであるということになってしまう．そこで，重回帰モデルの当てはまりの良さを考える場合には，自由度修正済み決定係数

$$\bar{R}^2=1-\frac{\sum_{i=1}^{n}e_i^2/(n-k)}{\sum_{i=1}^{n}(y_i-\bar{y})^2/(n-1)}=1-\frac{\boldsymbol{e}'\boldsymbol{e}/(n-k)}{\boldsymbol{y}'(\boldsymbol{I}_n-\frac{1}{n}\boldsymbol{\iota}\boldsymbol{\iota}')\boldsymbol{y}/(n-1)}$$

が用いられる．複数のモデルを推定した場合には，$\bar{R}^2$ が大きいモデルの方が当てはまりが良いと考えることができる．

このように，$\bar{R}^2$ はモデル選択を行うための一つの基準と考えることができる．その他のモデル選択の基準については8.5節で説明する．

1.5 回帰モデルにおける仮定と最小自乗推定量の性質

1.5.1 回帰モデルにおける仮定

回帰モデルにおいては，通常以下のような仮定が置かれる．

1. $\boldsymbol{X}$ は非確率変数の行列であり，ランクは k である．
2. $\mathrm{E}[\boldsymbol{u}]=\boldsymbol{0}$
3. $\mathrm{E}[\boldsymbol{u}\boldsymbol{u}']=\sigma^2\boldsymbol{I}_n$

1のランクに関する仮定は，1.2 節でも述べたが，どの説明変数も他の説明変数の線形結合ではないことを意味しており，最小自乗推定量を求めるために必要な仮定である．2の仮定は被説明変数の期待値について $\mathrm{E}[\boldsymbol{y}]=\boldsymbol{X\beta}$ が成立することを意味している．3の仮定は，2の仮定とともに用いると，全ての観測値について攪乱項 u_i の分散は $\mathrm{V}[u_i]=\mathrm{E}[u_i^2]=\sigma^2$ であり，異なる観測値に対する攪乱項 u_i と u_j の共分散は $\mathrm{Cov}[u_i,u_j]=\mathrm{E}[u_iu_j]=0$（$i\neq j$）である，つまり u_i と u_j は無相関であることを意味している．

1.5.2　最小自乗推定量の平均と分散

上記の仮定の下で，最小自乗推定量の平均と分散を求めよう．まず，仮定1により最小自乗推定量が存在し，(1.3) 式，(1.4) 式より

$$\boldsymbol{b}=(\boldsymbol{X}'\boldsymbol{X})^{-1}\boldsymbol{X}'\boldsymbol{y}=(\boldsymbol{X}'\boldsymbol{X})^{-1}\boldsymbol{X}'(\boldsymbol{X\beta}+\boldsymbol{u})=\boldsymbol{\beta}+(\boldsymbol{X}'\boldsymbol{X})^{-1}\boldsymbol{X}'\boldsymbol{u}$$

となる．したがって，最小自乗推定量の平均は

$$\mathrm{E}[\boldsymbol{b}]=\boldsymbol{\beta}+(\boldsymbol{X}'\boldsymbol{X})^{-1}\boldsymbol{X}'\mathrm{E}[\boldsymbol{u}]=\boldsymbol{\beta}$$

である．$\mathrm{E}[\boldsymbol{b}]=\boldsymbol{\beta}$ であるから最小自乗推定量は $\boldsymbol{\beta}$ の**不偏推定量**（**unbiased estimator**）である．

最小自乗推定量の分散共分散行列は

$$\begin{aligned}\mathrm{V}[\boldsymbol{b}]&=\mathrm{E}[(\boldsymbol{b}-\boldsymbol{\beta})(\boldsymbol{b}-\boldsymbol{\beta})']=\mathrm{E}[\{(\boldsymbol{X}'\boldsymbol{X})^{-1}\boldsymbol{X}'\boldsymbol{u}\}\{(\boldsymbol{X}'\boldsymbol{X})^{-1}\boldsymbol{X}'\boldsymbol{u}\}']\\&=\mathrm{E}[(\boldsymbol{X}'\boldsymbol{X})^{-1}\boldsymbol{X}'\boldsymbol{u}\boldsymbol{u}'\boldsymbol{X}(\boldsymbol{X}'\boldsymbol{X})^{-1}]=(\boldsymbol{X}'\boldsymbol{X})^{-1}\boldsymbol{X}'\mathrm{E}[\boldsymbol{u}\boldsymbol{u}']\boldsymbol{X}(\boldsymbol{X}'\boldsymbol{X})^{-1}\\&=(\boldsymbol{X}'\boldsymbol{X})^{-1}\boldsymbol{X}'\sigma^2\boldsymbol{I}_n\boldsymbol{X}(\boldsymbol{X}'\boldsymbol{X})^{-1}=\sigma^2(\boldsymbol{X}'\boldsymbol{X})^{-1}\boldsymbol{X}'\boldsymbol{X}(\boldsymbol{X}'\boldsymbol{X})^{-1}\\&=\sigma^2(\boldsymbol{X}'\boldsymbol{X})^{-1}\end{aligned}\tag{1.6}$$

となる．

不偏性の導出においては，$\boldsymbol{X}$ が非確率変数であるという仮定が用いられている．しかし，実際には $\boldsymbol{X}$ が確率変数であっても，$\boldsymbol{u}$ の $\boldsymbol{X}$ を所与としたときの条件付き期待値について $\mathrm{E}[\boldsymbol{u}|\boldsymbol{X}]=\boldsymbol{0}$ が成り立つなら，最小自乗推定量は不偏推定量となる．このことを確認するために，繰り返し期待値の法則（11.4.3 項参照）を用いよう．最小自乗推定量の，説明変数 $\boldsymbol{X}$ を所与とした場合の条件付き期待値は

$$\mathrm{E}[\boldsymbol{b} \mid \boldsymbol{X}] = \boldsymbol{\beta} + (\boldsymbol{X}'\boldsymbol{X})^{-1}\boldsymbol{X}'\mathrm{E}[\boldsymbol{u} \mid \boldsymbol{X}] = \boldsymbol{\beta}$$

である．$\boldsymbol{\beta}$ は $\boldsymbol{X}$ を含んでいないので，繰り返し期待値の法則により

$$\mathrm{E}[\boldsymbol{b}] = \mathrm{E}_X[\mathrm{E}[\boldsymbol{b} \mid \boldsymbol{X}]] = \mathrm{E}_X[\boldsymbol{\beta}] = \boldsymbol{\beta}$$

となることがわかる．

1.5.3　ガウス・マルコフの定理

$\boldsymbol{y}$ の線形関数で表される $\boldsymbol{\beta}$ の推定量

$$\hat{\boldsymbol{\beta}} = \boldsymbol{C}\boldsymbol{y}$$

の中で不偏推定量となるものを考えよう．ただし，$\boldsymbol{C}$ は非確率変数の行列である．

$$\hat{\boldsymbol{\beta}} = \boldsymbol{C}(\boldsymbol{X}\boldsymbol{\beta} + \boldsymbol{u}) = \boldsymbol{C}\boldsymbol{X}\boldsymbol{\beta} + \boldsymbol{C}\boldsymbol{u}$$

であるから，この推定量の平均は

$$\mathrm{E}[\hat{\boldsymbol{\beta}}] = \boldsymbol{C}\boldsymbol{X}\boldsymbol{\beta} + \boldsymbol{C}\mathrm{E}[\boldsymbol{u}] = \boldsymbol{C}\boldsymbol{X}\boldsymbol{\beta}$$

である．したがって，この推定量が不偏推定量であるためには $\boldsymbol{C}\boldsymbol{X} = \boldsymbol{I}$ でなければならない．

次に，この推定量の分散を考えると

$$\mathrm{V}[\hat{\boldsymbol{\beta}}] = \mathrm{E}[(\hat{\boldsymbol{\beta}} - \boldsymbol{\beta})(\hat{\boldsymbol{\beta}} - \boldsymbol{\beta})'] = \mathrm{E}[\boldsymbol{C}\boldsymbol{u}\boldsymbol{u}'\boldsymbol{C}'] = \sigma^2\boldsymbol{C}\boldsymbol{C}'$$

となる．

$\boldsymbol{D} = \boldsymbol{C} - (\boldsymbol{X}'\boldsymbol{X})^{-1}\boldsymbol{X}'$ と定義すると，$\boldsymbol{C} = \boldsymbol{D} + (\boldsymbol{X}'\boldsymbol{X})^{-1}\boldsymbol{X}'$ である．$\hat{\boldsymbol{\beta}}$ が不偏性を満たすためには，上で見たように $\boldsymbol{C}\boldsymbol{X} = \boldsymbol{I}$ でなければならないので

$$\boldsymbol{I} = \boldsymbol{C}\boldsymbol{X} = [\boldsymbol{D} + (\boldsymbol{X}'\boldsymbol{X})^{-1}\boldsymbol{X}']\boldsymbol{X} = \boldsymbol{D}\boldsymbol{X} + \boldsymbol{I}$$

つまり $\boldsymbol{D}\boldsymbol{X} = \boldsymbol{0}$．したがって，(1.6) 式より

$$\begin{aligned}\mathrm{V}[\hat{\boldsymbol{\beta}}] &= \sigma^2\boldsymbol{C}\boldsymbol{C}' = \sigma^2[\boldsymbol{D} + (\boldsymbol{X}'\boldsymbol{X})^{-1}\boldsymbol{X}'][\boldsymbol{D} + (\boldsymbol{X}'\boldsymbol{X})^{-1}\boldsymbol{X}']' \\ &= \sigma^2\boldsymbol{D}\boldsymbol{D}' + \sigma^2(\boldsymbol{X}'\boldsymbol{X})^{-1} = \mathrm{V}[\boldsymbol{b}] + \sigma^2\boldsymbol{D}\boldsymbol{D}' \end{aligned} \tag{1.7}$$

となる．$\boldsymbol{DD}'$ は非負値定符号行列であるから[2)]，最小自乗推定量 $\boldsymbol{b}$ は，$\boldsymbol{y}$ に関して線形な不偏推定量の中で最小の分散共分散行列を持つことになる．このことから，最小自乗推定量は**最良線形不偏推定量**（**best linear unbiased estimator；BLUE**）であるといわれる．このように，1.5.1 項の 3 つの仮定の下で最小自乗推定量が最良線形不偏推定量となることを，**ガウス・マルコフ**（**Gauss-Markov**）**の定理**という．

この定理は次のようなことを意味する．$\boldsymbol{a}$ を任意のベクトルとして $\boldsymbol{a}'\boldsymbol{\beta}$ の値を推定したいとする．任意の不偏推定量 $\hat{\boldsymbol{\beta}}$ で推定した場合を考えると，$\boldsymbol{a}'\hat{\boldsymbol{\beta}}$ の分散は

$$\mathrm{V}[\boldsymbol{a}'\hat{\boldsymbol{\beta}}] = \mathrm{E}[(\boldsymbol{a}'\hat{\boldsymbol{\beta}}-\boldsymbol{a}'\boldsymbol{\beta})(\boldsymbol{a}'\hat{\boldsymbol{\beta}}-\boldsymbol{a}'\boldsymbol{\beta})'] = \mathrm{E}[\boldsymbol{a}'(\hat{\boldsymbol{\beta}}-\boldsymbol{\beta})(\hat{\boldsymbol{\beta}}-\boldsymbol{\beta})'\boldsymbol{a}] = \boldsymbol{a}'\mathrm{V}[\hat{\boldsymbol{\beta}}]\boldsymbol{a}$$

となる．同様に最小自乗推定量 $\boldsymbol{b}$ で推定した場合の $\boldsymbol{a}'\boldsymbol{b}$ の分散は

$$\mathrm{V}[\boldsymbol{a}'\boldsymbol{b}] = \boldsymbol{a}'\mathrm{V}[\boldsymbol{b}]\boldsymbol{a}$$

である．この 2 つの分散の間には，（1.7）式の左と右からそれぞれ $\boldsymbol{a}'$ と $\boldsymbol{a}$ を掛けることにより

$$\mathrm{V}[\boldsymbol{a}'\hat{\boldsymbol{\beta}}]-\mathrm{V}[\boldsymbol{a}'\boldsymbol{b}] = \sigma^2\boldsymbol{a}'\boldsymbol{DD}'\boldsymbol{a} \geqq 0$$

という関係があることがわかる．つまり，$\boldsymbol{\beta}$ のどのような線形結合を推定する場合も，最小自乗推定量 $\boldsymbol{b}$ は線形不偏推定量 $\hat{\boldsymbol{\beta}}$ のクラスの中で最小の分散を持つ．特に，$\boldsymbol{a}$ を第 i 要素のみが 1 で他は 0 であるベクトルとすると，$\boldsymbol{\beta}$ の第 i 要素の推定量として，最小自乗推定量が全ての線形不偏推定量の中で最小の分散を持つことがわかる．

1.5.4　撹乱項分散の推定

次に，σ^2 の推定量を考えよう．（1.5）式より，残差 $\boldsymbol{e}$ と撹乱項 $\boldsymbol{u}$ の間には

$$\boldsymbol{e} = \boldsymbol{Mu}$$

という関係があり，$\boldsymbol{M}$ は対称なべき等行列なので

2）$\boldsymbol{c} \neq \boldsymbol{0}$ であるベクトル $\boldsymbol{c}$ に対して $\boldsymbol{D}'\boldsymbol{c} = \boldsymbol{d}$ と置くと $\boldsymbol{c}'\boldsymbol{DD}'\boldsymbol{c} = \boldsymbol{d}'\boldsymbol{d} \geqq 0$ となるので，$\boldsymbol{DD}'$ は非負値定符号行列である．

$$\boldsymbol{e}'\boldsymbol{e} = \boldsymbol{u}'\boldsymbol{M}'\boldsymbol{M}\boldsymbol{u} = \boldsymbol{u}'\boldsymbol{M}\boldsymbol{u}$$

が成り立つ．さらに $\boldsymbol{e}'\boldsymbol{e}$ はスカラーのため，トレース（10.4 節参照）を計算しても値は変わらないので

$$\boldsymbol{e}'\boldsymbol{e} = \mathrm{trace}(\boldsymbol{e}'\boldsymbol{e}) = \mathrm{trace}(\boldsymbol{u}'\boldsymbol{M}\boldsymbol{u}) = \mathrm{trace}(\boldsymbol{M}\boldsymbol{u}\boldsymbol{u}')$$

が成り立つ．したがって残差 2 乗和の期待値は

$$\mathrm{E}[\boldsymbol{e}'\boldsymbol{e}] = \mathrm{E}[\mathrm{trace}(\boldsymbol{M}\boldsymbol{u}\boldsymbol{u}')] = \mathrm{trace}(\boldsymbol{M}\mathrm{E}[\boldsymbol{u}\boldsymbol{u}']) = \mathrm{trace}(\sigma^2\boldsymbol{M})$$

となる．ここで $\boldsymbol{M} = \boldsymbol{I}_n - \boldsymbol{X}(\boldsymbol{X}'\boldsymbol{X})^{-1}\boldsymbol{X}'$ であるから，トレースの性質により

$$\begin{aligned}\mathrm{trace}(\boldsymbol{M}) &= \mathrm{trace}(\boldsymbol{I}_n) - \mathrm{trace}(\boldsymbol{X}(\boldsymbol{X}'\boldsymbol{X})^{-1}\boldsymbol{X}') = \mathrm{trace}(\boldsymbol{I}_n) - \mathrm{trace}((\boldsymbol{X}'\boldsymbol{X})^{-1}\boldsymbol{X}'\boldsymbol{X}) \\ &= \mathrm{trace}(\boldsymbol{I}_n) - \mathrm{trace}(\boldsymbol{I}_k) = n - k \qquad (1.8)\end{aligned}$$

したがって $\mathrm{E}[\boldsymbol{e}'\boldsymbol{e}] = \sigma^2(n-k)$ であるから

$$s^2 = \frac{\boldsymbol{e}'\boldsymbol{e}}{n-k} = \frac{\sum_{i=1}^{n} e_i^2}{n-k}$$

とすれば s^2 は σ^2 の不偏推定量となる．

1.6 撹乱項における仮定と統計的推測

1.6.1 撹乱項の仮定と信頼領域

ここからは撹乱項に正規分布を仮定して，信頼領域の構築および仮説検定を行う方法を説明していく．そのために，まず以下の仮定を置く．

$$\boldsymbol{u} \sim \mathrm{N}(\boldsymbol{0}, \sigma^2\boldsymbol{I}_n)$$

このとき，最小自乗推定量

$$\boldsymbol{b} = (\boldsymbol{X}'\boldsymbol{X})^{-1}\boldsymbol{X}'\boldsymbol{y} = \boldsymbol{\beta} + (\boldsymbol{X}'\boldsymbol{X})^{-1}\boldsymbol{X}'\boldsymbol{u}$$

は定数 $\boldsymbol{\beta}$ と $\boldsymbol{u}$ の線形結合の和になる．したがって，11.8 節の行列と分布の性質[2]から以下が成り立つ．

$$\boldsymbol{b} \sim \mathrm{N}(\boldsymbol{\beta}, \sigma^2(\boldsymbol{X}'\boldsymbol{X})^{-1})$$

当然のことであるが，$\boldsymbol{b}$ の平均と分散は，1.5.2 項で求めたものに等しい．また，

$$\frac{(\boldsymbol{b}-\boldsymbol{\beta})'\boldsymbol{X}'\boldsymbol{X}(\boldsymbol{b}-\boldsymbol{\beta})}{\sigma^2}=\frac{\boldsymbol{u}'\boldsymbol{X}(\boldsymbol{X}'\boldsymbol{X})^{-1}\boldsymbol{X}'\boldsymbol{X}(\boldsymbol{X}'\boldsymbol{X})^{-1}\boldsymbol{X}'\boldsymbol{u}}{\sigma^2}=\frac{\boldsymbol{u}'\boldsymbol{X}(\boldsymbol{X}'\boldsymbol{X})^{-1}\boldsymbol{X}'\boldsymbol{u}}{\sigma^2}$$

において，$\boldsymbol{X}(\boldsymbol{X}'\boldsymbol{X})^{-1}\boldsymbol{X}'$ は対称なべき等行列であるから，定理 10.9.2 によりそのランクはトレースに等しく，

$$\begin{aligned}\mathrm{rank}(\boldsymbol{X}(\boldsymbol{X}'\boldsymbol{X})^{-1}\boldsymbol{X}')&=\mathrm{trace}(\boldsymbol{X}(\boldsymbol{X}'\boldsymbol{X})^{-1}\boldsymbol{X}')=\mathrm{trace}(\boldsymbol{X}'\boldsymbol{X}(\boldsymbol{X}'\boldsymbol{X})^{-1})\\&=\mathrm{trace}(\boldsymbol{I}_k)=k\end{aligned}$$

となる．したがって，11.8 節の行列と分布の性質⑤を用いると

$$\frac{\boldsymbol{u}'\boldsymbol{X}(\boldsymbol{X}'\boldsymbol{X})^{-1}\boldsymbol{X}'\boldsymbol{u}}{\sigma^2}\sim\chi^2(k)$$

が成り立つ．同様に

$$\frac{\boldsymbol{e}'\boldsymbol{e}}{\sigma^2}=\frac{\boldsymbol{u}'\boldsymbol{M}\boldsymbol{u}}{\sigma^2}$$

において $\boldsymbol{M}$ は対称なべき等行列なので，そのランクはトレースに等しく，(1.8) 式で見たように

$$\mathrm{trace}(\boldsymbol{M})=n-k$$

であるから

$$\frac{\boldsymbol{u}'\boldsymbol{M}\boldsymbol{u}}{\sigma^2}\sim\chi^2(n-k)$$

が成立する．さらに

$$\boldsymbol{X}(\boldsymbol{X}'\boldsymbol{X})^{-1}\boldsymbol{X}'\boldsymbol{M}=\boldsymbol{X}(\boldsymbol{X}'\boldsymbol{X})^{-1}\boldsymbol{X}'(\boldsymbol{I}_n-\boldsymbol{X}(\boldsymbol{X}'\boldsymbol{X})^{-1}\boldsymbol{X}')=\boldsymbol{0}$$

であるから，11.8 節の行列と分布の性質⑥を用いると

$$\begin{aligned}\frac{\boldsymbol{u}'\boldsymbol{X}(\boldsymbol{X}'\boldsymbol{X})^{-1}\boldsymbol{X}'\boldsymbol{u}/k}{\boldsymbol{u}'\boldsymbol{M}\boldsymbol{u}/(n-k)}&=\frac{(\boldsymbol{b}-\boldsymbol{\beta})'\boldsymbol{X}'\boldsymbol{X}(\boldsymbol{b}-\boldsymbol{\beta})/k}{\boldsymbol{e}'\boldsymbol{e}/(n-k)}=\frac{(\boldsymbol{b}-\boldsymbol{\beta})'\boldsymbol{X}'\boldsymbol{X}(\boldsymbol{b}-\boldsymbol{\beta})}{ks^2}\\&\sim F(k,n-k)\end{aligned}\tag{1.9}$$

が成立する．このことから，$F_\alpha(k,n-k)$ を自由度 $(k,n-k)$ の F 分布の上側 α パーセント点とすると

$$\mathrm{P}\left[\frac{(\boldsymbol{b}-\boldsymbol{\beta})'\boldsymbol{X}'\boldsymbol{X}(\boldsymbol{b}-\boldsymbol{\beta})}{ks^2}\leqq F_\alpha(k,n-k)\right]=1-\alpha$$

となる．上の式の括弧内の関係を満たす$\boldsymbol{\beta}$が，$\boldsymbol{\beta}$の信頼係数$1-\alpha$の**信頼領域**（**confidence region**）であり，信頼領域は$\boldsymbol{b}$を中心とする楕円形となる．

1.6.2　線形制約の検定

$\boldsymbol{\beta}$に対するr個の線形制約

$$\mathrm{H}_0：\boldsymbol{R\beta} = \boldsymbol{c}$$

を検定することを考えよう．ここで$\boldsymbol{R}$, $\boldsymbol{c}$は$r\times k$および$r\times 1$の非確率変数の行列である．

線形制約の例

線形制約の例としては以下のようなものを考えることができる．

1 j番目の係数β_jが0：

$$\boldsymbol{R} = [0\ 0\ \cdots\ 0\ 1\ 0\ \cdots\ 0],\quad c = 0$$

（Rのj番目の要素だけ1で残りは0．$\boldsymbol{c}$は1×1であるからスカラーである．以下の2番目と3番目の例の場合も$\boldsymbol{c}$はスカラーとなる．）

2 k番目の係数β_kとj番目の係数β_jが等しい：

$$\boldsymbol{R} = [0\ 0\ \cdots\ 0\ 1\ 0\ \cdots\ 0\ -1\ 0\ \cdots\ 0],\quad c = 0$$

（Rのj番目の要素は1，k番目の要素は-1で他は0）

3 $\beta_2, \beta_3, \beta_4$の和$\beta_2+\beta_3+\beta_4$が1：

$$\boldsymbol{R} = [0\ 1\ 1\ 1\ 0\ \cdots\ 0],\quad c = 1$$

4 $\beta_1, \beta_2, \beta_3$が0：

$$\boldsymbol{R} = \begin{bmatrix} 1 & 0 & 0 & 0 & \cdots & 0 \\ 0 & 1 & 0 & 0 & \cdots & 0 \\ 0 & 0 & 1 & 0 & \cdots & 0 \end{bmatrix},\quad \boldsymbol{c} = \begin{bmatrix} 0 \\ 0 \\ 0 \end{bmatrix}$$

5 複数の制約が同時に課される：例えば，6個の回帰係数に対して$\beta_2+\beta_3 = 1$，$\beta_4+\beta_6 = 0$という2つの制約がある場合．

$$\boldsymbol{R} = \begin{bmatrix} 0 & 1 & 1 & 0 & 0 & 0 \\ 0 & 0 & 0 & 1 & 0 & 1 \end{bmatrix}, \quad \boldsymbol{c} = \begin{bmatrix} 1 \\ 0 \end{bmatrix}$$

6 構造変化の検定：データが1から n_1 までと n_1+1 から n までの2組に

$$\boldsymbol{X} = \begin{bmatrix} \boldsymbol{X}_1 \\ \boldsymbol{X}_2 \end{bmatrix}, \quad \boldsymbol{y} = \begin{bmatrix} \boldsymbol{y}_1 \\ \boldsymbol{y}_2 \end{bmatrix}$$

のように分けられているとする．ただし，$\boldsymbol{X}_1$ は $n_1\times k$，$\boldsymbol{X}_2$ は $(n-n_1)\times k$，$\boldsymbol{y}_1$ は $n_1\times 1$，$\boldsymbol{y}_2$ は $(n-n_1)\times 1$．これを以下のような形でまとめる．

$$\begin{bmatrix} \boldsymbol{y}_1 \\ \boldsymbol{y}_2 \end{bmatrix} = \begin{bmatrix} \boldsymbol{X}_1 & \boldsymbol{0} \\ \boldsymbol{0} & \boldsymbol{X}_2 \end{bmatrix} \begin{bmatrix} \boldsymbol{\beta}_1 \\ \boldsymbol{\beta}_2 \end{bmatrix} + \begin{bmatrix} \boldsymbol{u}_1 \\ \boldsymbol{u}_2 \end{bmatrix}$$

n_1 時点の前後で構造変化がなければ $\boldsymbol{\beta}_1 = \boldsymbol{\beta}_2$，構造変化があれば $\boldsymbol{\beta}_1 \neq \boldsymbol{\beta}_2$ なので，構造変化の存在を検定したい場合には H_0：$\boldsymbol{\beta}_1 = \boldsymbol{\beta}_2$ を H_1：$\boldsymbol{\beta}_1 \neq \boldsymbol{\beta}_2$ に対して検定すればよい．

検定統計量の導出

$\boldsymbol{b} \sim \mathrm{N}(\boldsymbol{\beta}, \sigma^2(\boldsymbol{X}'\boldsymbol{X})^{-1})$ であるから11.8節の行列と分布の性質2により

$$\boldsymbol{Rb}-\boldsymbol{c} \sim \mathrm{N}(\boldsymbol{R\beta}-\boldsymbol{c}, \sigma^2\boldsymbol{R}(\boldsymbol{X}'\boldsymbol{X})^{-1}\boldsymbol{R}')$$

が成り立つ．また，

$$\boldsymbol{b} = \boldsymbol{\beta}+(\boldsymbol{X}'\boldsymbol{X})^{-1}\boldsymbol{X}'\boldsymbol{u}$$

より

$$\boldsymbol{Rb}-\boldsymbol{c} = \boldsymbol{R\beta}+\boldsymbol{R}(\boldsymbol{X}'\boldsymbol{X})^{-1}\boldsymbol{X}'\boldsymbol{u}-\boldsymbol{c}$$

である．帰無仮説 H_0 が正しい場合には $\boldsymbol{R\beta}-\boldsymbol{c} = \boldsymbol{0}$ であるから

$$\begin{aligned} &(\boldsymbol{Rb}-\boldsymbol{c})'[\boldsymbol{R}(\boldsymbol{X}'\boldsymbol{X})^{-1}\boldsymbol{R}']^{-1}(\boldsymbol{Rb}-\boldsymbol{c}) \\ &\quad = \boldsymbol{u}'\boldsymbol{X}(\boldsymbol{X}'\boldsymbol{X})^{-1}\boldsymbol{R}'[\boldsymbol{R}(\boldsymbol{X}'\boldsymbol{X})^{-1}\boldsymbol{R}']^{-1}\boldsymbol{R}(\boldsymbol{X}'\boldsymbol{X})^{-1}\boldsymbol{X}'\boldsymbol{u} = \boldsymbol{u}'\boldsymbol{Pu} \end{aligned}$$

が成立する．ただし $\boldsymbol{P} = \boldsymbol{X}(\boldsymbol{X}'\boldsymbol{X})^{-1}\boldsymbol{R}'[\boldsymbol{R}(\boldsymbol{X}'\boldsymbol{X})^{-1}\boldsymbol{R}']^{-1}\boldsymbol{R}(\boldsymbol{X}'\boldsymbol{X})^{-1}\boldsymbol{X}'$ である．$\boldsymbol{P}$ は対称なべき等行列であるから，定理10.9.2によりランクとトレースが等しい．したがって，

$$\begin{aligned}\mathrm{rank}(\boldsymbol{P}) &= \mathrm{trace}(\boldsymbol{P})\\ &= \mathrm{trace}(\boldsymbol{X}(\boldsymbol{X}'\boldsymbol{X})^{-1}\boldsymbol{R}'[\boldsymbol{R}(\boldsymbol{X}'\boldsymbol{X})^{-1}\boldsymbol{R}']^{-1}\boldsymbol{R}(\boldsymbol{X}'\boldsymbol{X})^{-1}\boldsymbol{X}')\\ &= \mathrm{trace}(\boldsymbol{R}(\boldsymbol{X}'\boldsymbol{X})^{-1}\boldsymbol{X}'\boldsymbol{X}(\boldsymbol{X}'\boldsymbol{X})^{-1}\boldsymbol{R}'[\boldsymbol{R}(\boldsymbol{X}'\boldsymbol{X})^{-1}\boldsymbol{R}']^{-1})\\ &= \mathrm{trace}(\boldsymbol{I}_r) = r\end{aligned}$$

であるから，$\boldsymbol{P}$ のランクは r となる．さらに，$\boldsymbol{PM} = \boldsymbol{0}$ を満たすので，帰無仮説 H_0 が正しいとき，11.8節の行列と分布の性質⑥より

$$\begin{aligned}F &= \frac{(\boldsymbol{Rb}-\boldsymbol{c})'[\boldsymbol{R}(\boldsymbol{X}'\boldsymbol{X})^{-1}\boldsymbol{R}']^{-1}(\boldsymbol{Rb}-\boldsymbol{c})/r}{\boldsymbol{u}'\boldsymbol{Mu}/(n-k)}\\ &= \frac{(\boldsymbol{Rb}-\boldsymbol{c})'[\boldsymbol{R}(\boldsymbol{X}'\boldsymbol{X})^{-1}\boldsymbol{R}']^{-1}(\boldsymbol{Rb}-\boldsymbol{c})/r}{s^2} \sim F(r, n-k) \qquad (1.10)\end{aligned}$$

が成立する．

帰無仮説 H_0 が正しくない場合には，$\boldsymbol{Rb}-\boldsymbol{c}$ は $\boldsymbol{0}$ から離れたベクトルとなり，(1.10) 式の F 検定統計量は正の大きな値をとる．したがって F 検定統計量の値が

$$F > F_\alpha(r, n-k)$$

となるとき，帰無仮説 H_0 は有意水準 α で棄却される．

p.13の例❶の場合のように1つの係数が0である場合には，F 検定を用いるよりも以下の t 統計量を用いる方が一般的である．まず，前に述べたように，$\boldsymbol{b} \sim \mathrm{N}(\boldsymbol{\beta}, \sigma^2(\boldsymbol{X}'\boldsymbol{X})^{-1})$ であるから，$\boldsymbol{b}, \boldsymbol{\beta}$ の第 i 要素 b_i, β_i に対して

$$\frac{b_i-\beta_i}{(\sigma^2[(\boldsymbol{X}'\boldsymbol{X})^{-1}]_{ii})^{1/2}} \sim \mathrm{N}(0, 1)$$

が成立する（11.7.4項の周辺分布を参照）．ただし $[(\boldsymbol{X}'\boldsymbol{X})^{-1}]_{ii}$ は $(\boldsymbol{X}'\boldsymbol{X})^{-1}$ の第 i 行 i 列の要素を表す．また

$$\frac{\boldsymbol{e}'\boldsymbol{e}}{\sigma^2} = \frac{\boldsymbol{u}'\boldsymbol{Mu}}{\sigma^2} \sim \chi^2(n-k)$$

であり，$\boldsymbol{u} \sim \mathrm{N}(\boldsymbol{0}, \sigma^2\boldsymbol{I}_n)$ のとき $\boldsymbol{e}$ と $\boldsymbol{b}$ は独立であるから[3)]，定理11.7.7より

3）$\boldsymbol{u}$ が正規分布に従うとき，$\boldsymbol{b}$ と $\boldsymbol{e}$ はともに正規分布に従い，その相関は $\mathrm{Cov}[\boldsymbol{b}, \boldsymbol{e}] = \mathrm{E}[(\boldsymbol{b}-\boldsymbol{\beta})\boldsymbol{e}'] = \mathrm{E}[(\boldsymbol{X}'\boldsymbol{X})^{-1}\boldsymbol{X}'\boldsymbol{uu}'\boldsymbol{M}] = (\boldsymbol{X}'\boldsymbol{X})^{-1}\boldsymbol{X}'\mathrm{E}[\boldsymbol{uu}']\boldsymbol{M} = \boldsymbol{0}$ である．正規分布に従う確率変数同士は，無相関であれば独立なので（11.7.4項参照），$\boldsymbol{b}$ と $\boldsymbol{e}$ は独立である．

$$\frac{b_i-\beta_i}{(\sigma^2[(\boldsymbol{X}'\boldsymbol{X})^{-1}]_{ii})^{1/2}}\bigg/\left(\frac{\boldsymbol{e}'\boldsymbol{e}}{\sigma^2}/(n-k)\right)^{1/2}=\frac{b_i-\beta_i}{(s^2[(\boldsymbol{X}'\boldsymbol{X})^{-1}]_{ii})^{1/2}}$$

$$\sim t(n-k)$$

となる．つまり，帰無仮説 $\mathrm{H_0}:\beta_i=0$ が正しいとき，

$$t=\frac{b_i}{(s^2[(\boldsymbol{X}'\boldsymbol{X})^{-1}]_{ii})^{1/2}}\sim t(n-k)$$

が成立する．多くの計量ソフトでは，この値が t 値として計算される．自由度 m の t 分布に従う確率変数を 2 乗して得られる確率変数は，自由度 $(1,m)$ の F 分布に従うことを用いれば[4)]，上で得られた t 統計量による検定と，(1.10) 式の F 検定統計量を例❶に対して用いる検定が同じものであることが容易に確認できる．

1.6.3　制約付き最小自乗法

$\mathrm{H_0}:\boldsymbol{R\beta}-\boldsymbol{c}=\boldsymbol{0}$ を線形制約として考え，線形制約を条件とした下で最小自乗推定量を求めよう．そのためにはラグランジュ関数

$$\mathscr{L}=\frac{1}{2}(\boldsymbol{y}-\boldsymbol{X\beta})'(\boldsymbol{y}-\boldsymbol{X\beta})-\boldsymbol{\lambda}'(\boldsymbol{R\beta}-\boldsymbol{c})$$

を最小にする $\boldsymbol{\beta},\boldsymbol{\lambda}$ の値 $\dot{\boldsymbol{\beta}},\dot{\boldsymbol{\lambda}}$ を求めればよい．ただし $\boldsymbol{\lambda}$ は $r\times 1$ のベクトルであり，右辺の最初の $\frac{1}{2}$ は後の計算を簡単にするために入れている．$\mathscr{L}$ を $\boldsymbol{\beta},\boldsymbol{\lambda}$ で微分すると

$$\frac{\partial\mathscr{L}}{\partial\boldsymbol{\beta}}=-\boldsymbol{X}'(\boldsymbol{y}-\boldsymbol{X\beta})-\boldsymbol{R}'\boldsymbol{\lambda},\quad \frac{\partial\mathscr{L}}{\partial\boldsymbol{\lambda}}=-(\boldsymbol{R\beta}-\boldsymbol{c})$$

であるから

$$-\boldsymbol{X}'(\boldsymbol{y}-\boldsymbol{X}\dot{\boldsymbol{\beta}})-\boldsymbol{R}'\dot{\boldsymbol{\lambda}}=\boldsymbol{0},\quad -(\boldsymbol{R}\dot{\boldsymbol{\beta}}-\boldsymbol{c})=\boldsymbol{0}$$

を満たす $\dot{\boldsymbol{\beta}},\dot{\boldsymbol{\lambda}}$ を求めればよい．上の第 1 式の左から $(\boldsymbol{X}'\boldsymbol{X})^{-1}$ を掛けることにより

$$\dot{\boldsymbol{\beta}}=(\boldsymbol{X}'\boldsymbol{X})^{-1}\boldsymbol{X}'\boldsymbol{y}+(\boldsymbol{X}'\boldsymbol{X})^{-1}\boldsymbol{R}'\dot{\boldsymbol{\lambda}}=\boldsymbol{b}+(\boldsymbol{X}'\boldsymbol{X})^{-1}\boldsymbol{R}'\dot{\boldsymbol{\lambda}}\tag{1.11}$$

が得られる．この式の左から $\boldsymbol{R}$ を掛けて整理すると

4）このことは，定理 11.7.7 と定理 11.7.9 を比較することで確認できる．

$$\boldsymbol{R}(\dot{\boldsymbol{\beta}}-\boldsymbol{b})=\boldsymbol{R}(\boldsymbol{X}'\boldsymbol{X})^{-1}\boldsymbol{R}'\dot{\boldsymbol{\lambda}}$$

となり，$\boldsymbol{R}\dot{\boldsymbol{\beta}}-\boldsymbol{c}=\boldsymbol{0}$ を用いると

$$\dot{\boldsymbol{\lambda}}=[\boldsymbol{R}(\boldsymbol{X}'\boldsymbol{X})^{-1}\boldsymbol{R}']^{-1}\boldsymbol{R}(\dot{\boldsymbol{\beta}}-\boldsymbol{b})=[\boldsymbol{R}(\boldsymbol{X}'\boldsymbol{X})^{-1}\boldsymbol{R}']^{-1}(\boldsymbol{c}-\boldsymbol{R}\boldsymbol{b})$$

が得られる．(1.11) 式に $\dot{\boldsymbol{\lambda}}$ を代入することにより，制約付き最小 2 乗推定量

$$\dot{\boldsymbol{\beta}}=\boldsymbol{b}+(\boldsymbol{X}'\boldsymbol{X})^{-1}\boldsymbol{R}'[\boldsymbol{R}(\boldsymbol{X}'\boldsymbol{X})^{-1}\boldsymbol{R}']^{-1}(\boldsymbol{c}-\boldsymbol{R}\boldsymbol{b})$$

が得られる[5)]．この式を用いると，制約付き最小 2 乗推定量を用いた場合の残差は

$$\dot{\boldsymbol{u}}=\boldsymbol{y}-\boldsymbol{X}\dot{\boldsymbol{\beta}}=\boldsymbol{e}-\boldsymbol{X}(\boldsymbol{X}'\boldsymbol{X})^{-1}\boldsymbol{R}'[\boldsymbol{R}(\boldsymbol{X}'\boldsymbol{X})^{-1}\boldsymbol{R}']^{-1}(\boldsymbol{c}-\boldsymbol{R}\boldsymbol{b})$$

と書ける．この式と，$\boldsymbol{X}'\boldsymbol{e}=\boldsymbol{0}$ を用いることにより

$$\dot{\boldsymbol{u}}'\dot{\boldsymbol{u}}-\boldsymbol{e}'\boldsymbol{e}=(\boldsymbol{R}\boldsymbol{b}-\boldsymbol{c})'[\boldsymbol{R}(\boldsymbol{X}'\boldsymbol{X})^{-1}\boldsymbol{R}']^{-1}(\boldsymbol{R}\boldsymbol{b}-\boldsymbol{c})$$

が得られる．この右辺を r で割ったものは，(1.10) 式の F 検定統計量の分子に等しい．したがって，帰無仮説 H_0：$\boldsymbol{R}\boldsymbol{\beta}=\boldsymbol{c}$ が正しいとき，

$$F=\frac{(\dot{\boldsymbol{u}}'\dot{\boldsymbol{u}}-\boldsymbol{e}'\boldsymbol{e})/r}{\boldsymbol{e}'\boldsymbol{e}/(n-k)}\sim F(r,n-k) \tag{1.12}$$

が成立する[6)]．(1.12) 式により，帰無仮説を制約として課したモデルを推定した残差と，無制約のモデルを推定した残差を用いて仮説検定を行うことができる．実際の問題で用いられる線形制約の多くは，容易にモデルに組み込むことができる．例えば，無制約のモデル

$$y_i=\beta_1+\beta_2x_{2i}+\beta_3x_{3i}+u_i$$

に対して，H_0：$\beta_2+\beta_3=1$ という帰無仮説を考える場合には，$\beta_3=1-\beta_2$ を代入

5）この式に左から $\boldsymbol{R}$ を掛けると，$\boldsymbol{R}\dot{\boldsymbol{\beta}}=\boldsymbol{c}$ が成り立つことが確認できる．

6）このように，線形制約の検定は，(1.10) 式で定義される無制約の推定量を必要とする検定統計量と，(1.12) 式で定義される制約付きの推定量と無制約の推定量（の残差）の両方を必要とする検定統計量の，どちらを用いても同じ検定を行うことができる．より一般的な検定においては，制約付きの推定量だけを必要とする方法が用いられる場合もある．より一般的な検定方法については 8 章で説明する．

することにより

$$y_i = \beta_1 + \beta_2 x_{2i} + (1 - \beta_2) x_{3i} + u_i = \beta_1 + \beta_2 (x_{2i} - x_{3i}) + x_{3i} + u_i$$

となる．したがって，制約を課したモデルからの推定残差を得るためには，新しいデータとして $y_i^* = y_i - x_{3i}$，$x_{2i}^* = x_{2i} - x_{3i}$ を作成し，

$$y_i^* = \beta_1 + \beta_2^* x_{2i}^* + u_i$$

を推定して残差を求めればよい[7)]．このように，回帰モデルにおける線形制約に対する仮説検定は，無制約の重回帰を行えるソフトウェアさえあれば容易に行うことができる．

7）読者には，p.13の他の例についても，同様にモデルに組み込めることを確認していただきたい．

第2章 漸近理論

ここでは，推定量や検定統計量の，標本の大きさ n が大きい場合における性質を分析するために必要となる漸近理論の基礎を説明する．本章に関するより詳細な解説は White（2000）[1] および Davidson（1994）[2] を参照していただきたい．なお，表記と説明を簡単にするために，本章ではスカラーの確率変数を用いての説明を多用するが，多くの概念は行列やベクトルの場合に拡張される．

2.1 様々な収束

まず，自然数の指数がつけられた数列

$$X_1,\ X_2,\ X_3,\ \ldots,\ X_n,\ \ldots=\{X_n\}$$

を考えよう．

任意の $\epsilon>0$ に対して，$n>n_\epsilon$ であれば $|X_n-X|<\epsilon$ が成立するような n_ϵ が存在するならば，$\{X_n\}$ は X に**収束する**（**converge**）といい，$\lim_{n\to\infty} X_n = X$ と表す．例えば，$X_n = 1+1/n$ であれば $\lim_{n\to\infty} X_n = 1$ である（$X=1, n_\epsilon$ は $1/\epsilon$ より大きな自然数とすれば，$n>n_\epsilon$ に対して $|X_n-X|<\epsilon$ が成立する）．

以上は非確率変数 $\{X_n\}$ の列に関する収束であるが，ここからは $\{X_n\}$ を確率変数の数列，$\{F_n(x)\}$ を X_n の分布関数の列として，確率変数の列に関する収束を考える．

1）White, H. (2000) *Asymptotic Theory for Econometricians*, Academic press.

2）Davidson, J. (1994) *Stochastic Limit Theory: An Introduction for Econometricians*, Oxford University Press.

2.1.1 分布収束

定義 分布関数 $F(x)$ の全ての連続点 x に対して $\{F_n(x)\}$ が $F(x)$ に収束するとき，X_n は X に**分布収束する**（**converge in distribution**）といい，$X_n \xrightarrow{D} X$ と書き表す．ただし，X は $F(x)$ を分布関数として持つ確率変数である．

収束先の分布，つまり $F(\cdot)$ を分布関数として持つ確率分布は**極限分布**（**limiting distribution, limit distribution**）と呼ばれる．例えば，X_n が標準正規分布に分布収束するとき，標準正規分布に従う確率変数 X を用いて，$X_n \xrightarrow{D} X$ と表す．このことを，極限分布を用いて $X_n \xrightarrow{D} \mathrm{N}(0,1)$ のように表す場合もある．

$X_n \xrightarrow{D} X$ という表記は，次に説明する確率収束とは違い，X_n の値が X に近づいていくということを意味するのではなく，X_n の従う分布が X の従う分布に近づいていくということを意味する点に注意しよう．

2.1.2 確率収束

定義 任意の $\epsilon > 0$ に対して

$$\lim_{n\to\infty} \mathrm{P}(|X_n - X| < \epsilon) = 1$$

が成立するならば，X_n は X に**確率収束する**（**converge in probability**）といい，$X_n \xrightarrow{\mathrm{pr}} X, \operatorname*{plim}_{n\to\infty} X_n = X$ 等のように表す．文脈から明らかな場合には，$n \to \infty$ を省略して，$\mathrm{plim}\, X_n = X$ と表してもよい．X は**確率極限**（**probability limit**）と呼ばれ，確率変数であっても非確率変数であってもよい．

同じことではあるが，確率収束を

$$\lim_{n\to\infty} \mathrm{P}(|X_n - X| \geqq \epsilon) = 0$$

で定義してもよい．

確率収束は分布収束を意味する（つまり $X_n \xrightarrow{\mathrm{pr}} X$ であれば $X_n \xrightarrow{D} X$ となる）が，逆は成り立たない[3)]．また，確率収束のための十分条件として，次の**平均自乗収束**

3）興味のある読者は，11.9.6 項を参照していただきたい．

(convergence in mean square) が知られている．

定義　$\lim_{n\to\infty} \mathrm{E}[(X_n - X)^2] = 0$ が成立するとき，X_n は X に平均自乗収束するといい $X_n \xrightarrow{\mathrm{ms}} X$ と表す．

定理 2.1.1

平均自乗収束は確率収束のための十分条件である（つまり $X_n \xrightarrow{\mathrm{ms}} X$ であれば $X_n \xrightarrow{\mathrm{pr}} X$ が成り立つ）．

この証明には，次の不等式が用いられる．

マルコフ（Markov）の不等式

確率変数 X と任意の $\epsilon > 0, p > 0$ に対して

$$\mathrm{P}(|X| \geqq \epsilon) \leqq \frac{\mathrm{E}[|X|^p]}{\epsilon^p}$$

が成立する．マルコフの不等式は連続型確率変数でも離散型確率変数でも成立する．

[証明]　ここでは連続型の場合についてのみ証明を行うが，離散型でも同様の証明が行える．X の確率密度関数を $f(x)$ とすると

$$\begin{aligned}\epsilon^p \mathrm{P}(|X| \geqq \epsilon) &= \epsilon^p \int_{|x| \geqq \epsilon} f(x)dx = \int_{|x| \geqq \epsilon} \epsilon^p f(x)dx \\ &\leqq \int_{|x| \geqq \epsilon} |x|^p f(x)dx \leqq \int_x |x|^p f(x)dx = \mathrm{E}[|x|^p]\end{aligned}$$

となる．最初の等号では確率の定義，2行目の最初の不等号では積分範囲において $|x|^p \geqq \epsilon^p$ であることを用いた．また2行目の2つの目の不等号では被積分関数が非負であるから，積分範囲が広い方が積分値が大きいことを用いている．得られた関係の両辺を $\epsilon^p (> 0)$ で割ると

$$\mathrm{P}(|X| \geqq \epsilon) \leqq \frac{\mathrm{E}[|X|^p]}{\epsilon^p}$$

が得られる. ■

マルコフの不等式において X を X_n-X, $p=2$ と置けば（$p=2$ のケースを, **チェビシェフ〈Chebyshev〉の不等式**という）

$$\mathrm{P}(|X_n-X| \geqq \epsilon) \leqq \frac{\mathrm{E}[(X_n-X)^2]}{\epsilon^2}$$

となる. ここで, $\lim_{n\to\infty} \mathrm{E}[(X_n-X)^2]=0$ が成立するならば

$$\lim_{n\to\infty} \mathrm{P}(|X_n-X| \geqq \epsilon)=0$$

つまり

$$\lim_{n\to\infty} \mathrm{P}(|X_n-X| < \epsilon)=1$$

であるから, $X_n \xrightarrow{\mathrm{ms}} X$ ならば $X_n \xrightarrow{\mathrm{pr}} X$ が成り立つ[4].

確率収束および平均自乗収束の概念は, 要素ごとの対応という形で行列やベクトルに拡張される. 例えば

$$\boldsymbol{X}_n=\begin{bmatrix} X_{1n} \\ X_{2n} \end{bmatrix}, \quad \boldsymbol{C}=\begin{bmatrix} c_1 \\ c_2 \end{bmatrix}=\begin{bmatrix} \mathrm{plim}\ X_{1n} \\ \mathrm{plim}\ X_{2n} \end{bmatrix}$$

であれば $\mathrm{plim}\ \boldsymbol{X}_n=\boldsymbol{C}$ と書ける.

2.1.3 ほとんど確実な収束

定義 確率変数の列 X_n について

$$\mathrm{P}\Big(\lim_{n\to\infty} X_n=X\Big)=1$$

が成り立つとき, X_n は X に**ほとんど確実に（almost surely）**収束する, または, **確率 1 で（with probability 1）**収束するといわれ, $X_n \xrightarrow{\mathrm{as}} X, X_n \xrightarrow{\mathrm{wp1}} X$ 等のように表される.

4）チェビシェフの不等式の代わりにマルコフの不等式を用いれば明らかなように, 実際には任意の $p>0$ に対して $\lim_{n\to\infty} \mathrm{E}[|X_n-X|^p]=0$ が成り立つならば, X_n は X に確率収束する. $\|X\|_p=(\mathrm{E}[|X|^p])^{1/p}$ を X の L_p-ノルムと呼び, $\lim_{n\to\infty} \|X_n-X\|_p=0$ が成立するならば, X_n は X に L_p-ノルムにおいて収束するという（$X_n \xrightarrow{L_p} X$ のように表記する）. したがって, 任意の $p>0$ に対して $X_n \xrightarrow{L_p} X$ であれば $X_n \xrightarrow{\mathrm{pr}} X$ が成立する. しかし, 実際の応用例では, $p=2$, つまり平均自乗収束を用いると簡単な場合が多い.

$X_n \xrightarrow{\text{as}} X$ は $X_n \xrightarrow{\text{pr}} X$ を意味するが，逆は成り立たない[5)]．ほとんど確実な収束も，確率収束と同様に行列およびベクトルの場合に拡張される．

高度な計量経済学の理論においてはほとんど確実な収束を用いているものが多数あるが，通常は確率収束を用いれば十分である．実証研究を目的とする読者がほとんど確実な収束を用いた文献に遭遇した場合には，とりあえず確率収束に置き換えて理解すればよいであろう．

2.2　有用な定理と性質

2.2.1　いくつかの定理

以下では，漸近理論において有用な定理と性質を説明する．

定理 2.2.1　スラツキー（Slutsky）の定理

確率変数の列 $\{X_n\}$ が定数 a に確率収束し，関数 $g(\cdot)$ は点 a において連続であるとする．このとき $\operatorname{plim} g(X_n) = g(a)$ が成立する．

[証明] $g(x)$ が点 a で連続であるということは，$|X_n - a| < \delta$ であれば $|g(X_n) - g(a)| < \epsilon$ が成立するような δ が，任意の正の ϵ に対して存在することを意味する．したがって $|X_n - a| < \delta$ を事象 A, $|g(X_n) - g(a)| < \epsilon$ を事象 B とすれば，$A \subseteq B$ であるから，$\mathrm{P}(|X_n - a| < \delta) \leqq \mathrm{P}(|g(X_n) - g(a)| < \epsilon)$ となる．この左辺について，$X_n \xrightarrow{\text{pr}} a$ であるから，$n \to \infty$ のとき $\mathrm{P}(|X_n - a| < \delta) \to 1$ となる．したがって $\mathrm{P}(|g(X_n) - g(a)| < \epsilon) \to 1$ が成立する．■

この定理は，X_n が行列やベクトルの場合でも成立する．ここで

$$\boldsymbol{X}_n = \begin{bmatrix} X_{1n} \\ X_{2n} \end{bmatrix}, \quad \boldsymbol{C} = \begin{bmatrix} c_1 \\ c_2 \end{bmatrix} = \begin{bmatrix} \operatorname{plim} X_{1n} \\ \operatorname{plim} X_{2n} \end{bmatrix}$$

として，関数 $g(\boldsymbol{X}_n) = X_{1n}X_{2n}$ を考えよう．$\operatorname{plim} \boldsymbol{X}_n = \boldsymbol{C}$ であるから

$$\operatorname{plim} g(\boldsymbol{X}_n) = g(\boldsymbol{C}) = c_1c_2 = \operatorname{plim} X_{1n} \operatorname{plim} X_{2n}$$

5）この点に興味のある読者は 11.9.5 項を参照していただきたい．

となる．一方，$g(\boldsymbol{X}_n) = X_{1n}X_{2n}$ であるから，$\text{plim}\, g(\boldsymbol{X}_n) = \text{plim}\, X_{1n}X_{2n}$ である．したがって $\text{plim}\, X_{1n}X_{2n} = \text{plim}\, X_{1n}\, \text{plim}\, X_{2n}$ であることがわかる．つまり，確率変数の積の確率極限は，それぞれの確率極限の積に等しいという性質がある．確率変数の積の期待値に関しては，X_{1n} と X_{2n} が独立でなければ（厳密には共分散が0でなければ）$\mathrm{E}[X_{1n}X_{2n}] = \mathrm{E}[X_{1n}]\mathrm{E}[X_{2n}]$ とはいえないが（11.4.1 項参照），確率極限においては X_{1n} と X_{2n} が独立でなくても $\text{plim}\, X_{1n}X_{2n} = \text{plim}\, X_{1n}\, \text{plim}\, X_{2n}$ といえる．確率極限のこのような性質は，計算上非常に便利である．この性質が，2つ以上の確率変数の積の場合に対しても成立することは，容易に類推できるであろう．

確率収束する確率変数と分布収束する確率変数が混在する場合には，以下の定理を用いることができる．

定理 2.2.2 クラーメル（Cramér）の定理

$\{Y_n\}, \{X_n\}$ を確率変数列とし，$Y_n \xrightarrow{D} Y, X_n \xrightarrow{\text{pr}} a$ とする．ただし a は定数とする．このとき，以下の性質が成り立つ．

1. $X_n + Y_n \xrightarrow{D} a + Y$
2. $X_n Y_n \xrightarrow{D} aY$
3. $\dfrac{Y_n}{X_n} \xrightarrow{D} \dfrac{Y}{a}$，ただし $a \neq 0$

証明は省略するが，X_n は定数 a に確率収束していることを考えれば，この定理は直感的に理解しやすいものであろう．

スラツキーの定理が，定数に確率収束する確率変数の関数に対する定理であったのに対し，分布収束する確率変数の関数に対しては次の定理が成立する．

定理 2.2.3 連続写像定理（Continuous Mapping Theorem）

$X_n \xrightarrow{D} X$ かつ $g(\cdot)$ は連続な関数であるとする．このとき，$g(X_n) \xrightarrow{D} g(X)$ が成り立つ．

［証明は省略］

[例] $X_n \xrightarrow{D} X, X \sim \mathrm{N}(0, 1), g(x) = x^2$ であるとすれば，$g(X_n) \xrightarrow{D} g(X) = X^2 \sim \chi^2(1)$ が

成り立つ（$X^2 \sim \chi^2(1)$ については，定理 11.7.3 を参照）.

クラーメルの定理と連続写像定理も，ベクトル・行列の場合に拡張可能である．また，確率変数ベクトルの分布収束を示す場合に便利なのが次の定理である．

定理 2.2.4　クラーメル・ウォルド（Cramér-Wold）の定理

k 次の確率変数ベクトル $\{\boldsymbol{X}_n\}$ が $\boldsymbol{X}$ に分布収束することと，全ての $\boldsymbol{0}$ でない非確率 k 次ベクトル $\boldsymbol{\lambda}$ に対して $\boldsymbol{\lambda}'\boldsymbol{X}_n \xrightarrow{D} \boldsymbol{\lambda}'\boldsymbol{X}$ となることは同値である．

証明は省略するが，ベクトル値変数の分布収束を，スカラー系列の分布収束を用いて示すことができるという点で，クラーメル・ウォルドの定理は有用である（実際の応用例は 3.3 節を参照）.

2.2.2　収束のオーダー

非確率変数の数列 $\{X_n\}$ が，ある実数 r に対して $\{X_n/n^r\}$ が $n \to \infty$ のときに有限であるという性質を持つときに，$X_n = O(n^r)$ と書く．また，$\lim_{n\to\infty} X_n/n^r = 0$ であれば，$X_n = o(n^r)$ と表す．確率変数の場合は，以下のように表記する．

定義　任意の ϵ に対して

$$\mathrm{P}\left(\frac{|X_n|}{n^r} > B_\epsilon\right) < \epsilon$$

となる B_ϵ が全ての $n \geqq 1$ について存在するならば，$X_n = O_p(n^r)$ と表す．また，$\operatorname*{plim}_{n\to\infty} X_n/n^r = 0$ であれば $X_n = o_p(n^r)$ と表す．

上記の表現において，$r = 0$ の場合は $O_p(1), o_p(1)$ のように書く．

2.3　大数の法則

大数の（弱）法則（law of large numbers） とは，平均が μ であるような確率変数列 $\{X_i\}$ の標本平均

$$\bar{X}_n = \frac{1}{n}\sum_{i=1}^{n} X_i$$

が $n \to \infty$ のときに μ に確率収束することを表す法則である[6]．

大数の弱法則を意味する定理を以下にいくつか挙げる．

定理 2.3.1　ヒンチン（Khinchin）の定理

$\{X_i\}$ が平均 $\mathrm{E}[X_i] = \mu < \infty$ の独立で同一な分布に従うとする．このとき，$\bar{X}_n \xrightarrow{\mathrm{pr}} \mu$ が成立する．

［証明は省略］

この定理では，全ての X_i が同じ分布を持つことが仮定されているが，実際には X_i の平均が異なり $\mathrm{E}[X_i] = \mu_i$ であっても，$Y_i = X_i - \mu_i$ と置き換えることで，ヒンチンの定理が応用できる．$\mathrm{E}[Y_i] = 0$ であるから $\bar{Y}_n \xrightarrow{\mathrm{pr}} 0$，言い換えれば，$\bar{X}_n - \bar{\mu} \xrightarrow{\mathrm{pr}} 0$ となる．ただし，$\bar{\mu} = \lim_{n\to\infty} \frac{1}{n}\sum_{i=1}^{n} \mu_i$ である．以上からもわかるように，X_n の平均が 0 であると仮定しても，一般性は損なわれない．

定理 2.3.2

X_i は $\mathrm{E}[X_i] = 0$ である確率変数列であるとする．$\bar{X}_n = \frac{1}{n}\sum_{i=1}^{n} X_i$ について $\lim_{n\to\infty} \mathrm{E}[\bar{X}_n^2] = 0$ であれば，$\operatorname*{plim}_{n\to\infty} \bar{X}_n = 0$ が成り立つ．

［証明］ p.22のチェビシェフの不等式より

$$\mathrm{P}(|\bar{X}_n| \geqq \epsilon) \leqq \frac{\mathrm{E}[\bar{X}_n^2]}{\epsilon^2}$$

が成り立つ．$n \to \infty$ のとき，右辺は 0 に近づくので

$$\lim_{n\to\infty} \mathrm{P}(|\bar{X}_n| \geqq \epsilon) = 0$$

つまり $\lim_{n\to\infty} \bar{X}_n = 0$ となる．∎

上記の証明ではチェビシェフの不等式を用いたが，定理 2.1.1 を用いれば，$\lim_{n\to\infty} \mathrm{E}[\bar{X}_n^2] = 0$ は $\bar{X}_n$ が 0 に平均自乗収束することを意味するので，$\bar{X}_n \xrightarrow{\mathrm{pr}} 0$ とい

6）大数の強法則は，確率収束ではなくほとんど確実な収束を用いて同様に定義される．

える．

例えば，X_i が $\mathrm{E}[X_i]=0, \mathrm{E}[X_i^2]=\sigma_i^2 \leqq B$ かつ互いに無相関（つまり $i \neq j$ であれば $\mathrm{E}[X_iX_j]=0$）であるような確率変数列であるとすると，

$$
\begin{aligned}
\mathrm{E}[\bar{X}_n^2] &= \mathrm{E}\left[\left(\frac{1}{n}\sum_{i=1}^{n} X_i\right)^2\right] = \frac{1}{n^2}\mathrm{E}\left[\left(\sum_{i=1}^{n} X_i\right)^2\right] = \frac{1}{n^2}\left(\sum_{i=1}^{n}\mathrm{E}[X_i^2] + \sum_{i \neq j}\mathrm{E}[X_iX_j]\right) \\
&= \frac{1}{n^2}\sum_{i=1}^{n}\sigma_i^2 \leqq \frac{1}{n^2}\sum_{i=1}^{n} B = \frac{B}{n}
\end{aligned}
$$

となるので，$\lim_{n\to\infty} \mathrm{E}[\bar{X}_n^2]=0$ が成立し，$\operatorname{plim}_{n\to\infty} \bar{X}_n = 0$ となる．

2.4 中心極限定理

大数の法則は，確率変数の標本平均の確率収束を説明するものであった．これに対し，**中心極限定理（central limit theorem；CLT）**は標本平均の分布収束を説明するものである．

次の定理は，最もよく知られるものである．

定理 2.4.1（Lindeberg-Lévy）

X_i が独立に平均 0，分散 σ^2 の同一の分布に従うとする．このとき

$$
S_n = \frac{1}{\sqrt{n}}\sum_{i=1}^{n}\frac{X_i}{\sigma} = \sqrt{n}\,\frac{\bar{X}_n}{\sigma} \xrightarrow{D} \mathrm{N}(0,1)
$$

が成り立つ．

[証明] 定理 11.9.1 を参照．

以上の定理では X_i の平均が 0 であると仮定しているが，大数の法則の場合と同様に，この仮定によって一般性は失われない．

p.20でも述べたように，確率収束は分布収束を意味するが，分布収束は確率収束を意味しない．つまり，S_n は標準正規分布に分布収束するが，$S_n \xrightarrow{\mathrm{pr}} S$ となるような S は存在しない[7]．

Lindeberg-Lévy の中心極限定理では X_i の分散が同一であると仮定されている

7）興味のある読者は，11.9.6 項を参照していただきたい．

が，分散が同一でない場合でも，以下の中心極限定理が成立する．

定理 2.4.2（Liapunov）

X_i が独立に平均 0，分散 σ_i^2 の分布に従うとする．$s_n^2=\sum_{i=1}^{n}\sigma_i^2$ とすると，ある $\delta>0$ に対して

$$\lim_{n\to\infty}\frac{1}{s_n^{2+\delta}}\sum_{i=1}^{n}\mathrm{E}[|X_i|^{2+\delta}]=0$$

が成り立つとき，

$$S_n=\sum_{i=1}^{n}\frac{X_i}{s_n}\xrightarrow{D}\mathrm{N}(0,1)$$

となる．

[証明は省略]

この定理における

$$\lim_{n\to\infty}\frac{1}{s_n^{2+\delta}}\sum_{i=1}^{n}\mathrm{E}[|X_i|^{2+\delta}]=0$$

という条件は，全ての n に対して $s_n^2/n>0$ かつ全ての i に対して $\mathrm{E}[|X_i|^{2+\delta}]<\infty$ であれば満たされる[8)]．Lindeberg-Lévy の中心極限定理が成立するためには，X_i の分散が同一であるので，X_i の分散，つまり 2 次のモーメント $\mathrm{E}[X_i^2](=\mathrm{E}[|X_i|^2])$ が存在するだけでよい．これに対し，X_i の分散が異なる場合でも，$2+\delta$ 次のモーメント $\mathrm{E}[|X_i|^{2+\delta}]$ が存在すれば，中心極限定理が成立することを定理 2.4.2 は示している．

中心極限定理は，クラーメル・ウォルドの定理（定理 2.2.4）によりベクトルの場合に拡張できる．

8）全ての i に対して $\mathrm{E}[|X_i|^{2+\delta}]<B$ であれば，$s_n^2/n>0$ であるから，

$$\frac{1}{s_n^{2+\delta}}\sum_{i=1}^{n}\mathrm{E}[|X_i|^{2+\delta}]\leqq\frac{nB}{s_n^{2+\delta}}=B\left(\frac{n}{s_n^2}\right)^{\frac{2+\delta}{2}}n^{-\frac{\delta}{2}}\to 0$$

となる．

定理 2.4.3

$\boldsymbol{X}_i$ は独立で，平均 $\boldsymbol{\mu}$，分散 $\boldsymbol{\Sigma}$ の同一の分布に従う $k\times1$ の確率変数ベクトルであるとする．$\bar{\boldsymbol{X}}_n=\frac{1}{n}\sum_{i=1}^{n}\boldsymbol{X}_i$ とすると

$$\sqrt{n}(\bar{\boldsymbol{X}}_n-\boldsymbol{\mu})\xrightarrow{D}N(\boldsymbol{0},\boldsymbol{\Sigma})$$

が成り立つ．

ここでは，いくつかの条件の下における代表的な中心極限定理を紹介したが，実際には様々な条件の下で中心極限定理が示されている．特に，ここで紹介した定理では X_i が独立である場合のみを考えているが，実際には X_i が独立でない場合でも，特定の条件の下で中心極限定理が成立する．興味のある読者は本章の最初に挙げた文献を参照していただきたい．

2.5 漸近分布

ある確率変数が $n\to\infty$ のときに分布収束するとする．この確率変数の有限標本での分布を近似することのできる分布を**漸近分布**（**asymptotic distribution**）という．例えば，$\frac{\sqrt{n}(S_n-\mu)}{\sigma}\xrightarrow{D}\mathrm{N}(0,1)$ であるとする．このとき，S_n の分布は $\mathrm{N}(\mu,\sigma^2/n)$ で近似されるので，S_n の漸近分布は $\mathrm{N}(\mu,\sigma^2/n)$ である．このことを

$$S_n\overset{a}{\sim}\mathrm{N}(\mu,\sigma^2/n)\quad\text{または}\quad S_n\overset{\text{asy}}{\sim}\mathrm{N}(\mu,\sigma^2/n)$$

等のように書く．

漸近分布は n が有限のときの近似的な分布なので n を含んでいてもかまわないが，極限分布は n に関しての極限なので n を含んではならない．

2.6 デルタ法

確率変数ベクトル $\boldsymbol{X}_n$ において $\sqrt{n}(\boldsymbol{X}_n-\boldsymbol{c})\xrightarrow{D}\boldsymbol{X}$ が成立するときに，$\boldsymbol{X}_n$ の関数の漸近分布を求めるための方法として，以下の**デルタ法**（**delta method**）が用いられる．

定理 2.6.1

$\{\boldsymbol{X}_n\}$ を $\sqrt{n}(\boldsymbol{X}_n-\boldsymbol{c})\xrightarrow{D}\boldsymbol{X}$ であるような $l\times 1$ のベクトルであるとする．関数 $\boldsymbol{g}: R^l\to R^m$ が連続な 1 階の導関数を持つものとし，この導関数を点 $\boldsymbol{c}$ で評価したものを

$$\boldsymbol{G}=\left.\frac{\partial \boldsymbol{g}}{\partial \boldsymbol{x}'}\right|_{\boldsymbol{x}=\boldsymbol{c}}$$

とする．ただし $\boldsymbol{G}$ は $m\times l$ の行列である．このとき

$$\sqrt{n}(\boldsymbol{g}(\boldsymbol{X}_n)-\boldsymbol{g}(\boldsymbol{c}))\xrightarrow{D}\boldsymbol{G}\boldsymbol{X}$$

が成り立つ．

この定理において，$\sqrt{n}(\boldsymbol{X}_n-\boldsymbol{c})\xrightarrow{D}\boldsymbol{X}$ ということは $\boldsymbol{X}_n\xrightarrow{\text{pr}}\boldsymbol{c}$ を意味している．また，関数 $\boldsymbol{g}$ は $m\times 1$ のベクトル値をとる関数なので

$$\boldsymbol{g}(\boldsymbol{x})=\begin{bmatrix} g_1(\boldsymbol{x})\\ g_2(\boldsymbol{x})\\ \vdots\\ g_m(\boldsymbol{x})\end{bmatrix}$$

と書き表すことができ，$\boldsymbol{G}$ を求めるには，$\boldsymbol{g}(\boldsymbol{x})$ を $\boldsymbol{x}'$ で偏微分して得られる $m\times l$ の行列

$$\begin{bmatrix} \frac{\partial g_1(\boldsymbol{x})}{\partial x_1} & \frac{\partial g_1(\boldsymbol{x})}{\partial x_2} & \cdots & \frac{\partial g_1(\boldsymbol{x})}{\partial x_l}\\ \frac{\partial g_2(\boldsymbol{x})}{\partial x_1} & \frac{\partial g_2(\boldsymbol{x})}{\partial x_2} & \cdots & \frac{\partial g_2(\boldsymbol{x})}{\partial x_l}\\ \vdots & \vdots & & \vdots\\ \frac{\partial g_m(\boldsymbol{x})}{\partial x_1} & \frac{\partial g_m(\boldsymbol{x})}{\partial x_2} & \cdots & \frac{\partial g_m(\boldsymbol{x})}{\partial x_l}\end{bmatrix}$$

を $\boldsymbol{x}=\boldsymbol{c}$ で評価すればよい．

[証明] 簡単化のために $l=m=1$ として証明を行うが，一般の場合も同様である．平均値の定理により

$$g(X_n)-g(c)=\left.\frac{\partial g(x)}{\partial x}\right|_{x=c_n}(X_n-c)$$

であるような c_n が X_n と c の間に存在する．この式より

$$\sqrt{n}[g(X_n)-g(c)]=\left.\frac{\partial g(x)}{\partial x}\right|_{x=c_n}\sqrt{n}(X_n-c)$$

が得られる.

c_n は c と X_n の間の値であるから $|X_n-c|>|c_n-c|$. このことから $\mathrm{P}(|X_n-c|\geqq\epsilon)\geqq\mathrm{P}(|c_n-c|\geqq\epsilon)$ となるが, $X_n\xrightarrow{\mathrm{pr}}c$ であるから, 確率収束の定義により, この式の左辺は $n\to\infty$ のとき 0 に収束する. したがって, 右辺も $n\to\infty$ のとき 0 に収束するので $c_n\xrightarrow{\mathrm{pr}}c$ である[9]. このことと, $\frac{\partial g(x)}{\partial x}$ は連続関数であることから, スラツキーの定理により

$$\left.\frac{\partial g(x)}{\partial x}\right|_{x=c_n}\xrightarrow{\mathrm{pr}}\left.\frac{\partial g(x)}{\partial x}\right|_{x=c}$$

さらに, $\sqrt{n}(X_n-c)\xrightarrow{D}X$ であるから, クラーメルの定理により

$$\sqrt{n}[g(X_n)-g(c)]\xrightarrow{D}\left.\frac{\partial g(x)}{\partial x}\right|_{x=c}X$$

が得られる. ■

[例] $\sqrt{n}(X_n-\mu)\xrightarrow{D}\mathrm{N}(0,\sigma^2)$ であり, $g(X_n)$ の1階の導関数が連続であるとすると

$$\sqrt{n}[g(X_n)-g(\mu)]\xrightarrow{D}g'(\mu)X$$

ただし $X\sim\mathrm{N}(0,\sigma^2)$. したがって

$$\sqrt{n}[g(X_n)-g(\mu)]\xrightarrow{D}\mathrm{N}(0,g'(\mu)^2\sigma^2)$$

が成り立つ.

9）平均値の定理を用いた場合のこのような考え方は, 後にも何度か利用する.

第3章 最小自乗推定量の漸近的性質

本章では，２章で説明した漸近理論を用いて，n が大きい場合の最小自乗推定量の性質を分析する．漸近理論を用いることにより，n が大きくなれば最小自乗推定量は真の値に近づいていくこと（一致性）や，撹乱項に正規分布を仮定して導出した最小自乗推定量の性質が，撹乱項が正規分布に従わない場合でも良い近似となっていること（漸近正規性）が示される．

3.1 回帰モデルの仮定

説明変数が k 個の重回帰モデル

$$\boldsymbol{y} = \boldsymbol{X}\boldsymbol{\beta} + \boldsymbol{u}$$

は，以下の条件を満たすものとする．

[1] $\boldsymbol{X}$ のランクは（確率１で）k である．

[2] $\mathrm{E}[\boldsymbol{u} \mid \boldsymbol{X}] = \boldsymbol{0}$

[3] $\mathrm{E}[\boldsymbol{u}\boldsymbol{u}' \mid \boldsymbol{X}] = \sigma^2 \boldsymbol{I}_n$

これまでは説明変数 $\boldsymbol{X}$ は非確率変数であると仮定していたが，ここではより一般的なケースを扱うために，$\boldsymbol{X}$ は確率変数であってもかまわないと仮定する．これに加えて，以下のように仮定する．

④ $\boldsymbol{x}_i' = [x_{1i}\, x_{2i} \cdots x_{ki}]$ を $\boldsymbol{X}$ の第 i 行ベクトルであるとすると

$$\operatorname*{plim}_{n\to\infty} \frac{1}{n}\sum_{i=1}^{n} \boldsymbol{x}_i \boldsymbol{x}_i' = \lim_{n\to\infty} \frac{1}{n}\sum_{i=1}^{n} \mathrm{E}[\boldsymbol{x}_i \boldsymbol{x}_i'] = \boldsymbol{M}_{XX} < \infty$$

となる．ただし，$\boldsymbol{M}_{XX}$ は正値定符号行列であるとし，最後の不等号については $\boldsymbol{M}_{XX}$ の全ての要素が有限であることを意味する．また，ベクトル $[\boldsymbol{x}_i'\, u_i] = [x_{1i}\, x_{2i} \cdots x_{ki}\, u_i]$（$i = 1, 2, \ldots, n$）は互いに独立な分布に従うとする[1]．

⑤ 全ての有限な非確率 k 次ベクトル $\boldsymbol{\lambda}$ と i について

$$\mathrm{E}[\,|\boldsymbol{\lambda}' \boldsymbol{x}_i u_i|^{2+\delta}] \leqq B < \infty$$

であるような δ, B が存在する．

$\boldsymbol{X}'\boldsymbol{X} = \sum_{i=1}^{n} \boldsymbol{x}_i \boldsymbol{x}_i'$ であるから，仮定④は

$$\operatorname*{plim}_{n\to\infty} \frac{\boldsymbol{X}'\boldsymbol{X}}{n} = \boldsymbol{M}_{XX} \tag{3.1}$$

と書くこともできる．この仮定は，$k \times k$ の行列 $\boldsymbol{x}_i \boldsymbol{x}_i'$ の各要素に対して大数の法則が応用でき，その各収束先を並べた行列 $\boldsymbol{M}_{XX}$ がフルランクの正値定符号行列であることを意味する．有限の n に対して $\boldsymbol{X}$ がフルランクであったとしても，収束先の $\boldsymbol{M}_{XX}$ がフルランクであるとは限らない．例えば，$\boldsymbol{x}_i = [1 \;\; 1/i]'$ の場合には，有限の n に対して $\boldsymbol{X}$ はフルランクであるが，

$$\boldsymbol{M}_{XX} = \lim_{n\to\infty} \begin{bmatrix} \frac{1}{n}\sum_{i=1}^{n} 1 & \frac{1}{n}\sum_{i=1}^{n} \frac{1}{i} \\ \frac{1}{n}\sum_{i=1}^{n} \frac{1}{i} & \frac{1}{n}\sum_{i=1}^{n} \frac{1}{i^2} \end{bmatrix} = \begin{bmatrix} 1 & 0 \\ 0 & 0 \end{bmatrix}$$

となるので，$\boldsymbol{M}_{XX}$ はフルランクではない[2]．また，仮定⑤は $\boldsymbol{x}_i$ と u_i の積のモーメントに関する仮定であるが，後に見るように，中心極限定理を用いる際に必要になる仮定である．

1）ここでは簡単化のために $[\boldsymbol{x}_i'\, u_i]$ は互いに独立であると仮定する．しかし，この仮定を緩めることができる点については後に簡単に説明する．

2）$\lim_{n\to\infty} 1/n \sum_{i=1}^{n} 1/i = 0$ および $\lim_{n\to\infty} 1/n \sum_{i=1}^{n} 1/i^2 = 0$ を示すには，数列 a_n について $\lim_{n\to\infty} a_n = \alpha$ であれば $\lim_{n\to\infty} 1/n \sum_{i=1}^{n} a_n = \alpha$ となる性質を用いればよい．

3.2 一致性

最小自乗推定量は以下のように書くことができる．

$$\begin{aligned}\boldsymbol{b} &= (\boldsymbol{X}'\boldsymbol{X})^{-1}\boldsymbol{X}'\boldsymbol{y} = \boldsymbol{\beta}+(\boldsymbol{X}'\boldsymbol{X})^{-1}\boldsymbol{X}'\boldsymbol{u} \\ &= \boldsymbol{\beta}+\left(\sum_{i=1}^{n}\boldsymbol{x}_i\boldsymbol{x}_i'\right)^{-1}\sum_{i=1}^{n}\boldsymbol{x}_i u_i = \boldsymbol{\beta}+\left(\frac{1}{n}\sum_{i=1}^{n}\boldsymbol{x}_i\boldsymbol{x}_i'\right)^{-1}\frac{1}{n}\sum_{i=1}^{n}\boldsymbol{x}_i u_i\end{aligned}$$

仮定により

$$\operatorname*{plim}_{n\to\infty}\frac{1}{n}\sum_{i=1}^{n}\boldsymbol{x}_i\boldsymbol{x}_i' = \boldsymbol{M}_{XX} < \infty$$

であり，逆行列の各要素は，もとの行列の要素の連続関数であるから，スラツキーの定理（定理2.2.1）により

$$\operatorname*{plim}_{n\to\infty}\left(\frac{1}{n}\sum_{i=1}^{n}\boldsymbol{x}_i\boldsymbol{x}_i'\right)^{-1} = \left(\operatorname*{plim}_{n\to\infty}\frac{1}{n}\sum_{i=1}^{n}\boldsymbol{x}_i\boldsymbol{x}_i'\right)^{-1} = \boldsymbol{M}_{XX}^{-1}$$

が成立する．

次に，$k\times 1$ ベクトル $\boldsymbol{w}_i = \boldsymbol{x}_i u_i$ について考えよう．仮定②により $\mathrm{E}[u_i|\boldsymbol{x}_i]=0$ であるから，繰り返し期待値の法則（11.4.3項参照）を用いることにより

$$\mathrm{E}[\boldsymbol{w}_i] = \mathrm{E}[\boldsymbol{x}_i u_i] = \mathrm{E}_{\boldsymbol{x}_i}[\mathrm{E}[\boldsymbol{x}_i u_i|\boldsymbol{x}_i]] = \mathrm{E}_{\boldsymbol{x}_i}[\boldsymbol{x}_i\mathrm{E}[u_i|\boldsymbol{x}_i]] = \boldsymbol{0}$$

したがって

$$\mathrm{E}\left[\frac{1}{n}\sum_{i=1}^{n}\boldsymbol{x}_i u_i\right] = \boldsymbol{0}$$

である．また，

$$\mathrm{V}[\boldsymbol{w}_i] = \mathrm{E}[(\boldsymbol{x}_i u_i)(\boldsymbol{x}_i u_i)'] = \mathrm{E}_{\boldsymbol{x}_i}[\mathrm{E}[\boldsymbol{x}_i u_i u_i'\boldsymbol{x}_i'|\boldsymbol{x}_i]] = \mathrm{E}_{\boldsymbol{x}_i}[\boldsymbol{x}_i\sigma^2\boldsymbol{x}_i'] = \sigma^2\mathrm{E}[\boldsymbol{x}_i\boldsymbol{x}_i'] \quad (3.2)$$

であるから，仮定④により $\boldsymbol{w}_i$ は互いに独立であることを用いると，

$$\mathrm{V}\left[\frac{1}{n}\sum_{i=1}^{n}\boldsymbol{x}_i u_i\right] = \frac{1}{n^2}\mathrm{V}\left[\sum_{i=1}^{n}\boldsymbol{w}_i\right] = \frac{1}{n^2}\sum_{i=1}^{n}\mathrm{V}[\boldsymbol{w}_i] = \frac{\sigma^2}{n^2}\sum_{i=1}^{n}\mathrm{E}[\boldsymbol{x}_i\boldsymbol{x}_i']$$

となる[3)]．仮定④により $\lim_{n\to\infty}\frac{1}{n}\sum_{i=1}^{n}\mathrm{E}[\boldsymbol{x}_i\boldsymbol{x}_i']$ は有限であるから，$n\to\infty$ のときに

3）2番目の式を展開すると $\mathrm{Cov}[\boldsymbol{w}_i, \boldsymbol{w}_j]$ という項が出てくるが（ただし $i\neq j$），$\boldsymbol{w}_i$ は互いに独立なので $\mathrm{Cov}[\boldsymbol{w}_i, \boldsymbol{w}_j]=\boldsymbol{0}$ となる．

$$\lim_{n\to\infty} \mathrm{V}\left[\frac{1}{n}\sum_{i=1}^{n}\boldsymbol{x}_i u_i\right] = \boldsymbol{0} \tag{3.3}$$

となる．この両辺の第 j 行 j 列の要素は

$$\lim_{n\to\infty} \mathrm{E}\left[\left(\frac{1}{n}\sum_{i=1}^{n}x_{ji}u_i\right)^2\right] = 0 \quad (j = 1, 2, \dots, k)$$

を意味する．したがって，$k\times1$ ベクトル $\frac{1}{n}\sum_{i=1}^{n}\boldsymbol{x}_i u_i$ の各要素は 0 に平均自乗収束するので，定理 2.1.1 より

$$\operatorname*{plim}_{n\to\infty} \frac{1}{n}\sum_{i=1}^{n}\boldsymbol{x}_i u_i = \boldsymbol{0}$$

といえる．この関係は

$$\operatorname*{plim}_{n\to\infty} \frac{\boldsymbol{X}'\boldsymbol{u}}{n} = \boldsymbol{0} \tag{3.4}$$

と書くこともできる．(3.1) 式と (3.4) 式を用いると，スラツキーの定理（定理 2.2.1）により

$$\operatorname*{plim}_{n\to\infty} \boldsymbol{b} = \boldsymbol{\beta} + \operatorname*{plim}_{n\to\infty}\left(\frac{1}{n}\boldsymbol{X}'\boldsymbol{X}\right)^{-1}\operatorname*{plim}_{n\to\infty}\frac{1}{n}\boldsymbol{X}'\boldsymbol{u} = \boldsymbol{\beta} + \boldsymbol{M}_{XX}^{-1}\boldsymbol{0} = \boldsymbol{\beta}$$

が成立する．したがって，最小自乗推定量 $\boldsymbol{b}$ は $\boldsymbol{\beta}$ の**一致推定量（consistent estimator）**である．

以上の説明では，$\mathrm{V}[\frac{1}{n}\sum_{i=1}^{n}\boldsymbol{x}_i u_i]$ の計算を簡単化するために，$\boldsymbol{w}_i$ が互いに独立であることを用いた．しかし，$\boldsymbol{b}$ の一致性が成立するためには (3.3) 式が満たされれば十分であり，$\boldsymbol{w}_i$ が独立でなかったとしても，$\operatorname*{plim}_{n\to\infty}\frac{1}{n}\boldsymbol{X}'\boldsymbol{X} = \boldsymbol{M}_{XX}$ および $\operatorname*{plim}_{n\to\infty}\frac{1}{n}\boldsymbol{X}'\boldsymbol{u} = \boldsymbol{0}$ が満たされれば $\boldsymbol{b}$ は一致性を持つ．

3.3　漸近正規性

任意の有限な非確率 $k\times1$ ベクトル $\boldsymbol{\lambda}\,(\neq \boldsymbol{0})$ に対して確率変数列 $\{\boldsymbol{\lambda}'\boldsymbol{x}_i u_i\}$ を考えよう．前節で見たように $\mathrm{E}[\boldsymbol{x}_i u_i] = \mathrm{E}[\boldsymbol{w}_i] = \boldsymbol{0}$ であり，$\boldsymbol{\lambda}$ は非確率変数ベクトルであるから，$\mathrm{E}[\boldsymbol{\lambda}'\boldsymbol{x}_i u_i] = 0$ である．したがって，(3.2) 式を用いると，

$$\mathrm{V}[\boldsymbol{\lambda}'\boldsymbol{x}_i u_i] = \mathrm{E}[(\boldsymbol{\lambda}'\boldsymbol{x}_i u_i)(\boldsymbol{\lambda}'\boldsymbol{x}_i u_i)'] = \sigma^2\boldsymbol{\lambda}'\mathrm{E}[\boldsymbol{x}_i\boldsymbol{x}_i']\boldsymbol{\lambda}$$

となる．ここで $s_n^2 = \sum_{i=1}^{n}\mathrm{V}[\boldsymbol{\lambda}'\boldsymbol{x}_i u_i]$ とし，$\boldsymbol{M}_{XX}$ は仮定④により正値定符号行列であ

ることを用いれば，

$$\lim_{n\to\infty}\frac{s_n^2}{n}=\sigma^2\boldsymbol{\lambda}'\boldsymbol{M}_{XX}\boldsymbol{\lambda}>0$$

が成立する．さらに仮定⑤により $\mathrm{E}[|\boldsymbol{\lambda}'\boldsymbol{x}_i u_i|^{2+\delta}]<\infty$ であるから，定理2.4.2の中心極限定理より

$$\sum_{i=1}^{n}\frac{\boldsymbol{\lambda}'\boldsymbol{x}_i u_i}{s_n}\xrightarrow{D}\mathrm{N}(0,1)$$

が得られる．上の2式を用いると

$$\frac{s_n}{\sqrt{n}}\sum_{i=1}^{n}\frac{\boldsymbol{\lambda}'\boldsymbol{x}_i u_i}{s_n}=\frac{1}{\sqrt{n}}\sum_{i=1}^{n}\boldsymbol{\lambda}'\boldsymbol{x}_i u_i\xrightarrow{D}\mathrm{N}(0,\sigma^2\boldsymbol{\lambda}'\boldsymbol{M}_{XX}\boldsymbol{\lambda})$$

となる[4]．$\boldsymbol{\lambda}$ は任意なので，クラーメル・ウォルドの定理（定理2.2.4）より

$$\frac{1}{\sqrt{n}}\boldsymbol{X}'\boldsymbol{u}=\frac{1}{\sqrt{n}}\sum_{i=1}^{n}\boldsymbol{x}_i u_i\xrightarrow{D}\mathrm{N}(\boldsymbol{0},\sigma^2\boldsymbol{M}_{XX}) \tag{3.5}$$

が得られる[5]．したがって，クラーメルの定理（定理2.2.2）および11.8節の行列と分布の性質①により

$$\sqrt{n}(\boldsymbol{b}-\boldsymbol{\beta})=\left(\frac{1}{n}\boldsymbol{X}'\boldsymbol{X}\right)^{-1}\frac{1}{\sqrt{n}}\boldsymbol{X}'\boldsymbol{u}$$
$$\xrightarrow{D}\mathrm{N}(\boldsymbol{0},\sigma^2\boldsymbol{M}_{XX}^{-1}\boldsymbol{M}_{XX}\boldsymbol{M}_{XX}^{-1})=\mathrm{N}(\boldsymbol{0},\sigma^2\boldsymbol{M}_{XX}^{-1})$$

となる．したがって，最小自乗推定量は，撹乱項が正規分布に従わない場合でも漸近的に正規分布に従う．$\boldsymbol{M}_{XX}$ は未知の行列であるが，$n^{-1}\boldsymbol{X}'\boldsymbol{X}$ を用いて推定することができる．このように，推定量の分布が $n\to\infty$ のとき正規分布に近づいていく性質を，**漸近正規性（asymptotic normality）**と呼ぶ．

ここでは，定理2.4.2を用いるために $\boldsymbol{x}_i u_i$ が互いに独立であることを用いたが，実際には $\boldsymbol{x}_i u_i$ が独立でなくても，(3.5) 式のように $\frac{1}{\sqrt{n}}\boldsymbol{X}'\boldsymbol{u}$ に対して何らかの中心極限定理を適用できれば，最小自乗推定量は漸近正規性を持つことになる．また，

4）これはクラーメルの定理（定理2.2.2）の②において，確率収束が（より強い収束概念である）通常の極限に置き換わっていると考えればよい．

5）文献によっては，最初から $1/\sqrt{n}\boldsymbol{X}'\boldsymbol{u}\xrightarrow{D}\mathrm{N}(\boldsymbol{0},\sigma^2\boldsymbol{M}_{XX})$ が与えられているものもあるが，このようにクラーメル・ウォルドの定理を用いることにより，1変数の中心極限定理を多変数の中心極限定理に拡張することができる．

この節と 3.2 節では $\boldsymbol{x}_i$ が確率変数であると仮定したが，$\boldsymbol{x}_i$ が非確率変数の場合にも同様の導出を行うことができる[6]．

3.4 信頼領域および検定

ここで，1 章の (1.9) 式で導いた統計量

$$F = \frac{(\boldsymbol{b}-\boldsymbol{\beta})'\boldsymbol{X}'\boldsymbol{X}(\boldsymbol{b}-\boldsymbol{\beta})/k}{s^2} \tag{3.6}$$

の漸近分布を考えよう．撹乱項が正規分布に従う場合には，この統計量は自由度 $(k, n-k)$ の F 分布に従う．

まず，分母について

$$s^2 = \frac{1}{n-k}\boldsymbol{e}'\boldsymbol{e} = \frac{1}{n-k}\boldsymbol{u}'\boldsymbol{M}\boldsymbol{u} = \frac{1}{n-k}(\boldsymbol{u}'\boldsymbol{u}-\boldsymbol{u}'\boldsymbol{X}(\boldsymbol{X}'\boldsymbol{X})^{-1}\boldsymbol{X}'\boldsymbol{u})$$

$$= \frac{n}{n-k}\left(\frac{\boldsymbol{u}'\boldsymbol{u}}{n} - \frac{\boldsymbol{u}'\boldsymbol{X}}{n}\left(\frac{\boldsymbol{X}'\boldsymbol{X}}{n}\right)^{-1}\frac{\boldsymbol{X}'\boldsymbol{u}}{n}\right)$$

と書ける．(3.1) 式と (3.4) 式により，

$$\operatorname*{plim}_{n\to\infty}\frac{\boldsymbol{X}'\boldsymbol{X}}{n} = \boldsymbol{M}_{XX}, \quad \operatorname*{plim}_{n\to\infty}\frac{\boldsymbol{X}'\boldsymbol{u}}{n} = \boldsymbol{0}$$

であるから，2 行目の右辺括弧内の第 2 項は 0 に確率収束し，

$$\operatorname*{plim}_{n\to\infty} s^2 = \operatorname*{plim}_{n\to\infty}\frac{\boldsymbol{u}'\boldsymbol{u}}{n} = \sigma^2$$

が成り立つ[7]．また，分子に関しては $\boldsymbol{b}-\boldsymbol{\beta} = (\boldsymbol{X}'\boldsymbol{X})^{-1}\boldsymbol{X}'\boldsymbol{u}$ を利用すると，

$$\frac{(\boldsymbol{b}-\boldsymbol{\beta})'\boldsymbol{X}'\boldsymbol{X}(\boldsymbol{b}-\boldsymbol{\beta})}{\sigma^2} = \frac{\boldsymbol{u}'\boldsymbol{X}(\boldsymbol{X}'\boldsymbol{X})^{-1}\boldsymbol{X}'\boldsymbol{u}}{\sigma^2} = \frac{1}{\sigma^2}\frac{\boldsymbol{u}'\boldsymbol{X}}{\sqrt{n}}\left(\frac{\boldsymbol{X}'\boldsymbol{X}}{n}\right)^{-1}\frac{\boldsymbol{X}'\boldsymbol{u}}{\sqrt{n}}$$

であるが，

6) 説明変数が非確率変数の場合には，説明変数に関する期待値（例えば $\mathrm{E}[\boldsymbol{x}_i\boldsymbol{x}_i']$）を，説明変数そのもの $(\boldsymbol{x}_i\boldsymbol{x}_i')$ で置き換えればよい．

7) 括弧の前にある $n/(n-k)$ については明らかに 1 に収束する．また，$\boldsymbol{u}'\boldsymbol{u}/n = 1/n\sum_{i=1}^n u_i^2$ は u_i^2 の標本平均であるから，大数の法則により $\mathrm{E}[u_i^2] = \sigma^2$ に確率収束する．また，この式より，σ^2 の不偏推定量 s^2 が一致推定量であることにも注意していただきたい．

$$\frac{1}{\sqrt{n}}\boldsymbol{X}'\boldsymbol{u} \xrightarrow{D} \mathrm{N}(\boldsymbol{0}, \sigma^2\boldsymbol{M}_{XX}), \quad \frac{\boldsymbol{X}'\boldsymbol{X}}{n} \xrightarrow{\mathrm{pr}} \boldsymbol{M}_{XX}$$

であることと，クラーメルの定理（定理2.2.2）および11.8節の行列と確率分布の性質[3]により

$$\frac{1}{\sigma^2}\frac{\boldsymbol{u}'\boldsymbol{X}}{\sqrt{n}}\left(\frac{\boldsymbol{X}'\boldsymbol{X}}{n}\right)^{-1}\frac{\boldsymbol{X}'\boldsymbol{u}}{\sqrt{n}} \xrightarrow{D} \chi^2(k)$$

となる．したがって，クラーメルの定理により

$$\frac{(\boldsymbol{b}-\boldsymbol{\beta})'\boldsymbol{X}'\boldsymbol{X}(\boldsymbol{b}-\boldsymbol{\beta})}{s^2} \xrightarrow{D} \chi^2(k) \tag{3.7}$$

が得られる．(3.6) 式と (3.7) 式の左辺の相違点は，分子を k で割っているか否かだけである．つまり，撹乱項が正規分布に従うことを仮定しない場合でも，F 分布をカイ2乗分布に置き換えるだけで，同様の方法で近似的な信頼領域を構築することができる．また，自由度 (m, n) の F 分布に従う確率変数に m を掛けたものの分布は，$n \to \infty$ のとき，自由度 m のカイ2乗分布に近づいていくことが知られている[8]．このことから，撹乱項が正規分布に従わない場合でも，撹乱項に正規分布を仮定して導いた F 分布を用いれば，良い近似が得られるといえる．

同様に，r 個の線形制約

$$\mathrm{H}_0 : \boldsymbol{R\beta} = \boldsymbol{c}$$

の検定統計量に関しては，帰無仮説 H_0 が正しいときに，

$$\frac{(\boldsymbol{Rb}-\boldsymbol{c})'[\boldsymbol{R}(\boldsymbol{X}'\boldsymbol{X})^{-1}\boldsymbol{R}']^{-1}(\boldsymbol{Rb}-\boldsymbol{c})}{s^2} \xrightarrow{D} \chi^2(r)$$

が成り立つ．また，最小自乗法の残差 $\boldsymbol{e}$ と制約付き最小自乗法の残差 $\dot{\boldsymbol{u}}$ を用いれば

8）このことについては以下のように理解すればよい．まず，定理11.7.9により，2つの確率変数 U と V が互いに独立で $U \sim \chi^2(m), V \sim \chi^2(n)$ ならば $X = \frac{U/m}{V/n} \sim F(m,n)$ が成り立つ．また，自由度 n のカイ2乗分布の平均は n，分散は $2n$ となるので（11.7.5項参照），定理11.4.2より，$\mathrm{E}[V/n] = 1$，$\mathrm{V}[V/n] = 2n/n^2 = 2/n$ であるから，$\mathrm{E}[(V/n-1)^2] = \mathrm{V}[V/n] = 2/n$ となり，$n \to \infty$ のとき V/n は1に平均自乗収束するので $V/n \xrightarrow{\mathrm{pr}} 1$ が成立する（定理2.1.1）．したがって，クラーメルの定理により $mX = \frac{U}{V/n} \xrightarrow{D} \chi^2(m)$ が成立する．

$$n\frac{\dot{\boldsymbol{u}}'\dot{\boldsymbol{u}}-\boldsymbol{e}'\boldsymbol{e}}{\boldsymbol{e}'\boldsymbol{e}}\xrightarrow{D}\chi^2(r)$$

となる（(1.12) 式参照）．以上の関係を用いて，攪乱項が正規分布に従わない場合でも仮説検定を行うことができる．

第4章 一般化最小自乗法

これまでの章では，撹乱項の分散共分散行列が $\mathrm{V}[\boldsymbol{u}] = \sigma^2 \boldsymbol{I}_n$ を満たすという仮定の下で，最小自乗推定量 $\boldsymbol{b}$ の性質を導出した．本章では $\mathrm{V}[\boldsymbol{u}] = \sigma^2 \boldsymbol{I}_n$ が成り立たないとき，$\boldsymbol{b}$ はどのような問題を持つのか，またその問題を解決するにはどのような推定方法を用いればよいのかを説明する．

4.1 一般化回帰モデル

これまでは，線形回帰モデル

$$\boldsymbol{y} = \boldsymbol{X\beta} + \boldsymbol{u}$$

において撹乱項の平均は $\mathrm{E}[\boldsymbol{u}] = \boldsymbol{0}$，分散共分散行列は $\mathrm{V}[\boldsymbol{u}] = \sigma^2 \boldsymbol{I}_n$ であると仮定してきた．ここでは，分散に関する仮定が満たされず

$$\mathrm{V}[\boldsymbol{u}] = \mathrm{E}[\boldsymbol{uu}'] = \sigma^2 \boldsymbol{\Omega}$$

の場合を考える．ただし，$\boldsymbol{\Omega}$ は対称な正値定符号行列である．このようなモデルは一般化回帰モデルと呼ばれる．本章では，簡単化のため説明変数 $\boldsymbol{X}$ は非確率変数の行列であると仮定する[1)]．σ^2 は基準化のために存在しており，例えば $\boldsymbol{\Omega}$ の第1行1列の要素を1であると基準化してもかまわない．$\boldsymbol{\Omega} = \boldsymbol{I}_n$ のときは，このモデルは，これまで考えてきた単純な重回帰モデルに一致する．しかし，$\boldsymbol{\Omega} \neq \boldsymbol{I}_n$ の

1）実際には，本章で導出する性質の多くは $\boldsymbol{X}$ が確率変数であっても成立する．$\boldsymbol{X}$ が確率変数の場合には導出や仮定をどのように変更すればよいかを，これまでの章と比較しながら考えることは初学者にとってよいトレーニングになる．興味のある読者は是非挑戦していただきたい．

場合には，このモデルはガウス・マルコフの定理が成立するために必要な3つの仮定を満たしていないことになる（1.5.3項を参照）．したがって，$\boldsymbol{\Omega} \neq \boldsymbol{I}_n$ の場合には，最小自乗推定量 $\boldsymbol{b} = (\boldsymbol{X}'\boldsymbol{X})^{-1}\boldsymbol{X}'\boldsymbol{y}$ は最良線形不偏推定量にはならない．

4.2 一般化最小自乗法

前節で説明したように，$\boldsymbol{\Omega} \neq \boldsymbol{I}_n$ の場合には最小自乗推定量 $\boldsymbol{b} = (\boldsymbol{X}'\boldsymbol{X})^{-1}\boldsymbol{X}'\boldsymbol{y}$ は最良線形不偏推定量にはならない．そこで $\boldsymbol{\Omega} \neq \boldsymbol{I}_n$ の場合でも最良線形不偏推定量を得られるように，次のように考えよう．

まず，$\boldsymbol{\Omega}$ は対称な正値定符号行列なので，$\boldsymbol{C}'\boldsymbol{\Omega}\boldsymbol{C} = \boldsymbol{\Lambda}$ のように対角化することができ，$\boldsymbol{C}'\boldsymbol{C} = \boldsymbol{I}_n$ が成り立つ（10.9.3項を参照）．また，$\boldsymbol{\Lambda}^{1/2}$ を固有値の正の平方根を対角要素に持つ対角行列とすると，$\boldsymbol{\Lambda}^{1/2}\boldsymbol{\Lambda}^{1/2} = \boldsymbol{\Lambda}$ が成り立つ．よって

$$\boldsymbol{\Omega} = \boldsymbol{C}\boldsymbol{\Lambda}\boldsymbol{C}' = \boldsymbol{C}\boldsymbol{\Lambda}^{1/2}\boldsymbol{\Lambda}^{1/2}\boldsymbol{C}' = \boldsymbol{Q}\boldsymbol{Q}'$$

が成立する．ただし $\boldsymbol{Q} = \boldsymbol{C}\boldsymbol{\Lambda}^{1/2}$ である．したがって，$\boldsymbol{P} = \boldsymbol{Q}^{-1}$ とすれば

$$\boldsymbol{P}\boldsymbol{\Omega}\boldsymbol{P}' = \boldsymbol{I}_n, \quad \boldsymbol{P}'\boldsymbol{P} = \boldsymbol{\Omega}^{-1}$$

となるような $\boldsymbol{P}$ が存在することになる．$\boldsymbol{y} = \boldsymbol{X}\boldsymbol{\beta} + \boldsymbol{u}$ の左から $\boldsymbol{P}$ を掛けると

$$\boldsymbol{P}\boldsymbol{y} = \boldsymbol{P}\boldsymbol{X}\boldsymbol{\beta} + \boldsymbol{P}\boldsymbol{u}$$

となる．ここで $\boldsymbol{y}^* = \boldsymbol{P}\boldsymbol{y}$，$\boldsymbol{X}^* = \boldsymbol{P}\boldsymbol{X}$，$\boldsymbol{u}^* = \boldsymbol{P}\boldsymbol{u}$ とすると

$$\boldsymbol{y}^* = \boldsymbol{X}^*\boldsymbol{\beta} + \boldsymbol{u}^* \tag{4.1}$$

が得られる．この式を回帰式とみなすと，$\boldsymbol{X}^*$ は非確率変数であり，

$$\mathrm{E}[\boldsymbol{u}^*] = \mathrm{E}[\boldsymbol{P}\boldsymbol{u}] = \boldsymbol{P}\mathrm{E}[\boldsymbol{u}] = \boldsymbol{0}$$
$$\mathrm{V}[\boldsymbol{u}^*] = \mathrm{E}[\boldsymbol{u}^*\boldsymbol{u}^{*\prime}] = \mathrm{E}[\boldsymbol{P}\boldsymbol{u}\boldsymbol{u}'\boldsymbol{P}'] = \boldsymbol{P}\mathrm{E}[\boldsymbol{u}\boldsymbol{u}']\boldsymbol{P}' = \boldsymbol{P}\sigma^2\boldsymbol{\Omega}\boldsymbol{P}' = \sigma^2\boldsymbol{I}_n$$

となる．これらの性質は，ガウス・マルコフの定理を導くのに必要であった3つの仮定に対応する（1.5.3項を参照）．したがって，$\boldsymbol{y}^*$ を被説明変数，$\boldsymbol{X}^*$ を説明変数として最小自乗法を用いれば，最良線形不偏推定量が得られることになる．このようにして得られた推定量を**一般化最小自乗推定量（generalized least squares estimator；GLS estimator）**と呼ぶ．つまり，一般化最小自乗推定量は

$$\boldsymbol{b}_{\mathrm{GLS}} = (\boldsymbol{X}^{*\prime}\boldsymbol{X}^{*})^{-1}\boldsymbol{X}^{*\prime}\boldsymbol{y}^{*} = [(\boldsymbol{PX})'\boldsymbol{PX}]^{-1}(\boldsymbol{PX})'(\boldsymbol{Py})$$
$$= [\boldsymbol{X}'\boldsymbol{P}'\boldsymbol{PX}]^{-1}\boldsymbol{X}'\boldsymbol{P}'\boldsymbol{Py} = (\boldsymbol{X}'\boldsymbol{\Omega}^{-1}\boldsymbol{X})^{-1}\boldsymbol{X}'\boldsymbol{\Omega}^{-1}\boldsymbol{y} \qquad (4.2)$$

となる．(4.1) 式を回帰モデルとみなし，

$$(\boldsymbol{y}^{*}-\boldsymbol{X}^{*}\boldsymbol{\beta})'(\boldsymbol{y}^{*}-\boldsymbol{X}^{*}\boldsymbol{\beta}) = (\boldsymbol{Py}-\boldsymbol{PX\beta})'(\boldsymbol{Py}-\boldsymbol{PX\beta})$$
$$= (\boldsymbol{y}-\boldsymbol{X\beta})'\boldsymbol{P}'\boldsymbol{P}(\boldsymbol{y}-\boldsymbol{X\beta}) = (\boldsymbol{y}-\boldsymbol{X\beta})'\boldsymbol{\Omega}^{-1}(\boldsymbol{y}-\boldsymbol{X\beta})$$

と式変形すると，**一般化最小自乗法（generalized least squares；GLS）**は，

$$(\boldsymbol{y}-\boldsymbol{X\beta})'\boldsymbol{\Omega}^{-1}(\boldsymbol{y}-\boldsymbol{X\beta})$$

を最小化するような $\boldsymbol{\beta}$ の値を，$\boldsymbol{\beta}$ の推定値とする方法だと考えることができる．

4.3 一般化最小自乗推定量の性質

(4.2) 式で与えられる一般化最小自乗推定量は

$$\boldsymbol{b}_{\mathrm{GLS}} = (\boldsymbol{X}'\boldsymbol{\Omega}^{-1}\boldsymbol{X})^{-1}\boldsymbol{X}'\boldsymbol{\Omega}^{-1}\boldsymbol{y} = (\boldsymbol{X}'\boldsymbol{\Omega}^{-1}\boldsymbol{X})^{-1}\boldsymbol{X}'\boldsymbol{\Omega}^{-1}(\boldsymbol{X\beta}+\boldsymbol{u})$$
$$= \boldsymbol{\beta}+(\boldsymbol{X}'\boldsymbol{\Omega}^{-1}\boldsymbol{X})^{-1}\boldsymbol{X}'\boldsymbol{\Omega}^{-1}\boldsymbol{u}$$

と書き換えられる．したがって，

$$\mathrm{E}[\boldsymbol{b}_{\mathrm{GLS}}] = \boldsymbol{\beta}+(\boldsymbol{X}'\boldsymbol{\Omega}^{-1}\boldsymbol{X})^{-1}\boldsymbol{X}'\boldsymbol{\Omega}^{-1}\mathrm{E}[\boldsymbol{u}] = \boldsymbol{\beta}$$

となるので，一般化最小自乗推定量は不偏推定量である．また，分散共分散行列は

$$\mathrm{V}[\boldsymbol{b}_{\mathrm{GLS}}] = \mathrm{E}[(\boldsymbol{b}_{\mathrm{GLS}}-\boldsymbol{\beta})(\boldsymbol{b}_{\mathrm{GLS}}-\boldsymbol{\beta})']$$
$$= \mathrm{E}[(\boldsymbol{X}'\boldsymbol{\Omega}^{-1}\boldsymbol{X})^{-1}\boldsymbol{X}'\boldsymbol{\Omega}^{-1}\boldsymbol{u}\{(\boldsymbol{X}'\boldsymbol{\Omega}^{-1}\boldsymbol{X})^{-1}\boldsymbol{X}'\boldsymbol{\Omega}^{-1}\boldsymbol{u}\}']$$
$$= (\boldsymbol{X}'\boldsymbol{\Omega}^{-1}\boldsymbol{X})^{-1}\boldsymbol{X}'\boldsymbol{\Omega}^{-1}\mathrm{E}[\boldsymbol{uu}']\boldsymbol{\Omega}^{-1}\boldsymbol{X}(\boldsymbol{X}'\boldsymbol{\Omega}^{-1}\boldsymbol{X})^{-1}$$
$$= (\boldsymbol{X}'\boldsymbol{\Omega}^{-1}\boldsymbol{X})^{-1}\boldsymbol{X}'\boldsymbol{\Omega}^{-1}\sigma^{2}\boldsymbol{\Omega}\boldsymbol{\Omega}^{-1}\boldsymbol{X}(\boldsymbol{X}'\boldsymbol{\Omega}^{-1}\boldsymbol{X})^{-1}$$
$$= \sigma^{2}(\boldsymbol{X}'\boldsymbol{\Omega}^{-1}\boldsymbol{X})^{-1}$$

となる．先に述べたとおり，一般化最小自乗推定量はガウス・マルコフの定理を満たすので，この分散共分散行列は全ての線形不偏推定量の中で最小である．また，

$$\operatorname*{plim}_{n\to\infty}\boldsymbol{b}_{\mathrm{GLS}} = \boldsymbol{\beta}+\operatorname*{plim}_{n\to\infty}(\boldsymbol{X}'\boldsymbol{\Omega}^{-1}\boldsymbol{X})^{-1}\boldsymbol{X}'\boldsymbol{\Omega}^{-1}\boldsymbol{u} = \boldsymbol{\beta}+\operatorname*{plim}_{n\to\infty}\left(\frac{\boldsymbol{X}'\boldsymbol{\Omega}^{-1}\boldsymbol{X}}{n}\right)^{-1}\frac{\boldsymbol{X}'\boldsymbol{\Omega}^{-1}\boldsymbol{u}}{n}$$

であるが，3.2 節で $\operatorname*{plim}_{n\to\infty}\frac{\boldsymbol{X}'\boldsymbol{u}}{n}=\boldsymbol{0}$ を導いたのと同様にして，特定の条件の下で

$$\operatorname*{plim}_{n\to\infty}\frac{\boldsymbol{X}'\boldsymbol{\Omega}^{-1}\boldsymbol{u}}{n}=\boldsymbol{0}$$

を導くことができる．したがって，

$$\operatorname*{plim}_{n\to\infty}\frac{\boldsymbol{X}'\boldsymbol{\Omega}^{-1}\boldsymbol{X}}{n}=\boldsymbol{M}_{X\Omega X}$$

という収束を仮定すれば

$$\operatorname*{plim}_{n\to\infty}\boldsymbol{b}_{\mathrm{GLS}}=\boldsymbol{\beta}+\boldsymbol{M}_{X\Omega X}^{-1}\boldsymbol{0}=\boldsymbol{\beta}$$

となり，$\boldsymbol{b}_{\mathrm{GLS}}$ は $\boldsymbol{\beta}$ の一致推定量となる．

3 章と同様の方法により，通常の最小自乗推定量

$$\boldsymbol{b}=(\boldsymbol{X}'\boldsymbol{X})^{-1}\boldsymbol{X}'\boldsymbol{y}$$

についても，特定の条件の下で

$$\mathrm{E}[\boldsymbol{b}]=\boldsymbol{\beta}\ （不偏性）$$
$$\operatorname*{plim}_{n\to\infty}\boldsymbol{b}=\boldsymbol{\beta}\ （一致性）$$

が示される[2]．つまり，撹乱項分散が $\sigma^2\boldsymbol{\Omega}$ であったとしても，通常の最小自乗推定量は不偏性と一致性を満たす．しかしながら，

$$\mathrm{V}[\boldsymbol{b}]=\sigma^2(\boldsymbol{X}'\boldsymbol{X})^{-1}\boldsymbol{X}'\boldsymbol{\Omega}\boldsymbol{X}(\boldsymbol{X}'\boldsymbol{X})^{-1}$$

であり，4.1 節でも述べたように，$\boldsymbol{b}$ は最良線形不偏推定量ではない．このことは，$\boldsymbol{A}=(\boldsymbol{X}'\boldsymbol{X})^{-1}\boldsymbol{X}'-(\boldsymbol{X}'\boldsymbol{\Omega}^{-1}\boldsymbol{X})^{-1}\boldsymbol{X}'\boldsymbol{\Omega}^{-1}$ とすると

$$\begin{aligned}\mathrm{V}[\boldsymbol{b}]-\mathrm{V}[\boldsymbol{b}_{\mathrm{GLS}}]&=\sigma^2(\boldsymbol{X}'\boldsymbol{X})^{-1}\boldsymbol{X}'\boldsymbol{\Omega}\boldsymbol{X}(\boldsymbol{X}'\boldsymbol{X})^{-1}-\sigma^2(\boldsymbol{X}'\boldsymbol{\Omega}^{-1}\boldsymbol{X})^{-1}\\&=\sigma^2((\boldsymbol{X}'\boldsymbol{X})^{-1}\boldsymbol{X}'-(\boldsymbol{X}'\boldsymbol{\Omega}^{-1}\boldsymbol{X})^{-1}\boldsymbol{X}'\boldsymbol{\Omega}^{-1})\\&\qquad\times\boldsymbol{\Omega}((\boldsymbol{X}'\boldsymbol{X})^{-1}\boldsymbol{X}'-(\boldsymbol{X}'\boldsymbol{\Omega}^{-1}\boldsymbol{X})^{-1}\boldsymbol{X}'\boldsymbol{\Omega}^{-1})'\\&=\sigma^2\boldsymbol{A}\boldsymbol{\Omega}\boldsymbol{A}'\end{aligned}$$

と書けることからも確認できる[3]（$\boldsymbol{A}\boldsymbol{\Omega}\boldsymbol{A}'$ は非負値定符号行列であり，$\boldsymbol{\Omega}=\boldsymbol{I}_n$ の

2）読者は是非自身で確認してもらいたい．

ときには $\mathrm{V}[\boldsymbol{b}]-\mathrm{V}[\boldsymbol{b}_{\mathrm{GLS}}]=\boldsymbol{0}$ となる).

さらに，もし $\boldsymbol{u}$ が正規分布に従い $\boldsymbol{u}\sim\mathrm{N}(\boldsymbol{0},\sigma^2\boldsymbol{\Omega})$ であったとすれば，(4.1) 式の変換されたモデル

$$\boldsymbol{y}^*=\boldsymbol{X}^*\boldsymbol{\beta}+\boldsymbol{u}^*$$

は通常の線形回帰モデルとなり，一般化最小自乗推定量はこのモデルに対する通常の最小自乗推定量になるので，通常の最小自乗法と同様に検定・推定を行うことができる．例えば，帰無仮説 H_0：$\boldsymbol{R\beta}=\boldsymbol{c}$ という r 個の線形制約を検定したい場合には，以下のようにすればよい．通常の線形回帰モデルにおける F 検定統計量((1.10) 式を参照) の $\boldsymbol{X},\boldsymbol{b}$ を $\boldsymbol{X}^*,\boldsymbol{b}_{\mathrm{GLS}}$ で置き換えると，H_0 が正しいとき，

$$\begin{aligned}F&=\frac{(\boldsymbol{R}\boldsymbol{b}_{\mathrm{GLS}}-\boldsymbol{c})'[\boldsymbol{R}(\boldsymbol{X}^{*\prime}\boldsymbol{X}^*)^{-1}\boldsymbol{R}']^{-1}(\boldsymbol{R}\boldsymbol{b}_{\mathrm{GLS}}-\boldsymbol{c})/r}{s^{*2}}\\&=\frac{(\boldsymbol{R}\boldsymbol{b}_{\mathrm{GLS}}-\boldsymbol{c})'[\boldsymbol{R}(\boldsymbol{X}'\boldsymbol{\Omega}^{-1}\boldsymbol{X})^{-1}\boldsymbol{R}']^{-1}(\boldsymbol{R}\boldsymbol{b}_{\mathrm{GLS}}-\boldsymbol{c})/r}{s^{*2}}\sim F(r,n-k)\end{aligned}$$

が成り立つ．ただし，

$$\begin{aligned}s^{*2}&=\frac{(\boldsymbol{y}^*-\boldsymbol{X}^*\boldsymbol{b}_{\mathrm{GLS}})'(\boldsymbol{y}^*-\boldsymbol{X}^*\boldsymbol{b}_{\mathrm{GLS}})}{n-k}=\frac{(\boldsymbol{y}-\boldsymbol{X}\boldsymbol{b}_{\mathrm{GLS}})'\boldsymbol{P}'\boldsymbol{P}(\boldsymbol{y}-\boldsymbol{X}\boldsymbol{b}_{\mathrm{GLS}})}{n-k}\\&=\frac{(\boldsymbol{y}-\boldsymbol{X}\boldsymbol{b}_{\mathrm{GLS}})'\boldsymbol{\Omega}^{-1}(\boldsymbol{y}-\boldsymbol{X}\boldsymbol{b}_{\mathrm{GLS}})}{n-k}\end{aligned}$$

である．

また，$\boldsymbol{u}$ が正規分布に従うことを仮定しなくても，通常の最小自乗推定量の場合と同様に，特定の条件の下で

$$\sqrt{n}(\boldsymbol{b}_{\mathrm{GLS}}-\boldsymbol{\beta})\xrightarrow{D}\mathrm{N}(\boldsymbol{0},\sigma^2\boldsymbol{M}_{X\Omega X}^{-1})$$

等の漸近的な性質を示すことができる．

---

3) この数式の1行目から2行目への変形を自分でできるようになる必要はない．読者には2行目を展開して1行目と等しくなることを確認してもらいたい．

4.4　特殊な場合：加重最小自乗法

ここまで説明してきた一般化最小自乗推定量には大きな問題がある．それは，一般化最小自乗推定量は $\mathbf{\Omega}$ が未知である場合には利用できないということである．しかし，以下のようなケースには，比較的容易に分析を行うことができる．

いま，第 i 番目の観測値の分散に対して，$\sigma_i^2 = \sigma^2 x_{ji}^2$ が成立しているとする．ただし x_{ji} は第 j 番目の説明変数の第 i 番目の観測値である．これは，第 j 番目の観測値の絶対値が大きければ，撹乱項の分散も大きくなることを意味する．このような仮定は，実際の分析においてそれなりに意味を持つものと考えることができる．このような場合，撹乱項の分散共分散行列は

$$\sigma^2\mathbf{\Omega} = \sigma^2 \begin{bmatrix} x_{j1}^2 & 0 & \cdots & 0 \\ 0 & x_{j2}^2 & \cdots & 0 \\ \vdots & \vdots & \ddots & \vdots \\ 0 & 0 & \cdots & x_{jn}^2 \end{bmatrix}$$

となる．$\mathbf{\Omega}$ の逆行列は

$$\mathbf{\Omega}^{-1} = \begin{bmatrix} 1/x_{j1}^2 & 0 & \cdots & 0 \\ 0 & 1/x_{j2}^2 & \cdots & 0 \\ \vdots & \vdots & \ddots & \vdots \\ 0 & 0 & \cdots & 1/x_{jn}^2 \end{bmatrix}$$

であるから

$$\boldsymbol{P} = \begin{bmatrix} 1/x_{j1} & 0 & \cdots & 0 \\ 0 & 1/x_{j2} & \cdots & 0 \\ \vdots & \vdots & \ddots & \vdots \\ 0 & 0 & \cdots & 1/x_{jn} \end{bmatrix}$$

とすれば $\boldsymbol{P}\mathbf{\Omega}\boldsymbol{P}' = \boldsymbol{I}_n$, $\boldsymbol{P}'\boldsymbol{P} = \mathbf{\Omega}^{-1}$ となることが確認できる．$\boldsymbol{y}^* = \boldsymbol{P}\boldsymbol{y}$, $\boldsymbol{X}^* = \boldsymbol{P}\boldsymbol{X}$ であるから，この場合，

$$y_i^* = y_i/x_{ji}, \quad x_{mi}^* = x_{mi}/x_{ji} \; (m = 1, 2, \ldots, k)$$

と変換したデータを用いて通常の最小自乗法を行えば，一般化最小自乗推定量が得られる．この方法を**加重最小自乗法**（**weighted least squares**）と呼ぶ．

より一般的な場合については，撹乱項 u_i に特定のモデルを仮定するなど，何らかの方法を用いて $\mathbf{\Omega}$ を推定する必要がある．

第5章 最尤法

これまでの章では，線形回帰モデルを考え，最小自乗推定量およびその一般化である一般化最小自乗推定量の性質を分析してきた．これらの推定量は，残差2乗和を最小化することにより導出されるため，撹乱項の分布を仮定することなく導出できる．しかし，モデルに含まれる確率構造を仮定した場合には，最尤法と呼ばれる方法を用いることにより得られる推定量（最尤推定量）が，非常に優れた性質を持つことが知られている．この章では，最尤法と最尤推定量の性質について説明する．

5.1 最尤法と最尤推定量の性質

n 個の確率変数の観測値 $X_1, X_2, \dots, X_n$ の集合を $\boldsymbol{X} = \{X_1, X_2, \dots, X_n\}$ と書き表すことにする．$X_1, X_2, \dots, X_n$ は実際にはベクトルであってもかまわない．

$X_1, X_2, \dots, X_n$ が連続型確率変数のとき，$\boldsymbol{X} = \{X_1, X_2, \dots, X_n\}$ の同時確率密度関数が $f(\boldsymbol{X}\,;\boldsymbol{\theta})$ で与えられているとしよう．ただし，$\boldsymbol{\theta}$ は未知パラメータのベクトルである．$X_1, X_2, \dots, X_n$ がベクトルの場合には，$f(\boldsymbol{X}\,;\boldsymbol{\theta})$ は $\boldsymbol{X}$ の全ての要素の同時確率密度関数を表すことになる．この同時確率密度関数 $f(\boldsymbol{X}\,;\boldsymbol{\theta})$ を未知パラメータの関数として読み換えた

$$L(\boldsymbol{\theta}\,;\boldsymbol{X}) = f(\boldsymbol{X}\,;\boldsymbol{\theta})$$

を**尤度関数**（**likelihood function**）といい，尤度関数を最大化するようにして未知パラメータ $\boldsymbol{\theta}$ を推定する方法を**最尤法**（**maximum likelihood**）と呼ぶ．つまり $\boldsymbol{\theta}$ の**最尤推定量**（**maximum likelihood estimator；MLE**）は

$$\max_{\boldsymbol{\theta}} L(\boldsymbol{\theta}\,;\boldsymbol{X})$$

を満たす $\boldsymbol{\theta}$ の値である．したがって，最尤推定量は

$$\frac{\partial L(\boldsymbol{\theta}\,;\boldsymbol{X})}{\partial \boldsymbol{\theta}} = \mathbf{0}$$

を解くことによって得られる $\boldsymbol{\theta}$ の値であるということになる．

$X_1, X_2, \ldots, X_n$ が離散型確率変数の場合には，$\boldsymbol{X} = \{X_1, X_2, \ldots, X_n\}$ の同時確率関数を未知パラメータの関数として読み換えたものを，尤度関数と考えればよい．

$\boldsymbol{\theta}$ の最尤推定量を $\hat{\boldsymbol{\theta}}$ とすると，特定の条件の下で，最尤推定量は以下の性質を満たすことが知られている．

最尤推定量の性質

1 一致性：$\operatorname*{plim}_{n\to\infty} \hat{\boldsymbol{\theta}} = \boldsymbol{\theta}$

2 漸近正規性：$\hat{\boldsymbol{\theta}} \overset{a}{\sim} \mathrm{N}(\boldsymbol{\theta}, [\boldsymbol{I}(\boldsymbol{\theta})]^{-1})$，ただし $\boldsymbol{I}(\boldsymbol{\theta})$ は

$$\boldsymbol{I}(\boldsymbol{\theta}) = -\mathrm{E}\left[\frac{\partial^2 \log L(\boldsymbol{\theta}\,;\boldsymbol{X})}{\partial \boldsymbol{\theta} \partial \boldsymbol{\theta}'}\right]$$

で定義される**情報行列（information matrix）**である．情報行列に関しては

$$-\mathrm{E}\left[\frac{\partial^2 \log L(\boldsymbol{\theta}\,;\boldsymbol{X})}{\partial \boldsymbol{\theta} \partial \boldsymbol{\theta}'}\right] = \mathrm{E}\left[\frac{\partial \log L(\boldsymbol{\theta}\,;\boldsymbol{X})}{\partial \boldsymbol{\theta}} \frac{\partial \log L(\boldsymbol{\theta}\,;\boldsymbol{X})}{\partial \boldsymbol{\theta}'}\right] = \mathrm{V}\left[\frac{\partial \log L(\boldsymbol{\theta}\,;\boldsymbol{X})}{\partial \boldsymbol{\theta}}\right]$$

という等式が成り立つ．

3 漸近効率性：$\hat{\boldsymbol{\theta}}$ は漸近的に効率的である．

4 不変性：$\boldsymbol{\gamma} = \boldsymbol{c}(\boldsymbol{\theta})$ の最尤推定量は $\boldsymbol{c}(\hat{\boldsymbol{\theta}})$ である．

最尤推定量の一致性および漸近正規性に関しては7章で説明することにして，ここではまず情報行列に関する等式を証明しよう．ここでは連続型確率変数の場合について証明を行うが，離散型の場合も同様の議論が成立する．

[情報行列の性質の証明] 確率密度関数の性質により，任意の $\boldsymbol{\theta}$ に対して

$$\int f(\boldsymbol{x}\,;\boldsymbol{\theta})d\boldsymbol{x} = \int L(\boldsymbol{\theta}\,;\boldsymbol{x})d\boldsymbol{x} = 1$$

が成り立つ．ただし $\boldsymbol{x} = \{x_1, x_2, \ldots, x_n\}$ であり（$X_1, X_2, \ldots, X_n$ がベクトルの場合に

は，$x_1, x_2, \ldots, x_n$ も当然ベクトルになる)，上の積分は $\boldsymbol{x}$ の全ての要素についての重積分を表す．これを $\boldsymbol{\theta}$ で微分すると（積分範囲は $\boldsymbol{\theta}$ に依存しない，$\partial L(\boldsymbol{\theta};\boldsymbol{X})/\partial\boldsymbol{\theta}$ が存在すると仮定する）

$$\int \frac{\partial L(\boldsymbol{\theta};\boldsymbol{x})}{\partial\boldsymbol{\theta}} d\boldsymbol{x} = \boldsymbol{0}$$

となる[1]．したがって，

$$\frac{\partial \log L(\boldsymbol{\theta};\boldsymbol{x})}{\partial\boldsymbol{\theta}} = \frac{1}{L(\boldsymbol{\theta};\boldsymbol{x})}\frac{\partial L(\boldsymbol{\theta};\boldsymbol{x})}{\partial\boldsymbol{\theta}} \tag{5.1}$$

という関係を用いると，

$$\int \frac{\partial \log L(\boldsymbol{\theta};\boldsymbol{x})}{\partial\boldsymbol{\theta}} L(\boldsymbol{\theta};\boldsymbol{x}) d\boldsymbol{x} = \boldsymbol{0} \tag{5.2}$$

が得られる．$L(\boldsymbol{\theta};\boldsymbol{x}) = f(\boldsymbol{x};\boldsymbol{\theta})$ であるから，上の式は

$$\mathrm{E}\left[\frac{\partial \log L(\boldsymbol{\theta};\boldsymbol{X})}{\partial\boldsymbol{\theta}}\right] = \boldsymbol{0} \tag{5.3}$$

を意味する．(5.2) 式の両辺をさらに $\boldsymbol{\theta}'$ で微分し，再度 (5.1) 式を用いると，

$$\int \frac{\partial^2 \log L(\boldsymbol{\theta};\boldsymbol{x})}{\partial\boldsymbol{\theta}\partial\boldsymbol{\theta}'} L(\boldsymbol{\theta};\boldsymbol{x}) d\boldsymbol{x} + \int \frac{\partial \log L(\boldsymbol{\theta};\boldsymbol{x})}{\partial\boldsymbol{\theta}} \frac{\partial L(\boldsymbol{\theta};\boldsymbol{x})}{\partial\boldsymbol{\theta}'} d\boldsymbol{x}$$

$$= \int \frac{\partial^2 \log L(\boldsymbol{\theta};\boldsymbol{x})}{\partial\boldsymbol{\theta}\partial\boldsymbol{\theta}'} L(\boldsymbol{\theta};\boldsymbol{x}) d\boldsymbol{x} + \int \frac{\partial \log L(\boldsymbol{\theta};\boldsymbol{x})}{\partial\boldsymbol{\theta}} \frac{\partial \log L(\boldsymbol{\theta};\boldsymbol{x})}{\partial\boldsymbol{\theta}'} L(\boldsymbol{\theta};\boldsymbol{x}) d\boldsymbol{x} = \boldsymbol{0}$$

となる．この式と $L(\boldsymbol{\theta};\boldsymbol{x}) = f(\boldsymbol{x};\boldsymbol{\theta})$ および (5.3) 式を用いれば

$$-\mathrm{E}\left[\frac{\partial^2 \log L(\boldsymbol{\theta};\boldsymbol{X})}{\partial\boldsymbol{\theta}\partial\boldsymbol{\theta}'}\right] = \mathrm{E}\left[\frac{\partial \log L(\boldsymbol{\theta};\boldsymbol{X})}{\partial\boldsymbol{\theta}} \frac{\partial \log L(\boldsymbol{\theta};\boldsymbol{X})}{\partial\boldsymbol{\theta}'}\right] = \mathrm{V}\left[\frac{\partial \log L(\boldsymbol{\theta};\boldsymbol{X})}{\partial\boldsymbol{\theta}}\right]$$

が得られる[2]．■

最尤推定量の漸近効率性は，以下の定理から導かれる．

定理 5.1.1　クラーメル・ラオ（Cramèr-Rao）の下限

$\tilde{\boldsymbol{\theta}}$ を $\boldsymbol{\theta}$ の不偏推定量とすると，

$$\mathrm{V}[\tilde{\boldsymbol{\theta}}] = [\boldsymbol{I}(\boldsymbol{\theta})]^{-1} + \boldsymbol{D}$$

1）ベクトル $\boldsymbol{\theta}$ による微分は，10.11 節同様に，各要素が対応する偏導関数を表す．

2）1つ目の等号は，上の式の2行目に $L(\boldsymbol{\theta};\boldsymbol{x}) = f(\boldsymbol{x};\boldsymbol{\theta})$ を代入することで得られる．2つ目の等号は，(5.3) 式と分散共分散行列の定義から導かれる．

が成り立つ．ただし $\boldsymbol{D}$ は非負値符号行列である．

クラーメル・ラオの下限は，どのような推定量 $\tilde{\boldsymbol{\theta}}$ を考えても，$\tilde{\boldsymbol{\theta}}$ が不偏推定量である限り，その分散は情報行列の逆行列 $[\boldsymbol{I}(\boldsymbol{\theta})]^{-1}$ より小さくならないことを意味している．

クラーメル・ラオの下限を導くには次の不等式を利用する．

コーシー・シュワルツ（Cauchy-Schwartz）の不等式

X, Y を確率変数とするとき

$$(\mathrm{E}[XY])^2 \leqq \mathrm{E}[X^2]\mathrm{E}[Y^2]$$

が成立する．等号は $Y = cX$（c は定数）のときに限る．

[証明] 任意の定数 a に対して

$$\mathrm{E}[(aX+Y)^2] = a^2\mathrm{E}[X^2]+2a\mathrm{E}[XY]+\mathrm{E}[Y^2] \geqq 0$$

である．$a = -\mathrm{E}[XY]/\mathrm{E}[X^2]$ と置くとコーシー・シュワルツの不等式が得られる．等号が $aX+Y=0$ の場合に成り立つことは明らかである．■

コーシー・シュワルツの不等式において，X, Y をそれぞれ $X-\mathrm{E}[X]$，$Y-\mathrm{E}[Y]$ で置き換えると，

$$(\mathrm{Cov}[X, Y])^2 \leqq \mathrm{V}[X]\mathrm{V}[Y] \tag{5.4}$$

という関係が得られる．

[クラーメル・ラオの下限の証明] 簡単化のため，$\boldsymbol{\theta}$, $\tilde{\boldsymbol{\theta}}$ がスカラーの場合についてのみ証明する．

$\tilde{\theta}$ は θ の不偏推定量であるから

$$\mathrm{E}[\tilde{\theta}] = \int \tilde{\theta} f(\boldsymbol{x};\theta)d\boldsymbol{x} = \theta$$

が成立する．$\tilde{\theta}$ は θ に依存しないことに注意して[3]，この式を θ で微分すると

$$\int \tilde{\theta} \frac{\partial f(\boldsymbol{x};\theta)}{\partial \theta} d\boldsymbol{x} = 1$$

が得られる．この式に

$$\frac{\partial f(\boldsymbol{x};\theta)}{\partial \theta} = \frac{\partial \log f(\boldsymbol{x};\theta)}{\partial \theta} f(\boldsymbol{x};\theta)$$

という関係を代入すると

$$\int \tilde{\theta} \frac{\partial \log f(\boldsymbol{x};\theta)}{\partial \theta} f(\boldsymbol{x};\theta) d\boldsymbol{x} = 1$$

となる．$f(\boldsymbol{x};\theta) = L(\theta;\boldsymbol{x})$ であることを用いると

$$\mathrm{E}\left[\tilde{\theta} \frac{\partial \log L(\theta;\boldsymbol{X})}{\partial \theta}\right] = 1$$

が得られる．また，(5.3) 式で見たように，

$$\mathrm{E}\left[\frac{\partial \log L(\theta;\boldsymbol{X})}{\partial \theta}\right] = 0$$

である．以上の関係と，$\tilde{\theta}$ は θ の不偏推定量であるから $\mathrm{E}[\tilde{\theta}] = \theta$ が成立することを用いると

$$\mathrm{Cov}\left[\tilde{\theta}, \frac{\partial \log L(\theta;\boldsymbol{X})}{\partial \theta}\right] = \mathrm{E}\left[\tilde{\theta} \frac{\partial \log L(\theta;\boldsymbol{X})}{\partial \theta}\right] - \mathrm{E}[\tilde{\theta}]\mathrm{E}\left[\frac{\partial \log L(\theta;\boldsymbol{X})}{\partial \theta}\right] = 1$$

となる[4]．したがって，(5.4) 式より

$$\mathrm{V}[\tilde{\theta}]\mathrm{V}\left[\frac{\partial \log L(\theta;\boldsymbol{X})}{\partial \theta}\right] \geqq \left(\mathrm{Cov}\left[\tilde{\theta}, \frac{\partial \log L(\theta;\boldsymbol{X})}{\partial \theta}\right]\right)^2 = 1$$

が成立するが，情報行列について $I(\theta) = \mathrm{V}[\partial \log L(\theta;\boldsymbol{X})/\partial \theta]$ であるから

$$\mathrm{V}[\tilde{\theta}] \geqq [I(\theta)]^{-1}$$

が得られる．■

3）当然のことであるが，未知の値を利用しなければならないような推定量を実際に用いることはできない．ここで θ の推定量を考えているのは，そもそも θ が未知だからである．したがって，θ に依存するような推定量を用いることはできないので，$\tilde{\theta}$ は θ に依存しないといえる．

4）この計算には $\mathrm{Cov}[X, Y] = \mathrm{E}[(X-\mathrm{E}[X])(Y-\mathrm{E}[Y])] = \mathrm{E}[XY]-\mathrm{E}[X]\mathrm{E}[Y]$ という性質を用いている（定理 11.4.3 を参照）．

クラーメル・ラオの下限が示すように，どのような推定量 $\tilde{\boldsymbol{\theta}}$ を考えても，$\tilde{\boldsymbol{\theta}}$ が不偏性を満たす限り，その分散は $\boldsymbol{I}(\boldsymbol{\theta})^{-1}$ より小さくなることはない．したがって，不偏性を満たし，かつ分散が $\boldsymbol{I}(\boldsymbol{\theta})^{-1}$ に等しい推定量を求められれば，この推定量は非常に優れた推定量であるといえる．これに対し，p.48の最尤推定量の性質②は，最尤推定量の分散が $n \to \infty$ のときに $\boldsymbol{I}(\boldsymbol{\theta})^{-1}$ に近づいていくことを意味している．このことから，性質③のように，最尤推定量は漸近的に効率的であるといえる．ただし，性質①により最尤推定量は一致性を満たすが，n が有限の場合には必ずしも不偏性を満たさないことには注意が必要である[5)]．

また，性質④の最尤推定量の不変性は，尤度関数を最大化する $\boldsymbol{\theta}$ の値が $\hat{\boldsymbol{\theta}}$ であったとき，$\boldsymbol{\gamma}$ については $\hat{\boldsymbol{\gamma}} = \boldsymbol{c}(\hat{\boldsymbol{\theta}})$ を満たす $\hat{\boldsymbol{\gamma}}$ において尤度関数が最大化されることを考えれば，当然の結果である[6)]．このことは，パラメータを変換することによって計算が楽になる場合は，パラメータの変換を行ってから尤度関数を最大化し，求められた変換後のパラメータの推定値から逆算することによって，もとのパラメータの推定値を求めればよいということを意味している．

以上のような性質により，最尤推定量は非常に強力で便利な推定量であるといえる．しかし，最尤推定量は，尤度関数がわからないと使えない，すなわち，分布に何らかの仮定を置かなければいけないという問題があり，分布の仮定が間違っている場合には上記の性質は成り立たない．しかしながら，確率密度関数が誤って特定化された場合でも，特定の条件の下で，最尤推定量が一致性や漸近正規性を満たす場合がある．このような方法は疑似最尤法（quasi maximum likelihood, pseudo maximum likelihood）と呼ばれる．疑似最尤法については，7章で解説を行う．

5.2 最尤法の例

最尤法の回帰モデルへの応用に進む前に，簡単な最尤法の応用例を見ておこう．

5）この点については，p.54の例2および5.3節における σ^2 の最尤推定量により容易に確認できる．

6）例えば，$L(\theta) = -(1-2/\theta)^2$ であったとしよう．$\gamma = 1/\theta$ とおけば $L(1/\gamma) = -(1-2\gamma)$ であるから $\gamma = 1/2$ のときに $L(\cdot)$ は最大値0をとる．また，θ の関数としては，$L(\cdot)$ は $\theta = 2$ のときに最大値0をとる．$L(\cdot)$ を最大化する値において $\gamma = 1/\theta = 1/2$ という関係が成り立つことは明らかである．このように，尤度関数が $\boldsymbol{\theta}$ について $\hat{\boldsymbol{\theta}}$ で最大化されるのであれば，$\boldsymbol{\gamma}$ については $\hat{\boldsymbol{\gamma}} = \boldsymbol{c}(\hat{\boldsymbol{\theta}})$ を満たす $\hat{\boldsymbol{\gamma}}$ で最大化されることになる．

[例1] ある実験が成功する確率を p とする．実験を n 回行い，i 回目の実験で成功すれば $X_i=1$，失敗すれば $X_i=0$ として p を推定しよう．X_i の確率関数は

$$f(x_i\,;p)=p^{x_i}(1-p)^{1-x_i}$$

となるので，n 回の実験による尤度関数は

$$\begin{aligned}L(p)&=\prod_{i=1}^{n}f(X_i\,;p)=p^{X_1+\cdots+X_n}(1-p)^{(1-X_1)+\cdots+(1-X_n)}\\&=p^{\sum_{i=1}^{n}X_i}(1-p)^{n-\sum_{i=1}^{n}X_i}\end{aligned}$$

となる．この尤度関数を，未知パラメータの p について最大化することにより，最尤推定量が求まる．しかし，実際の問題においては，尤度関数そのものを最大化するより，尤度関数の対数値である**対数尤度関数**を最大化する方が簡単な場合が多い[7]．ここでも対数尤度関数を最大化することを考えよう．上の式の対数をとることにより，対数尤度関数は

$$\log L(p)=\sum_{i=1}^{n}X_i\log p+\left(n-\sum_{i=1}^{n}X_i\right)\log(1-p)$$

となる．この関数を最大にする p を求めるために p で微分すると

$$\begin{aligned}\frac{\partial\log L(p)}{\partial p}&=\frac{\sum_{i=1}^{n}X_i}{p}-\frac{n-\sum_{i=1}^{n}X_i}{1-p}\\&=\frac{(1-p)\sum_{i=1}^{n}X_i-p(n-\sum_{i=1}^{n}X_i)}{p(1-p)}=\frac{\sum_{i=1}^{n}X_i-np}{p(1-p)}\end{aligned}$$

である．この式を0と置いて解くことにより，

$$p=\frac{1}{n}\sum_{i=1}^{n}X_i$$

のとき，対数尤度関数は最大となることがわかる．したがって，p の最尤推定量は

$$\hat{p}=\frac{1}{n}\sum_{i=1}^{n}X_i$$

である．

7）情報行列の計算においても用いることを考えれば，尤度関数の導関数よりも対数尤度関数の導関数を求めておいた方が便利でもある．

[例 2] $X_1, X_2, \ldots, X_n$ を $\mathrm{N}(\mu, \sigma^2)$ から独立に得られた標本とする．このとき，尤度関数は

$$L(\mu, \sigma^2) = \prod_{i=1}^{n} f(X_i ; \mu, \sigma^2) = \prod_{i=1}^{n} \frac{1}{\sqrt{2\pi\sigma^2}} e^{-\frac{(X_i-\mu)^2}{2\sigma^2}}$$

であるから[8]，対数尤度関数は

$$\log L(\mu, \sigma^2) = -\frac{n}{2}\log(2\pi) - \frac{n}{2}\log\sigma^2 - \sum_{i=1}^{n} \frac{(X_i-\mu)^2}{2\sigma^2}$$

となる．これを μ および σ^2 で微分すると

$$\frac{\partial \log L(\mu, \sigma^2)}{\partial \mu} = \sum_{i=1}^{n} \frac{X_i - \mu}{\sigma^2}$$

$$\frac{\partial \log L(\mu, \sigma^2)}{\partial \sigma^2} = -\frac{n}{2\sigma^2} + \sum_{i=1}^{n} \frac{(X_i-\mu)^2}{2(\sigma^2)^2}$$

が得られる[9]．上の 2 式が 0 となるような μ, σ^2 の値を最尤推定量 $\hat{\mu}, \hat{\sigma}^2$ とすると

$$\hat{\mu} = \frac{\sum_{i=1}^{n} X_i}{n} = \bar{X}, \quad \hat{\sigma}^2 = \frac{\sum_{i=1}^{n} (X_i - \hat{\mu})^2}{n}$$

が得られる．σ^2 の不偏推定量は

$$s^2 = \frac{\sum_{i=1}^{n} (X_i - \hat{\mu})^2}{n-1}$$

であるから，最尤推定量 $\hat{\sigma}^2$ は不偏推定量ではない．しかし，$n \to \infty$ のとき，s^2 と $\hat{\sigma}^2$ の差はなくなる．

5.3 回帰モデルにおける最尤法 I

回帰モデル

$$y_i = \alpha + \beta x_i + u_i, \quad i = 1, 2, \ldots, n$$

を考える．ただし u_i は互いに独立に正規分布 $\mathrm{N}(0, \sigma^2)$ に従い，x_i は非確率変数であると仮定する．このとき，y_i は互いに独立に $\mathrm{N}(\alpha + \beta x_i, \sigma^2)$ に従う（11.8 節の行

8）正規分布の確率密度関数については，11.7.3 項を参照．

9）2 つ目の式は，σ ではなく σ^2 を 1 つの変数として微分している．

列と分布の性質[2]を応用すればよい）．したがって，y_iの確率密度関数は

$$f(y_i\,;\boldsymbol{\theta})=\frac{1}{\sqrt{2\pi\sigma^2}}\exp\left(-\frac{(y_i-\alpha-\beta x_i)^2}{2\sigma^2}\right)$$

となる．ただし $\boldsymbol{\theta}=[\alpha\,\beta\,\sigma^2]'$ であり，$\exp(x)=e^x$ を意味する．y_i は互いに独立であるから，尤度関数（$\boldsymbol{y}=[y_1\,y_2\cdots y_n]'$の同時確率密度関数）は

$$\begin{aligned}L(\boldsymbol{\theta}\,;\boldsymbol{y})&=f(\boldsymbol{y}\,;\boldsymbol{\theta})=f(y_1\,;\boldsymbol{\theta})f(y_2\,;\boldsymbol{\theta})\cdots f(y_n\,;\boldsymbol{\theta})\\&=\frac{1}{(2\pi\sigma^2)^{n/2}}\exp\left(-\frac{1}{2\sigma^2}\sum_{i=1}^{n}(y_i-\alpha-\beta x_i)^2\right)\end{aligned}$$

となる．したがって，対数尤度関数は

$$\log L(\boldsymbol{\theta}\,;\boldsymbol{y})=-\frac{n}{2}\log(2\pi)-\frac{n}{2}\log(\sigma^2)-\frac{1}{2\sigma^2}\sum_{i=1}^{n}(y_i-\alpha-\beta x_i)^2$$

となる．この関数を $\boldsymbol{\theta}=[\alpha\,\beta\,\sigma^2]'$ について最大化することを考えよう．そのためには

$$\frac{\partial\log L(\boldsymbol{\theta}\,;\boldsymbol{y})}{\partial\alpha}=\frac{1}{\sigma^2}\sum_{i=1}^{n}(y_i-\alpha-\beta x_i)$$

$$\frac{\partial\log L(\boldsymbol{\theta}\,;\boldsymbol{y})}{\partial\beta}=\frac{1}{\sigma^2}\sum_{i=1}^{n}(y_i-\alpha-\beta x_i)x_i$$

$$\frac{\partial\log L(\boldsymbol{\theta}\,;\boldsymbol{y})}{\partial\sigma^2}=-\frac{n}{2\sigma^2}+\frac{1}{2(\sigma^2)^2}\sum_{i=1}^{n}(y_i-\alpha-\beta x_i)$$

の3式が同時に0になるような $\boldsymbol{\theta}$ の値を求めればよい．この3式の右辺を0と置いて解くことにより，最尤推定量

$$\hat{\beta}_{\mathrm{ML}}=\frac{\sum_{i=1}^{n}(x_i-\bar{x})(y_i-\bar{y})}{\sum_{i=1}^{n}(x_i-\bar{x})^2},\quad\hat{\alpha}_{\mathrm{ML}}=\bar{y}-\hat{\beta}_{\mathrm{ML}}\bar{x},\quad\hat{\sigma}^2_{\mathrm{ML}}=\frac{1}{n}\sum_{i=1}^{n}(y_i-\hat{\alpha}_{\mathrm{ML}}-\hat{\beta}_{\mathrm{ML}}x_i)^2$$

が求まる．α,βの最尤推定量は最小自乗推定量と同じものである．これは，対数尤度関数をα,βで微分して0と置いたものが正規方程式と同じものになっているからである．一方，σ^2の最尤推定量は，最小自乗法で求めたσ^2の不偏推定量$s^2=\sum_{i=1}^{n}e_i^2/(n-2)$と分母の部分が異なっている．したがって，$\sigma^2$の最尤推定量$\hat{\sigma}^2_{\mathrm{ML}}$は不偏推定量ではない．

5.4 回帰モデルにおける最尤法Ⅱ

重回帰モデル

$$\boldsymbol{y} = \boldsymbol{X}\boldsymbol{\beta} + \boldsymbol{u}, \quad \boldsymbol{u} \sim \mathrm{N}(\boldsymbol{0}, \sigma^2 \boldsymbol{I}_n)$$

を考えよう．ただし $\boldsymbol{X}$ は非確率変数の行列であるとする．11.8 節の行列と分布の性質②により $\boldsymbol{y} \sim \mathrm{N}(\boldsymbol{X}\boldsymbol{\beta}, \sigma^2 \boldsymbol{I}_n)$ であるから，$\boldsymbol{\theta} = [\boldsymbol{\beta}'\ \sigma^2]'$ とすれば，尤度関数は

$$\begin{aligned} L(\boldsymbol{\theta}; \boldsymbol{y}) &= f(\boldsymbol{y}; \boldsymbol{\theta}) \\ &= \frac{1}{(2\pi)^{n/2} |\sigma^2 \boldsymbol{I}_n|^{1/2}} \exp\left(-\frac{(\boldsymbol{y}-\boldsymbol{X}\boldsymbol{\beta})'(\sigma^2 \boldsymbol{I}_n)^{-1}(\boldsymbol{y}-\boldsymbol{X}\boldsymbol{\beta})}{2}\right) \\ &= \frac{1}{(2\pi\sigma^2)^{n/2}} \exp\left(-\frac{(\boldsymbol{y}-\boldsymbol{X}\boldsymbol{\beta})'(\boldsymbol{y}-\boldsymbol{X}\boldsymbol{\beta})}{2\sigma^2}\right) \end{aligned}$$

と書ける[10]．したがって，対数尤度関数は

$$\log L(\boldsymbol{\theta}; \boldsymbol{y}) = -\frac{n}{2}\log(2\pi\sigma^2) - \frac{(\boldsymbol{y}-\boldsymbol{X}\boldsymbol{\beta})'(\boldsymbol{y}-\boldsymbol{X}\boldsymbol{\beta})}{2\sigma^2}$$

となる．対数尤度関数を $\boldsymbol{\theta} = [\boldsymbol{\beta}'\ \sigma^2]'$ で微分すると

$$\frac{\partial \log L(\boldsymbol{\theta}; \boldsymbol{y})}{\partial \boldsymbol{\beta}} = -\frac{(\boldsymbol{X}'\boldsymbol{X})\boldsymbol{\beta} - \boldsymbol{X}'\boldsymbol{y}}{\sigma^2}$$

$$\frac{\partial \log L(\boldsymbol{\theta}; \boldsymbol{y})}{\partial \sigma^2} = -\frac{n}{2\sigma^2} + \frac{1}{2(\sigma^2)^2}(\boldsymbol{y}-\boldsymbol{X}\boldsymbol{\beta})'(\boldsymbol{y}-\boldsymbol{X}\boldsymbol{\beta})$$

が得られる．この 2 式を $\boldsymbol{0}$ と置いて解けば，最尤推定量

$$\hat{\boldsymbol{\beta}}_{\mathrm{ML}} = (\boldsymbol{X}'\boldsymbol{X})^{-1}\boldsymbol{X}'\boldsymbol{y}, \quad \hat{\sigma}^2_{\mathrm{ML}} = \frac{(\boldsymbol{y}-\boldsymbol{X}\hat{\boldsymbol{\beta}}_{\mathrm{ML}})'(\boldsymbol{y}-\boldsymbol{X}\hat{\boldsymbol{\beta}}_{\mathrm{ML}})}{n}$$

が求まる．したがって，この場合にも，$\boldsymbol{\beta}$ の最尤推定量は最小自乗推定量と同一になる．しかし，σ^2 の最尤推定量は不偏推定量ではない．

次に，この推定量の漸近分布の分散共分散行列を求めよう．情報行列を求めるために，まず対数尤度関数の 2 階の導関数を求めると

10) 多変数正規分布の確率密度関数については 11.7.4 項を参照．

$$\frac{\partial^2 \log L(\boldsymbol{\theta};\boldsymbol{y})}{\partial\boldsymbol{\theta}\partial\boldsymbol{\theta}'}=\begin{bmatrix}\frac{\partial^2 \log L(\boldsymbol{\theta};\boldsymbol{y})}{\partial\boldsymbol{\beta}\partial\boldsymbol{\beta}'} & \frac{\partial^2 \log L(\boldsymbol{\theta};\boldsymbol{y})}{\partial\boldsymbol{\beta}\partial\sigma^2}\\ \frac{\partial^2 \log L(\boldsymbol{\theta};\boldsymbol{y})}{\partial\sigma^2\partial\boldsymbol{\beta}'} & \frac{\partial^2 \log L(\boldsymbol{\theta};\boldsymbol{y})}{\partial(\sigma^2)^2}\end{bmatrix}=\begin{bmatrix}-\frac{(\boldsymbol{X}'\boldsymbol{X})}{\sigma^2} & \frac{(\boldsymbol{X}'\boldsymbol{X})\boldsymbol{\beta}-\boldsymbol{X}'\boldsymbol{y}}{(\sigma^2)^2}\\ \frac{[(\boldsymbol{X}'\boldsymbol{X})\boldsymbol{\beta}-\boldsymbol{X}'\boldsymbol{y}]'}{(\sigma^2)^2} & \frac{n}{2(\sigma^2)^2}-\frac{(\boldsymbol{y}-\boldsymbol{X\beta})'(\boldsymbol{y}-\boldsymbol{X\beta})}{(\sigma^2)^3}\end{bmatrix}$$

$\mathrm{E}[\boldsymbol{X}'\boldsymbol{y}]=(\boldsymbol{X}'\boldsymbol{X})\boldsymbol{\beta}$，$\mathrm{E}[(\boldsymbol{y}-\boldsymbol{X\beta})'(\boldsymbol{y}-\boldsymbol{X\beta})]=\mathrm{E}[\boldsymbol{u}'\boldsymbol{u}]=n\sigma^2$ であるから[11]，情報行列は

$$\boldsymbol{I}(\boldsymbol{\theta})=-\mathrm{E}\left[\frac{\partial^2 \log L(\boldsymbol{\theta};\boldsymbol{y})}{\partial\boldsymbol{\theta}\partial\boldsymbol{\theta}'}\right]=\begin{bmatrix}\frac{(\boldsymbol{X}'\boldsymbol{X})}{\sigma^2} & \boldsymbol{0}\\ \boldsymbol{0} & \frac{n}{2(\sigma^2)^2}\end{bmatrix}$$

となる．したがって，最尤推定量 $\hat{\boldsymbol{\theta}}_{\mathrm{ML}}=[\hat{\boldsymbol{\beta}}'_{\mathrm{ML}}\ \hat{\sigma}^2_{\mathrm{ML}}]'$ の漸近分散共分散行列は

$$\boldsymbol{I}(\boldsymbol{\theta})^{-1}=\begin{bmatrix}\sigma^2(\boldsymbol{X}'\boldsymbol{X})^{-1} & \boldsymbol{0}\\ \boldsymbol{0} & 2\sigma^4/n\end{bmatrix}$$

となる．最小自乗推定量の分散共分散行列が $\sigma^2(\boldsymbol{X}'\boldsymbol{X})^{-1}$ であることを用いれば，この結果は，回帰係数の最尤推定量（= 最小自乗推定量）が，有限標本においてもクラーメル・ラオの下限を達成していることを意味する．

5.5　回帰モデルにおける最尤法Ⅲ

回帰モデル

$$\boldsymbol{y}=\boldsymbol{X\beta}+\boldsymbol{u},\quad \boldsymbol{u}\sim \mathrm{N}(\boldsymbol{0},\sigma^2\boldsymbol{\Omega})$$

を考えよう．ただし，$\boldsymbol{X}$ は非確率変数の行列であり，簡単化のため $\boldsymbol{\Omega}$ は既知であるとする．$\boldsymbol{y}\sim\mathrm{N}(\boldsymbol{X\beta},\sigma^2\boldsymbol{\Omega})$ であるから尤度関数は

$$L(\boldsymbol{\theta};\boldsymbol{y})=\frac{1}{(2\pi)^{n/2}|\sigma^2\boldsymbol{\Omega}|^{1/2}}\exp\left(-\frac{(\boldsymbol{y}-\boldsymbol{X\beta})'(\sigma^2\boldsymbol{\Omega})^{-1}(\boldsymbol{y}-\boldsymbol{X\beta})}{2}\right)$$

である．したがって，対数尤度関数は

11) 11.8 節の行列と分布の性質⑤より，$\boldsymbol{u}'\boldsymbol{u}/\sigma^2\sim\chi^2(n)$ であり，カイ 2 乗分布の期待値は自由度に等しい（11.7.5 項参照）．

$$\log L(\boldsymbol{\theta};\boldsymbol{y}) = -\frac{n}{2}\log(2\pi\sigma^2) - \frac{1}{2}\log|\boldsymbol{\Omega}| - \frac{(\boldsymbol{y}-\boldsymbol{X}\beta)'\boldsymbol{\Omega}^{-1}(\boldsymbol{y}-\boldsymbol{X}\beta)}{2\sigma^2}$$

となる．対数尤度関数を $\boldsymbol{\theta} = [\boldsymbol{\beta}'\ \sigma^2]'$ で微分して $\mathbf{0}$ と置くことにより，最尤推定量

$$\hat{\boldsymbol{\beta}}_{\mathrm{ML}} = (\boldsymbol{X}'\boldsymbol{\Omega}^{-1}\boldsymbol{X})^{-1}\boldsymbol{X}'\boldsymbol{\Omega}^{-1}\boldsymbol{y},\quad \hat{\sigma}^2_{\mathrm{ML}} = \frac{(\boldsymbol{y}-\boldsymbol{X}\hat{\boldsymbol{\beta}}_{\mathrm{ML}})'\boldsymbol{\Omega}^{-1}(\boldsymbol{y}-\boldsymbol{X}\hat{\boldsymbol{\beta}}_{\mathrm{ML}})}{n}$$

が求まる．また，最尤推定量 $\hat{\boldsymbol{\theta}}_{\mathrm{ML}} = [\hat{\boldsymbol{\beta}}'_{\mathrm{ML}}\ \hat{\sigma}^2_{\mathrm{ML}}]'$ の漸近分散共分散行列は，情報行列

$$\boldsymbol{I}(\boldsymbol{\theta}) = -\mathrm{E}\left[\frac{\partial^2 \log L(\boldsymbol{\theta};\boldsymbol{y})}{\partial\boldsymbol{\theta}\partial\boldsymbol{\theta}'}\right]$$

の逆行列

$$\boldsymbol{I}(\boldsymbol{\theta})^{-1} = \begin{bmatrix} \sigma^2(\boldsymbol{X}'\boldsymbol{\Omega}^{-1}\boldsymbol{X})^{-1} & \mathbf{0} \\ \mathbf{0} & 2\sigma^4/n \end{bmatrix}$$

で与えられる[12]．

12）興味のある読者には実際に計算して確認していただきたい．

第6章 操作変数法

ここまでの章では，説明変数 $\boldsymbol{X}$ が非確率変数である，あるいは確率変数であったとしても $\mathrm{E}[\boldsymbol{u}|\boldsymbol{X}]=\boldsymbol{0}$ が成立すると仮定することにより，$\mathrm{E}[\boldsymbol{X}'\boldsymbol{u}]=\boldsymbol{0}$ が成立するモデルを分析対象としてきた．しかし，実際の経済モデルにおいては，このような仮定が満たされない場合がある．この章では，$\mathrm{E}[\boldsymbol{X}'\boldsymbol{u}]\neq\boldsymbol{0}$ の場合にどのような問題が起きるのか，またその問題に対処するにはどのような推定法を用いればよいのかを説明する．

6.1 撹乱項と説明変数に相関がある場合

これまで考えてきた回帰モデルにおいては，説明変数が非確率変数である場合には $\mathrm{E}[\boldsymbol{u}]=\boldsymbol{0}$，説明変数が確率変数である場合には $\mathrm{E}[\boldsymbol{u}|\boldsymbol{X}]=\boldsymbol{0}$ と仮定することにより，

$$\mathrm{E}[\boldsymbol{X}'\boldsymbol{u}]=\boldsymbol{0}$$

が成り立つ，つまり撹乱項と説明変数に相関がないと仮定されていた．しかし，実際の分析においては，このような仮定が必ずしも成り立つとは限らない．例えば，次のようなモデルを考えよう．

$$y_i=\beta\tilde{x}_i+u_i,\quad i=1,2,\ldots,n$$

定数項は，単純化のためにモデルから落としてある．ここで，真の説明変数 $\tilde{x}_i$ は観測不可能であり，観測可能な x_i は $\tilde{x}_i$ と観測誤差 v_i の和で表される，つまり

$$x_i=\tilde{x}_i+v_i$$

であるとする．このとき，観測可能な x_i と被説明変数，撹乱項の間には

$$y_i = \beta x_i + (u_i - \beta v_i)$$

という関係がある．このモデルを推定する場合には，$u_i - \beta v_i$ が撹乱項とみなされることになる．その結果，$\mathrm{E}[x_i u_i] = 0$ であったとしても

$$\mathrm{E}[(u_i - \beta v_i)x_i] = -\mathrm{E}[\beta v_i x_i] = -\mathrm{E}[\beta(v_i \tilde{x}_i + v_i^2)] \neq 0$$

となり，撹乱項と説明変数が無相関であるという仮定は成立しなくなる．このモデルにおいて回帰係数 β を最小自乗法で推定すると

$$b = \frac{\sum_{i=1}^n x_i y_i}{\sum_{i=1}^n x_i^2} = \frac{\sum_{i=1}^n x_i(\beta \tilde{x}_i + u_i)}{\sum_{i=1}^n x_i^2} = \beta \frac{\sum_{i=1}^n x_i \tilde{x}_i}{\sum_{i=1}^n x_i^2} + \frac{\sum_{i=1}^n x_i u_i}{\sum_{i=1}^n x_i^2}$$

という関係が得られる．ここで，$u_i, \tilde{x}_i, v_i$ は互いに独立で，しかるべき 2 次のモーメントおよび確率極限が存在し，

$$\operatorname*{plim}_{n \to \infty} \frac{1}{n} \sum_{i=1}^n x_i^2 = \sigma_{\tilde{x}}^2 + \sigma_v^2, \quad \operatorname*{plim}_{n \to \infty} \frac{1}{n} \sum_{i=1}^n x_i \tilde{x}_i = \sigma_{\tilde{x}}^2, \quad \operatorname*{plim}_{n \to \infty} \frac{1}{n} \sum_{i=1}^n x_i u_i = 0$$

が成り立つと仮定しよう．このとき，スラツキーの定理により

$$\operatorname*{plim}_{n \to \infty} b = \beta \left(\frac{\sigma_{\tilde{x}}^2}{\sigma_{\tilde{x}}^2 + \sigma_v^2} \right)$$

となる．したがって最小自乗推定量 b は β の一致推定量ではない．このように，説明変数と撹乱項に相関がある場合，最小自乗推定量は一致推定量ではなくなる．

一般的な回帰モデル

$$\boldsymbol{y} = \boldsymbol{X\beta} + \boldsymbol{u}$$

においては，最小自乗推定量は

$$\boldsymbol{b} = (\boldsymbol{X}'\boldsymbol{X})^{-1}\boldsymbol{X}'\boldsymbol{y} = \boldsymbol{\beta} + (\boldsymbol{X}'\boldsymbol{X})^{-1}\boldsymbol{X}'\boldsymbol{u}$$

であるから

$$\operatorname*{plim}_{n \to \infty} \boldsymbol{b} = \boldsymbol{\beta} + \operatorname*{plim}_{n \to \infty} \left(\frac{1}{n} \boldsymbol{X}'\boldsymbol{X} \right)^{-1} \operatorname*{plim}_{n \to \infty} \frac{1}{n} \boldsymbol{X}'\boldsymbol{u}$$

となる．ここで，これまでの仮定と同様に $\operatorname*{plim}_{n \to \infty} \boldsymbol{X}'\boldsymbol{X}/n = \boldsymbol{M}_{XX}$ は成立するが，$\mathrm{E}[\boldsymbol{X}'\boldsymbol{u}] \neq \boldsymbol{0}$ であるために

$$\operatorname*{plim}_{n \to \infty} \frac{1}{n} \boldsymbol{X}'\boldsymbol{u} = \boldsymbol{M}_{Xu} \neq \boldsymbol{0}$$

となるとする．この場合

$$\operatorname*{plim}_{n \to \infty} \boldsymbol{b} = \boldsymbol{\beta} + \boldsymbol{M}_{XX}^{-1} \boldsymbol{M}_{Xu} \neq \boldsymbol{\beta}$$

であるから，最小自乗推定量は一致性を満たさないことになる．

このように，回帰モデルにおいて説明変数と撹乱項が無相関ではない，つまり $\mathrm{E}[\boldsymbol{X}'\boldsymbol{u}] \neq \boldsymbol{0}$ の場合には，最小自乗推定量は一致性さえ持たない．しかし，計量経済学においては，上記の例で用いた説明変数が観測誤差を含む場合以外にも，説明変数と撹乱項に相関があると考えられる場合が多数ある[1)]．以下では，このような場合に回帰係数 $\boldsymbol{\beta}$ の一致推定量を得るための方法について説明する．

6.2 操作変数法

上のモデルと同じように

$$\boldsymbol{y} = \boldsymbol{X\beta} + \boldsymbol{u}$$

において $\mathrm{V}[\boldsymbol{u}] = \sigma^2 \boldsymbol{I}_n$ であるが，$\boldsymbol{X}$ と $\boldsymbol{u}$ は無相関ではなく，

$$\operatorname*{plim}_{n\to\infty} \frac{1}{n}\boldsymbol{X}'\boldsymbol{u} \neq \boldsymbol{0}$$

であるようなモデルを考えよう．ただし，$\boldsymbol{X}$ は $n \times k$ 行列である．ここで，次の2つの性質を持つ $n \times l$（$l \geqq k$）の**操作変数**（**instrumental variable**）の行列 $\boldsymbol{Z}$ が利用可能であるとする．

1 $\boldsymbol{Z}$ に含まれる変数は $\boldsymbol{X}$ に含まれる変数と相関があり，

$$\operatorname*{plim}_{n\to\infty} \frac{1}{n}\boldsymbol{Z}'\boldsymbol{X} = \boldsymbol{M}_{ZX} \neq \boldsymbol{0}$$

となる．ただし $\boldsymbol{M}_{ZX}$ はフルランクの有限な行列である．

2 $\boldsymbol{Z}$ に含まれる変数は撹乱項 $\boldsymbol{u}$ と無相関である，つまり

$$\mathrm{E}[\boldsymbol{Z}'\boldsymbol{u}] = \boldsymbol{0}$$

であり，その結果

$$\operatorname*{plim}_{n\to\infty} \frac{1}{n}\boldsymbol{Z}'\boldsymbol{u} = \boldsymbol{0}$$

が成り立つ．

1）本書では扱わないが，**同時方程式モデル**は非常に重要な一例である．

上記のような操作変数 $\boldsymbol{Z}$ が利用可能である場合[2)]，以下のようにして操作変数法による推定量を導出できる．

回帰式の左から $\boldsymbol{Z}'$ を掛けると

$$\boldsymbol{Z}'\boldsymbol{y} = \boldsymbol{Z}'\boldsymbol{X}\boldsymbol{\beta} + \boldsymbol{Z}'\boldsymbol{u}$$

となる．この式においては $\boldsymbol{Z}'\boldsymbol{u}$ を撹乱項と考えることができるが，$\boldsymbol{Z}$ を所与とした $\boldsymbol{Z}'\boldsymbol{u}$ の条件付き分散は $\mathrm{V}[\boldsymbol{Z}'\boldsymbol{u}|\boldsymbol{Z}] = \sigma^2(\boldsymbol{Z}'\boldsymbol{Z})$ である．

そこで，$\boldsymbol{Z}'\boldsymbol{y}$ を被説明変数，$\boldsymbol{Z}'\boldsymbol{X}$ を説明変数，$\sigma^2(\boldsymbol{Z}'\boldsymbol{Z})$ を撹乱項の分散共分散行列と考えて一般化最小自乗法を応用すると，**操作変数推定量（instrumental variable estimator）**

$$\begin{aligned}\boldsymbol{b}_{\mathrm{IV}} &= \boldsymbol{b}_{\mathrm{GLS}} \\ &= (\boldsymbol{X}'\boldsymbol{Z}(\boldsymbol{Z}'\boldsymbol{Z})^{-1}\boldsymbol{Z}'\boldsymbol{X})^{-1}\boldsymbol{X}'\boldsymbol{Z}(\boldsymbol{Z}'\boldsymbol{Z})^{-1}\boldsymbol{Z}'\boldsymbol{y} = (\boldsymbol{X}'\boldsymbol{P}_Z\boldsymbol{X})^{-1}\boldsymbol{X}'\boldsymbol{P}_Z\boldsymbol{y}\end{aligned}$$

が得られる．ただし，$\boldsymbol{P}_Z = \boldsymbol{Z}(\boldsymbol{Z}'\boldsymbol{Z})^{-1}\boldsymbol{Z}'$ である．

操作変数と説明変数の数が等しい，つまり $l = k$ の場合には，$\boldsymbol{X}'\boldsymbol{Z}$ は $k\times k$ の行列となるので $(\boldsymbol{X}'\boldsymbol{Z})^{-1}$ が存在し，10.6.3 項の逆行列の性質⑦を用いれば，

$$\begin{aligned}\boldsymbol{b}_{\mathrm{IV}} &= (\boldsymbol{X}'\boldsymbol{Z}(\boldsymbol{Z}'\boldsymbol{Z})^{-1}\boldsymbol{Z}'\boldsymbol{X})^{-1}\boldsymbol{X}'\boldsymbol{Z}(\boldsymbol{Z}'\boldsymbol{Z})^{-1}\boldsymbol{Z}'\boldsymbol{y} \\ &= (\boldsymbol{Z}'\boldsymbol{X})^{-1}(\boldsymbol{Z}'\boldsymbol{Z})(\boldsymbol{X}'\boldsymbol{Z})^{-1}\boldsymbol{X}'\boldsymbol{Z}(\boldsymbol{Z}'\boldsymbol{Z})^{-1}\boldsymbol{Z}'\boldsymbol{y} = (\boldsymbol{Z}'\boldsymbol{X})^{-1}\boldsymbol{Z}'\boldsymbol{y}\end{aligned}$$

と単純化できる[3)]．

6.3　操作変数推定量の性質

$\boldsymbol{b}_{\mathrm{IV}}$ に $\boldsymbol{y} = \boldsymbol{X}\boldsymbol{\beta} + \boldsymbol{u}$ を代入すると

$$\begin{aligned}\boldsymbol{b}_{\mathrm{IV}} &= \boldsymbol{\beta} + (\boldsymbol{X}'\boldsymbol{Z}(\boldsymbol{Z}'\boldsymbol{Z})^{-1}\boldsymbol{Z}'\boldsymbol{X})^{-1}\boldsymbol{X}'\boldsymbol{Z}(\boldsymbol{Z}'\boldsymbol{Z})^{-1}\boldsymbol{Z}'\boldsymbol{u} \\ &= \boldsymbol{\beta} + \left[\frac{\boldsymbol{X}'\boldsymbol{Z}}{n}\left(\frac{\boldsymbol{Z}'\boldsymbol{Z}}{n}\right)^{-1}\frac{\boldsymbol{Z}'\boldsymbol{X}}{n}\right]^{-1}\frac{\boldsymbol{X}'\boldsymbol{Z}}{n}\left(\frac{\boldsymbol{Z}'\boldsymbol{Z}}{n}\right)^{-1}\frac{\boldsymbol{Z}'\boldsymbol{u}}{n} \qquad (6.1)\end{aligned}$$

2）実際の応用では，$\boldsymbol{X}$ に含まれる変数の中で，撹乱項と無相関であると考えられる変数は $\boldsymbol{Z}$ に含むことができる．また，時系列モデルの場合には，説明変数の過去の値（ラグ付き変数）は現在の撹乱項と無相関であると想定される場合が多いので，ラグ付き変数もしばしば操作変数として用いられる．

3）文献によっては，この単純化されたものを操作変数推定量と呼んでいるものもある．

となる．操作変数については

$$\operatorname*{plim}_{n\to\infty}\frac{1}{n}\boldsymbol{Z}'\boldsymbol{X}=\boldsymbol{M}_{ZX}\neq\boldsymbol{0},\quad \operatorname*{plim}_{n\to\infty}\frac{1}{n}\boldsymbol{Z}'\boldsymbol{u}=\boldsymbol{0}$$

が成立するとすでに仮定しているが，それに加えて

$$\operatorname*{plim}_{n\to\infty}\frac{\boldsymbol{Z}'\boldsymbol{Z}}{n}=\boldsymbol{M}_{ZZ}$$

を仮定する．このとき，スラツキーの定理から

$$\begin{aligned}\operatorname*{plim}_{n\to\infty}\boldsymbol{b}_{\mathrm{IV}}&=\boldsymbol{\beta}+\operatorname*{plim}_{n\to\infty}\left[\frac{\boldsymbol{X}'\boldsymbol{Z}}{n}\left(\frac{\boldsymbol{Z}'\boldsymbol{Z}}{n}\right)^{-1}\frac{\boldsymbol{Z}'\boldsymbol{X}}{n}\right]^{-1}\frac{\boldsymbol{X}'\boldsymbol{Z}}{n}\left(\frac{\boldsymbol{Z}'\boldsymbol{Z}}{n}\right)^{-1}\frac{\boldsymbol{Z}'\boldsymbol{u}}{n}\\&=\boldsymbol{\beta}+[\boldsymbol{M}'_{ZX}\boldsymbol{M}_{ZZ}^{-1}\boldsymbol{M}_{ZX}]^{-1}\boldsymbol{M}'_{ZX}\boldsymbol{M}_{ZZ}^{-1}\boldsymbol{0}=\boldsymbol{\beta}\end{aligned}$$

したがって，操作変数推定量は一致推定量である．p.61では，操作変数の性質として撹乱項と無相関であること，つまり $\mathrm{E}[\boldsymbol{Z}'\boldsymbol{u}]=\boldsymbol{0}$ を仮定した．しかし，上の説明からも明らかなように，操作変数推定量が一致推定量になるためには，操作変数が撹乱項と極限において無相関，つまり

$$\operatorname*{plim}_{n\to\infty}\frac{1}{n}\boldsymbol{Z}'\boldsymbol{u}=\boldsymbol{0}$$

であれば十分である．

さらに，特定の条件の下で，中心極限定理より

$$\frac{\boldsymbol{Z}'\boldsymbol{u}}{\sqrt{n}}\xrightarrow{D}\mathrm{N}(\boldsymbol{0},\sigma^2\boldsymbol{M}_{ZZ})$$

が成り立つ[4)]．このことを用いれば，(6.1) 式とクラーメルの定理により

$$\sqrt{n}(\boldsymbol{b}_{\mathrm{IV}}-\boldsymbol{\beta})\xrightarrow{D}\mathrm{N}(\boldsymbol{0},\sigma^2(\boldsymbol{M}'_{ZX}\boldsymbol{M}_{ZZ}^{-1}\boldsymbol{M}_{ZX})^{-1})$$

が得られる．つまり，操作変数推定量は漸近正規性を持つ．

6.4　2段階最小自乗法

操作変数法は，次のような**2段階最小自乗法**（**two-stage least-squares；2SLS**）と解釈することもできる．

4）3.3節の $\boldsymbol{X}$ を $\boldsymbol{Z}$ で置き換えればよい．

1 6.1節で見たように，回帰モデル

$$\boldsymbol{y} = \boldsymbol{X\beta} + \boldsymbol{u}$$

において $\mathrm{E}[\boldsymbol{X}'\boldsymbol{u}] \neq \boldsymbol{0}$ のとき，$\boldsymbol{\beta}$ の最小自乗推定量は一致性を持たない．そこで，

$$\operatorname*{plim}_{n\to\infty} \frac{\boldsymbol{Z}'\boldsymbol{u}}{n} = \boldsymbol{0}$$

が成立するような操作変数 $\boldsymbol{Z}$ を見つける．

2 $\boldsymbol{X}$（の各列ベクトル）を $\boldsymbol{Z}$ に回帰して得られる $\boldsymbol{X}$ の予測値を $\hat{\boldsymbol{X}}$ とする．つまり

$$\boldsymbol{X} = \boldsymbol{Z\Gamma} + \boldsymbol{V}$$

に最小自乗法を応用すれば $\boldsymbol{\Gamma}$ の最小自乗推定量は

$$\hat{\boldsymbol{\Gamma}} = (\boldsymbol{Z}'\boldsymbol{Z})^{-1}\boldsymbol{Z}'\boldsymbol{X}$$

となるので[5)]

$$\hat{\boldsymbol{X}} = \boldsymbol{Z}\hat{\boldsymbol{\Gamma}} = \boldsymbol{Z}(\boldsymbol{Z}'\boldsymbol{Z})^{-1}\boldsymbol{Z}'\boldsymbol{X} = \boldsymbol{P_Z X}$$

である．

3 $\hat{\boldsymbol{X}}$ を説明変数，$\boldsymbol{y}$ を被説明変数として最小自乗法を行うことにより $\boldsymbol{\beta}$ の推定量を求めれば，

$$\operatorname*{plim}_{n\to\infty} \frac{\hat{\boldsymbol{X}}'\boldsymbol{u}}{n} = \operatorname*{plim}_{n\to\infty} \frac{\boldsymbol{X}'\boldsymbol{Z}(\boldsymbol{Z}'\boldsymbol{Z})^{-1}\boldsymbol{Z}'\boldsymbol{u}}{n} = \operatorname*{plim}_{n\to\infty} \frac{\boldsymbol{X}'\boldsymbol{Z}}{n}\left(\frac{\boldsymbol{Z}'\boldsymbol{Z}}{n}\right)^{-1}\frac{\boldsymbol{Z}'\boldsymbol{u}}{n} = \boldsymbol{0}$$

からわかるように，説明変数 $\hat{\boldsymbol{X}}$ と撹乱項 $\boldsymbol{u}$ は極限において無相関となるので，$\boldsymbol{\beta}$ の一致推定量を得ることができるはずである．この推定方法によって得られた推定量を２段階最小自乗推定量と呼ぶ．$\boldsymbol{P_Z}$ は対称なべき等行列であることを用いれば，$\boldsymbol{\beta}$ の２段階最小自乗推定量は

$$\boldsymbol{b}_{\mathrm{2SLS}} = (\hat{\boldsymbol{X}}'\hat{\boldsymbol{X}})^{-1}\hat{\boldsymbol{X}}'\boldsymbol{y} = ([\boldsymbol{P_Z X}]'\boldsymbol{P_Z X})^{-1}(\boldsymbol{P_Z X})'\boldsymbol{y} = (\boldsymbol{X}'\boldsymbol{P_Z X})^{-1}\boldsymbol{X}'\boldsymbol{P_Z y}$$

であり，明らかに $\boldsymbol{b}_{\mathrm{2SLS}} = \boldsymbol{b}_{\mathrm{IV}}$ である．

5）$\hat{\boldsymbol{\Gamma}}$ は $\boldsymbol{X}$ の第 j 列ベクトル（$j = 1, 2, \ldots, k$）を被説明変数，$\boldsymbol{Z}$ を説明変数として得られた最小自乗推定量 $\hat{\boldsymbol{\gamma}}_i$（$l\times 1$ ベクトル）を，$\hat{\boldsymbol{\Gamma}} = [\hat{\boldsymbol{\gamma}}_1\, \hat{\boldsymbol{\gamma}}_2 \cdots \hat{\boldsymbol{\gamma}}_k]$ のように並べた $l\times k$ 行列であると考えることができる．

第7章 モーメント法

この章では，モーメント法（積率法）と呼ばれる推定方法と，モーメント法の考え方を一般化した一般化モーメント法について説明する．一般化モーメント法は非常に一般的な推定方法であり，本書でこれまでに説明してきた推定量とその性質の多くは，一般化モーメント法の枠組みの中で説明することができる[1)]．

7.1 モーメント法と最小自乗法

モーメント法（method of moments）は，モデルで想定されるモーメント（期待値）に関する条件を，対応する標本の条件（sample analogue と呼ばれる）で置き換えることにより未知パラメータの値を推定する方法である．

通常の回帰モデル（(1.1) 式参照）

$$y_i = \boldsymbol{x}_i'\boldsymbol{\beta} + u_i, \quad i = 1, 2, \ldots, n$$

において想定される**モーメント条件（moment condition）**は，説明変数と撹乱項に相関がない，つまり

$$\mathrm{E}[\boldsymbol{x}_i u_i] = \boldsymbol{0} \tag{7.1}$$

1）書籍によってはさらに一般的な M 推定量（M は maximization/minimization を意味する．extremum estimator と呼ばれることもある）について解説しているものもあるが，M 推定量について理解するためにも，一般化モーメント法について理解をしておくことは有益である．また，一般化モーメント法について理解しておけば，多くの場合十分であろう．なお，本章の内容の多くは，Hamilton, J. D. (1994) *Time Series Analysis*, Princeton University Press（『時系列解析〈下〉非定常／応用定常過程』沖本竜義・井上智夫訳（2006），シーエーピー出版）に基づいている．より広範な内容に興味のある読者は参照していただきたい．

である．これを対応する標本の条件で置き換えるには，期待値を標本平均で置き換えればよい．したがって，(7.1) 式の左辺に対応する標本の条件は

$$\frac{1}{n}\sum_{i=1}^{n}\boldsymbol{x}_i u_i = \frac{1}{n}\sum_{i=1}^{n}\boldsymbol{x}_i(y_i - \boldsymbol{x}_i'\boldsymbol{\beta})$$

である．これを行列表記

$$\boldsymbol{y} = \boldsymbol{X\beta} + \boldsymbol{u}$$

を利用して書き換えれば

$$\frac{1}{n}\sum_{i=1}^{n}\boldsymbol{x}_i u_i = \frac{1}{n}\boldsymbol{X}'\boldsymbol{u} = \frac{1}{n}\boldsymbol{X}'(\boldsymbol{y} - \boldsymbol{X\beta})$$

となる．したがって，モーメント法は

$$\frac{1}{n}\boldsymbol{X}'(\boldsymbol{y} - \boldsymbol{X}\boldsymbol{b}_{\mathrm{MM}}) = \boldsymbol{0}$$

となるような $\boldsymbol{b}_{\mathrm{MM}}$ を $\boldsymbol{\beta}$ の推定量とする推定法である．実際に上の式を解くと

$$\boldsymbol{b}_{\mathrm{MM}} = (\boldsymbol{X}'\boldsymbol{X})^{-1}\boldsymbol{X}'\boldsymbol{y}$$

となり，モーメント法による推定量と最小自乗推定量が一致することがわかる．

7.2 一般化モーメント法

経済理論や事前の情報により

$$\mathrm{E}[\boldsymbol{h}(\boldsymbol{w}_i\,;\boldsymbol{\theta}_0)] = \boldsymbol{0}$$

というモーメント条件が与えられているとしよう[2]．ここで $\boldsymbol{\theta}_0$ は推定対象である $k\times 1$ の未知パラメータベクトルで，$\boldsymbol{w}_i = [\boldsymbol{y}_i'\ \boldsymbol{x}_i']'$ は観測値のベクトル[3]，$\boldsymbol{h}(\boldsymbol{w}_i\,;\boldsymbol{\theta})$ は $r\times 1$ のベクトル値関数である．この条件は多くの場合**直交条件**（**orthogonal-**

2）この章では，このようにモーメント条件を満たす $\boldsymbol{\theta}$ の値を $\boldsymbol{\theta}$ の真の値であると考え，以降 $\boldsymbol{\theta}_0$ で表す．

3）$\boldsymbol{y}_i$ と $\boldsymbol{x}_i$ はそれぞれ被説明変数と説明変数の第 i 観測値である．同時方程式モデルのようなモデルにも対応できるように，被説明変数 $\boldsymbol{y}_i$ もベクトルとして扱っている．また，i が観測時点を表す時系列モデルの場合には，$\boldsymbol{x}_i$ は $\boldsymbol{y}_i$ の過去の値（i 時点より前の値）を含んでいる場合もある．

ity condition）と呼ばれる．直交条件の左辺を対応する標本で置き換えたものを

$$\boldsymbol{g}_n(\boldsymbol{W};\boldsymbol{\theta})=\frac{1}{n}\sum_{i=1}^{n}\boldsymbol{h}(\boldsymbol{w}_i;\boldsymbol{\theta})$$

と書くことにしよう．ここで $\boldsymbol{W}$ は $(\boldsymbol{w}_n, \boldsymbol{w}_{n-1}, \dots, \boldsymbol{w}_1)$ をまとめたものである[4]．$\boldsymbol{h}(\boldsymbol{w}_i;\boldsymbol{\theta})$ は $r\times1$ のベクトル値関数なので，$\boldsymbol{g}_n(\boldsymbol{W};\boldsymbol{\theta})$ も $r\times1$ のベクトル値関数である．直交条件の数と未知パラメータの数が等しい，つまり $r=k$ の場合は，直交条件を対応する標本の条件で置き換え，

$$\boldsymbol{g}_n(\boldsymbol{W};\hat{\boldsymbol{\theta}}_{\mathrm{MM}})=\boldsymbol{0}$$

を満たすような $\hat{\boldsymbol{\theta}}_{\mathrm{MM}}$ を求めることにより，$\boldsymbol{\theta}$ の値をモーメント法により推定することができる．しかし，直交条件の数が未知パラメータの数より多い，つまり $r>k$ の場合には，$\boldsymbol{g}_n(\boldsymbol{W};\boldsymbol{\theta})=\boldsymbol{0}$ となるような $\boldsymbol{\theta}$ の値は一般に存在しない．そこで，$\boldsymbol{g}_n(\boldsymbol{W};\boldsymbol{\theta})$ の各要素が $\boldsymbol{0}$ に近くなるように，

$$\boldsymbol{g}_n(\boldsymbol{W};\boldsymbol{\theta})'\boldsymbol{V}_n\boldsymbol{g}_n(\boldsymbol{W};\boldsymbol{\theta}) \tag{7.2}$$

を最小化する $\boldsymbol{\theta}$ を求めることを考えよう．ただし，$\boldsymbol{V}_n$ は $\boldsymbol{V}_n\xrightarrow{\mathrm{pr}}\boldsymbol{V}$ かつ $\boldsymbol{V}_n$，$\boldsymbol{V}$ が対称な正値定符号行列になるような $r\times r$ の行列である．$\boldsymbol{V}_n$ は**ウエイト行列**（**weight matrix**）と呼ばれる．このような $\boldsymbol{\theta}$ は，微分計算の詳細は省略するが[5]，上の式を $\boldsymbol{\theta}$ で微分した

$$2\left(\frac{\partial\boldsymbol{g}_n(\boldsymbol{W};\boldsymbol{\theta})}{\partial\boldsymbol{\theta}'}\right)'\boldsymbol{V}_n\boldsymbol{g}_n(\boldsymbol{W};\boldsymbol{\theta})$$

を $\boldsymbol{0}$ と置いて解くことにより求まる．このようにして $\boldsymbol{\theta}$ を求める方法を**一般化モーメント法**（**generalized method of moments；GMM**）と呼ぶ．つまり，$\boldsymbol{\theta}$ の GMM 推定量は

$$\left(\left.\frac{\partial\boldsymbol{g}_n(\boldsymbol{W};\boldsymbol{\theta})}{\partial\boldsymbol{\theta}'}\right|_{\boldsymbol{\theta}=\hat{\boldsymbol{\theta}}_{\mathrm{GMM}}}\right)'\boldsymbol{V}_n\boldsymbol{g}_n(\boldsymbol{W};\hat{\boldsymbol{\theta}}_{\mathrm{GMM}})=\boldsymbol{0} \tag{7.3}$$

を満たす $\hat{\boldsymbol{\theta}}_{\mathrm{GMM}}$ である．この式の左辺は $k\times1$ ベクトルになるので，$k\times1$ ベクトル $\hat{\boldsymbol{\theta}}_{\mathrm{GMM}}$ は通常は一意に定まる．

かなり一般的な条件の下で，$\hat{\boldsymbol{\theta}}_{\mathrm{GMM}}$ は $\boldsymbol{\theta}_0$ の一致推定量になる．その理由は以下の

4）具体的には $\boldsymbol{W}=[\boldsymbol{w}_n\ \boldsymbol{w}_{n-1}\cdots\boldsymbol{w}_1]$ という行列であると考えてもかまわない．
5）興味のある読者は 10.11 節の例のように，簡単な例を用いて確認するとよい．

とおりである．まず，$\boldsymbol{g}_n(\boldsymbol{W};\boldsymbol{\theta})$ は $\boldsymbol{h}(\boldsymbol{w}_i;\boldsymbol{\theta})$ の標本平均なので，大数の法則より

$$\boldsymbol{g}_n(\boldsymbol{W};\boldsymbol{\theta})=\frac{1}{n}\sum_{i=1}^{n}\boldsymbol{h}(\boldsymbol{w}_i;\boldsymbol{\theta})\xrightarrow{\text{pr}}\mathrm{E}[\boldsymbol{h}(\boldsymbol{w}_i;\boldsymbol{\theta})]$$

が成立する．したがって，$\hat{\boldsymbol{\theta}}_{\text{GMM}}\xrightarrow{\text{pr}}\boldsymbol{\theta}_0$ が成立するのであれば，

$$\boldsymbol{g}_n(\boldsymbol{W};\hat{\boldsymbol{\theta}}_{\text{GMM}})\xrightarrow{\text{pr}}\mathrm{E}[\boldsymbol{h}(\boldsymbol{w}_i;\boldsymbol{\theta}_0)]=\boldsymbol{0}$$

が成立し[6)]，(7.2) 式の値は 0 に確率収束する．逆に，$\hat{\boldsymbol{\theta}}_{\text{GMM}}\not\xrightarrow{\text{pr}}\boldsymbol{\theta}_0$ でなければ，$\operatorname{plim}\boldsymbol{g}_n(\boldsymbol{W};\hat{\boldsymbol{\theta}}_{\text{GMM}})\neq\boldsymbol{0}$ となり，$\boldsymbol{V}_n$ は正値定符号行列 $\boldsymbol{V}$ に確率収束するので，(7.2) 式の値は正の値に確率収束する．したがって，(7.2) 式を最小化するように GMM 推定量を求めれば，$\hat{\boldsymbol{\theta}}_{\text{GMM}}\xrightarrow{\text{pr}}\boldsymbol{\theta}_0$ が成立するはずである．以上は直感的な説明であるが，GMM 推定量の一致性をとりあえず理解できるであろう[7)]．

7.3　一般化モーメント法推定量の漸近的性質

7.3.1　漸近正規性

$\boldsymbol{\theta}_0$ の GMM 推定量の性質を分析するために，以下の 3 つが成立すると仮定する．

仮　定

[1] $\hat{\boldsymbol{\theta}}_{\text{GMM}}\xrightarrow{\text{pr}}\boldsymbol{\theta}_0$

[2] $\sqrt{n}\,\boldsymbol{g}_n(\boldsymbol{W};\boldsymbol{\theta}_0)\xrightarrow{D}\mathrm{N}(\boldsymbol{0},\boldsymbol{S})$．ただし，$\boldsymbol{S}$ は $\boldsymbol{h}(\boldsymbol{w}_i;\boldsymbol{\theta}_0)$ の**自己共分散 (autocovariance)**

$$\boldsymbol{\Gamma}_j=\mathrm{E}[\boldsymbol{h}(\boldsymbol{w}_i;\boldsymbol{\theta}_0)\{\boldsymbol{h}(\boldsymbol{w}_{i-j};\boldsymbol{\theta}_0)\}']$$

を用いて

$$\boldsymbol{S}=\sum_{j=-\infty}^{\infty}\boldsymbol{\Gamma}_j$$

6）実際には，$\hat{\boldsymbol{\theta}}_{\text{GMM}}$ が n に依存するので，$\boldsymbol{g}_n(\boldsymbol{W};\boldsymbol{\theta})\xrightarrow{\text{pr}}\mathrm{E}[\boldsymbol{h}(\boldsymbol{w}_i;\boldsymbol{\theta})]$ かつ $\hat{\boldsymbol{\theta}}_{\text{GMM}}\xrightarrow{\text{pr}}\boldsymbol{\theta}_0$ であるからといって，直ちに $\boldsymbol{g}_n(\boldsymbol{W};\hat{\boldsymbol{\theta}}_{\text{GMM}})\xrightarrow{\text{pr}}\mathrm{E}[\boldsymbol{h}(\boldsymbol{w}_i;\boldsymbol{\theta}_0)]$ とすることはできない（解析学の基礎知識がある読者は，関数列の各点収束と一様収束の違いを思い出せばよい）．このような収束が成立するためには $\boldsymbol{h}(\boldsymbol{w}_i;\boldsymbol{\theta})$ に関する条件が必要がある．例えば，Davidson, J (2000) *Econometric Theory*, Blackwell Publishers の Theorem 9.3.1を参照．

7）厳密な証明は，脚注 6 同様に Davidson (2000) の Theorem 9.3.1の証明を参照していただきたい．

で定義される．$\boldsymbol{\Gamma}_j$ は $\boldsymbol{w}_i$ と $\boldsymbol{w}_{i-j}$ の時点間の差 j にのみ依存し，時点 i には依存しないものとする[8)]．

③ $\boldsymbol{\theta}^* \xrightarrow{\text{pr}} \boldsymbol{\theta}_0$ であれば，

$$\operatorname*{plim}_{n\to\infty}\left(\frac{\partial \boldsymbol{g}_n(\boldsymbol{W};\boldsymbol{\theta})}{\partial \boldsymbol{\theta}'}\bigg|_{\theta=\theta^*}\right) = \operatorname*{plim}_{n\to\infty}\left(\frac{\partial \boldsymbol{g}_n(\boldsymbol{W};\boldsymbol{\theta})}{\partial \boldsymbol{\theta}'}\bigg|_{\theta=\theta_0}\right) = \boldsymbol{D}'$$

が成立し，$\boldsymbol{D}'$ の列は1次独立である．

前節で述べたように，かなり一般的な条件の下で①は成立する．また，②については，いくつかの条件の下で $\boldsymbol{h}(\boldsymbol{w}_i;\boldsymbol{\theta}_0)$ に対して中心極限定理を応用することにより，$\sqrt{n}\,\boldsymbol{g}_n(\boldsymbol{W};\boldsymbol{\theta}_0) \xrightarrow{D} \mathrm{N}(\boldsymbol{0},\boldsymbol{S})$ を得ることができる．③の確率収束が成り立つためには，p.68の脚注6と同様の条件が必要であるが，通常の場合この条件は満たされると考えられる．また，$\boldsymbol{D}'$ の列が1次独立であるということは，$\hat{\boldsymbol{\theta}}_{\mathrm{GMM}}$ を計算するための式である（7.3）式の要素の中に，漸近的に同じ式になるようなものが含まれていないことを意味する．つまり，漸近的に同じ意味になるようなモーメント条件を同時に推定に用いることはできないということになるが，通常はこのようなモーメント条件を用いることはないであろう．

上記の説明からもわかるように，これらの3つの仮定はかなり一般的な想定の下で成立すると考えられる．このような仮定の下で，GMM 推定量について次の定理が成立する．

定理 7.3.1

上記の仮定①～③が成立するならば，

$$\sqrt{n}(\hat{\boldsymbol{\theta}}_{\mathrm{GMM}}-\boldsymbol{\theta}_0) \xrightarrow{D} \mathrm{N}(\boldsymbol{0},(\boldsymbol{DVD}')^{-1}\boldsymbol{DVSVD}'(\boldsymbol{DVD}')^{-1})$$

が成立する．したがって，GMM 推定量は漸近正規性を持つ．

8）時系列モデルにおいて，確率変数 X_i の平均 $\mathrm{E}[X_i]=\mu$ が時点 i に依存せず，さらに自己共分散 $\mathrm{E}[(X_i-\mu)(X_{i-j}-\mu)]$ が時点差 j のみに依存し，時点 i には依存しないとき，X_i は**弱定常**（**weakly stationary**）あるいは**共分散定常**（**covariance stationary**）であるという．これに対し，任意の $j_1, j_2, \ldots, j_k$ に対して $X_i, X_{i-j_1}, X_{i-j_2}, \ldots, X_{i-j_k}$ の同時確率分布が時点差 $j_1, j_2, \ldots, j_k$ のみに依存し，時点 i には依存しないとき，X_i は**強定常**（**strictly stationary**）であるという．定常性の概念は，確率変数ベクトルの場合にも拡張される．

［証明］ 表記を簡単にするために，

$$\left.\frac{\partial \boldsymbol{g}_n(\boldsymbol{W};\boldsymbol{\theta})}{\partial \boldsymbol{\theta}'}\right|_{\boldsymbol{\theta}=\tilde{\boldsymbol{\theta}}}=\frac{\partial \boldsymbol{g}_n(\boldsymbol{W};\tilde{\boldsymbol{\theta}})}{\partial \boldsymbol{\theta}'}$$

と書き表すことにする．$\frac{\partial \boldsymbol{g}_n(\boldsymbol{W};\boldsymbol{\theta})}{\partial \boldsymbol{\theta}'}$ が $\boldsymbol{\theta}=\boldsymbol{\theta}_0$ において存在することから（仮定③），$\boldsymbol{g}_n(\boldsymbol{W};\boldsymbol{\theta})$ は $\boldsymbol{\theta}_0$ の近傍で連続である．さらに，$\hat{\boldsymbol{\theta}}_{\text{GMM}}$ は一致性を持つので（仮定①），十分大きい n に対して，$\boldsymbol{g}_n(\boldsymbol{W};\boldsymbol{\theta})$ が連続であるような $\boldsymbol{\theta}_0$ の近傍に $\hat{\boldsymbol{\theta}}_{\text{GMM}}$ は存在する．したがって，平均値の定理により

$$\boldsymbol{g}_n(\boldsymbol{W};\hat{\boldsymbol{\theta}}_{\text{GMM}})=\boldsymbol{g}_n(\boldsymbol{W};\boldsymbol{\theta}_0)+\frac{\partial \boldsymbol{g}_n(\boldsymbol{W};\boldsymbol{\theta}^{\dagger})}{\partial \boldsymbol{\theta}'}(\hat{\boldsymbol{\theta}}_{\text{GMM}}-\boldsymbol{\theta}_0)$$

となる $\boldsymbol{\theta}^{\dagger}$ が $\boldsymbol{\theta}_0$ と $\hat{\boldsymbol{\theta}}_{\text{GMM}}$ の間に存在する．両辺の左から

$$\left(\frac{\partial \boldsymbol{g}_n(\boldsymbol{W};\hat{\boldsymbol{\theta}}_{\text{GMM}})}{\partial \boldsymbol{\theta}'}\right)'\boldsymbol{V}_n$$

を掛けると

$$\begin{aligned}&\left(\frac{\partial \boldsymbol{g}_n(\boldsymbol{W};\hat{\boldsymbol{\theta}}_{\text{GMM}})}{\partial \boldsymbol{\theta}'}\right)'\boldsymbol{V}_n\boldsymbol{g}_n(\boldsymbol{W};\hat{\boldsymbol{\theta}}_{\text{GMM}})\\&\quad=\left(\frac{\partial \boldsymbol{g}_n(\boldsymbol{W};\hat{\boldsymbol{\theta}}_{\text{GMM}})}{\partial \boldsymbol{\theta}'}\right)'\boldsymbol{V}_n\boldsymbol{g}_n(\boldsymbol{W};\boldsymbol{\theta}_0)\\&\qquad+\left(\frac{\partial \boldsymbol{g}_n(\boldsymbol{W};\hat{\boldsymbol{\theta}}_{\text{GMM}})}{\partial \boldsymbol{\theta}'}\right)'\boldsymbol{V}_n\frac{\partial \boldsymbol{g}_n(\boldsymbol{W};\boldsymbol{\theta}^{\dagger})}{\partial \boldsymbol{\theta}'}(\hat{\boldsymbol{\theta}}_{\text{GMM}}-\boldsymbol{\theta}_0)\end{aligned}$$

が得られる．この左辺は（7.3）式により $\mathbf{0}$ であるから

$$\begin{aligned}&(\hat{\boldsymbol{\theta}}_{\text{GMM}}-\boldsymbol{\theta}_0)\\&=-\left[\left(\frac{\partial \boldsymbol{g}_n(\boldsymbol{W};\hat{\boldsymbol{\theta}}_{\text{GMM}})}{\partial \boldsymbol{\theta}'}\right)'\boldsymbol{V}_n\frac{\partial \boldsymbol{g}_n(\boldsymbol{W};\boldsymbol{\theta}^{\dagger})}{\partial \boldsymbol{\theta}'}\right]^{-1}\left(\frac{\partial \boldsymbol{g}_n(\boldsymbol{W};\hat{\boldsymbol{\theta}}_{\text{GMM}})}{\partial \boldsymbol{\theta}'}\right)'\boldsymbol{V}_n\boldsymbol{g}_n(\boldsymbol{W};\boldsymbol{\theta}_0)\end{aligned}$$

となり，両辺に $\sqrt{n}$ を掛けると

$$\begin{aligned}&\sqrt{n}(\hat{\boldsymbol{\theta}}_{\text{GMM}}-\boldsymbol{\theta}_0)\\&=-\left[\left(\frac{\partial \boldsymbol{g}_n(\boldsymbol{W};\hat{\boldsymbol{\theta}}_{\text{GMM}})}{\partial \boldsymbol{\theta}'}\right)'\boldsymbol{V}_n\frac{\partial \boldsymbol{g}_n(\boldsymbol{W};\boldsymbol{\theta}^{\dagger})}{\partial \boldsymbol{\theta}'}\right]^{-1}\left(\frac{\partial \boldsymbol{g}_n(\boldsymbol{W};\hat{\boldsymbol{\theta}}_{\text{GMM}})}{\partial \boldsymbol{\theta}'}\right)'\boldsymbol{V}_n\sqrt{n}\,\boldsymbol{g}_n(\boldsymbol{W};\boldsymbol{\theta}_0)\end{aligned}$$

が得られる．ここで，仮定①，③により，

$$\frac{\partial \boldsymbol{g}_n(\boldsymbol{W};\hat{\boldsymbol{\theta}}_{\text{GMM}})}{\partial \boldsymbol{\theta}'}\xrightarrow{\text{pr}}\frac{\partial \boldsymbol{g}_n(\boldsymbol{W};\boldsymbol{\theta}_0)}{\partial \boldsymbol{\theta}'}=\boldsymbol{D}'$$

が成立する．同様に，$\boldsymbol{\theta}^{\dagger}$ は $\hat{\boldsymbol{\theta}}_{\text{GMM}}$ と $\boldsymbol{\theta}_0$ の間の値なので，$\boldsymbol{\theta}^{\dagger}\xrightarrow{\text{pr}}\boldsymbol{\theta}_0$ であるから[9)]

$$\frac{\partial \boldsymbol{g}_n(\boldsymbol{W};\boldsymbol{\theta}^{\dagger})}{\partial \boldsymbol{\theta}'} \xrightarrow{\text{pr}} \frac{\partial \boldsymbol{g}_n(\boldsymbol{W};\boldsymbol{\theta}_0)}{\partial \boldsymbol{\theta}'} = \boldsymbol{D}'$$

となる．以上の結果と，$\boldsymbol{V}_n \xrightarrow{\text{pr}} \boldsymbol{V}, \sqrt{n}\,\boldsymbol{g}_n(\boldsymbol{W};\boldsymbol{\theta}_0) \xrightarrow{D} \mathrm{N}(\boldsymbol{0}, \boldsymbol{S})$ を用いると（(7.2) 式下の $\boldsymbol{V}_n$ の定義および仮定[2]），クラーメルの定理より

$$\sqrt{n}(\hat{\boldsymbol{\theta}}_{\mathrm{GMM}} - \boldsymbol{\theta}_0) \xrightarrow{D} \mathrm{N}(\boldsymbol{0}, (\boldsymbol{DVD}')^{-1}\boldsymbol{DVSVD}'(\boldsymbol{DVD}')^{-1})$$

が得られる．■

7.3.2　最適なウエイト行列

GMM 推定量の分散を最小にするような $\boldsymbol{V}_n$ を考えよう．定理7.3.1より，GMM 推定量の漸近分散は

$$(\boldsymbol{DVD}')^{-1}\boldsymbol{DVSVD}'(\boldsymbol{DVD}')^{-1}$$

である．これが最小となるのは，

$$\boldsymbol{V}_n \xrightarrow{\text{pr}} \boldsymbol{V} = \boldsymbol{S}^{-1}$$

となるような $\boldsymbol{V}_n$ を用いたときであり，このとき

$$\sqrt{n}(\hat{\boldsymbol{\theta}}_{\mathrm{GMM}} - \boldsymbol{\theta}_0) \xrightarrow{D} \mathrm{N}(\boldsymbol{0}, (\boldsymbol{DS}^{-1}\boldsymbol{D}')^{-1})$$

となる．このことは，

$$\begin{aligned}
&(\boldsymbol{DVD}')^{-1}\boldsymbol{DVSVD}'(\boldsymbol{DVD}')^{-1} - (\boldsymbol{DS}^{-1}\boldsymbol{D}')^{-1} \\
&\quad = [(\boldsymbol{DVD}')^{-1}\boldsymbol{DV} - (\boldsymbol{DS}^{-1}\boldsymbol{D}')^{-1}\boldsymbol{DS}^{-1}]\boldsymbol{S} \\
&\qquad \times [(\boldsymbol{DVD}')^{-1}\boldsymbol{DV} - (\boldsymbol{DS}^{-1}\boldsymbol{D}')^{-1}\boldsymbol{DS}^{-1}]'
\end{aligned}$$

であるから，$(\boldsymbol{DVD}')^{-1}\boldsymbol{DVSVD}'(\boldsymbol{DVD}')^{-1}$ と $(\boldsymbol{DS}^{-1}\boldsymbol{D}')^{-1}$ の差は非負値定符号行列であり，$\boldsymbol{V} = \boldsymbol{S}^{-1}$ の場合にはその差が $\boldsymbol{0}$ になることからわかる（$\boldsymbol{V}$ にどのような行列を用いても，共分散行列は $(\boldsymbol{DS}^{-1}\boldsymbol{D}')^{-1}$ より小さくはならない）．

モーメント条件の数 r と未知パラメータの数 k が等しければ，$\boldsymbol{D}$ は正方行列になり，$\boldsymbol{D}$ は仮定によりフルランクなので，$\boldsymbol{D}^{-1}$ が存在する．このとき，

$$(\boldsymbol{DVD}')^{-1}\boldsymbol{DVSVD}'(\boldsymbol{DVD}')^{-1} = (\boldsymbol{DS}^{-1}\boldsymbol{D}')^{-1}$$

となる．つまり，$r = k$ の場合には，ウエイト行列の選択に関係なく，分散共分散行列が $(\boldsymbol{DS}^{-1}\boldsymbol{D}')^{-1}$ になるような推定量が得られる．

9）p.31の脚注9参照.

実際には $\boldsymbol{S}$ は未知の行列であるので，$\boldsymbol{S}_n \xrightarrow{\text{pr}} \boldsymbol{S}$ となるような $\boldsymbol{S}_n$ の逆行列 $\boldsymbol{S}_n^{-1}$ をウエイト行列 $\boldsymbol{V}_n$ として用いればよい．

$\boldsymbol{h}(\boldsymbol{w}_i;\boldsymbol{\theta}_0)$ に自己相関がない（つまり $j \neq 0$ に対して $\boldsymbol{\Gamma}_j = \boldsymbol{0}$）場合には，

$$\bar{\boldsymbol{S}}_n = \frac{1}{n}\sum_{i=1}^{n}\boldsymbol{h}(\boldsymbol{w}_i;\boldsymbol{\theta}_0)[\boldsymbol{h}(\boldsymbol{w}_i;\boldsymbol{\theta}_0)]' \xrightarrow{\text{pr}} \boldsymbol{S}$$

となる．$\bar{\boldsymbol{S}}_n$ を計算するには $\boldsymbol{\theta}_0$ が必要であるが，多くの場合，$\boldsymbol{\theta}_0$ の任意の一致推定量 $\hat{\boldsymbol{\theta}}$ に対して

$$\hat{\boldsymbol{S}}_n = \frac{1}{n}\sum_{i=1}^{n}\boldsymbol{h}(\boldsymbol{w}_i;\hat{\boldsymbol{\theta}})[\boldsymbol{h}(\boldsymbol{w}_i;\hat{\boldsymbol{\theta}})]' \xrightarrow{\text{pr}} \boldsymbol{S}$$

が成り立つ．この計算には $\boldsymbol{\theta}_0$ の一致推定量が必要なので，実際の推定は次のようなステップで行うことになる．

1 $\boldsymbol{V}_n$ に適当なウエイト行列（例えば単位行列）を用いて，GMM により $\boldsymbol{\theta}_0$ の一致推定量 $\hat{\boldsymbol{\theta}}_{\text{GMM}}^{(0)}$ を求める．

2 上のステップで求めた $\hat{\boldsymbol{\theta}}_{\text{GMM}}^{(0)}$ を用いて $\hat{\boldsymbol{S}}_n$ を計算し，$\boldsymbol{V}_n = \hat{\boldsymbol{S}}_n^{-1}$ をウエイト行列として用いて GMM 推定を行い，$\boldsymbol{\theta}$ の推定量 $\hat{\boldsymbol{\theta}}_{\text{GMM}}^{(1)}$ を得る．$\boldsymbol{V}_n \xrightarrow{\text{pr}} \boldsymbol{S}^{-1}$ であるから，

$$\sqrt{n}(\hat{\boldsymbol{\theta}}_{\text{GMM}}^{(1)} - \boldsymbol{\theta}_0) \xrightarrow{D} \text{N}(\boldsymbol{0}, (\boldsymbol{D}\boldsymbol{S}^{-1}\boldsymbol{D}')^{-1})$$

が成り立つ．

$\hat{\boldsymbol{\theta}}_{\text{GMM}}^{(1)}$ を用いて計算した $\hat{\boldsymbol{S}}_n^{-1}$ をウエイトとして GMM 推定を行い $\hat{\boldsymbol{\theta}}_{\text{GMM}}^{(2)}$ を得る，というように上のステップを繰り返すことも可能であるが，何度繰り返しても得られる推定量の漸近分布は $\text{N}(\boldsymbol{0}, (\boldsymbol{D}\boldsymbol{S}^{-1}\boldsymbol{D}')^{-1})$ から変化しない．

$\boldsymbol{h}(\boldsymbol{w}_i;\boldsymbol{\theta}_0)$ に自己相関がある場合には，$\boldsymbol{S}$ の一致推定量として，Newey and West (1987)[10] の推定量

$$\hat{\boldsymbol{S}}_n = \hat{\boldsymbol{\Gamma}}_0 + \sum_{l=1}^{q}\left(1 - \frac{l}{q+1}\right)(\hat{\boldsymbol{\Gamma}}_l + \hat{\boldsymbol{\Gamma}}_l')$$

10) Newey, W. K. and K. D. West (1987) “A simple, positive semi-definite, heteroskedasticity and autocorrelation consistent covariance matrix,” *Econometrica*, 55, pp.703–708.

を用いることができる[11]．ただし

$$\hat{\boldsymbol{\Gamma}}_l = \frac{1}{n}\sum_{i=l+1}^{n} \boldsymbol{h}(\boldsymbol{w}_i\,;\hat{\boldsymbol{\theta}})[\boldsymbol{h}(\boldsymbol{w}_{i-l}\,;\hat{\boldsymbol{\theta}})]'$$

であり，$\hat{\boldsymbol{\theta}}$ は $\boldsymbol{\theta}_0$ の任意の一致推定量である．

さらに，$\hat{\boldsymbol{\theta}}$ が $\boldsymbol{\theta}_0$ の一致推定量であるとき，

$$\hat{\boldsymbol{D}}' = \left(\left.\frac{\partial \boldsymbol{g}_n(\boldsymbol{W}\,;\boldsymbol{\theta})}{\partial \boldsymbol{\theta}'}\right|_{\boldsymbol{\theta}=\hat{\boldsymbol{\theta}}}\right)$$

と書き表すことにすれば，仮定③により $\hat{\boldsymbol{D}}' \xrightarrow{\mathrm{pr}} \boldsymbol{D}'$ であるから，$\hat{\boldsymbol{\theta}}_{\mathrm{GMM}}$ は近似的に $\mathrm{N}(\boldsymbol{\theta}_0, (\hat{\boldsymbol{D}}\hat{\boldsymbol{S}}_n^{-1}\hat{\boldsymbol{D}}')^{-1}/n)$ に従うことになる．$\hat{\boldsymbol{S}}_n$ および $\hat{\boldsymbol{D}}$ の計算で必要になる $\boldsymbol{\theta}_0$ の一致推定量としては，当然GMM推定量を用いればよい．

7.3.3　過剰識別の検定

直交条件の数 r が推定するパラメータの数 k よりも多いとき，モデルは**過剰識別**されているという．この場合，前にも述べたように $\boldsymbol{g}_n(\boldsymbol{W}\,;\boldsymbol{\theta}) = \boldsymbol{0}$ となるような $\boldsymbol{\theta}$ は一般に存在しない．そこでHansen (1982)[12]は，$\mathrm{E}[\boldsymbol{h}(\boldsymbol{w}_i\,;\boldsymbol{\theta}_0)] = \boldsymbol{0}$ といえる程度に $\boldsymbol{g}_n(\boldsymbol{W}\,;\hat{\boldsymbol{\theta}}_{\mathrm{GMM}})$ が $\boldsymbol{0}$ に近いかを検定する方法を提案している．まず，$\sqrt{n}\,\boldsymbol{g}_n(\boldsymbol{W}\,;\boldsymbol{\theta}_0) \xrightarrow{D} \mathrm{N}(\boldsymbol{0}, \boldsymbol{S})$ であるから，11.8節の行列と分布の性質③により

$$[\sqrt{n}\,\boldsymbol{g}_n(\boldsymbol{W}\,;\boldsymbol{\theta}_0)]'\boldsymbol{S}^{-1}\sqrt{n}\,\boldsymbol{g}_n(\boldsymbol{W}\,;\boldsymbol{\theta}_0) \xrightarrow{D} \chi^2(r)$$

が成り立つ．これに対し，$\boldsymbol{\theta}_0$ をGMM推定量 $\hat{\boldsymbol{\theta}}_{\mathrm{GMM}}$ で置き換え，$\boldsymbol{S}$ も推定量 $\hat{\boldsymbol{S}}_n^{-1}$ で置き換えると，

$$[\sqrt{n}\,\boldsymbol{g}_n(\boldsymbol{W}\,;\hat{\boldsymbol{\theta}}_{\mathrm{GMM}})]'\hat{\boldsymbol{S}}_n^{-1}\sqrt{n}\,\boldsymbol{g}_n(\boldsymbol{W}\,;\hat{\boldsymbol{\theta}}_{\mathrm{GMM}}) \xrightarrow{D} \chi^2(r-k)$$

が成立する．ここで，自由度が $r-k$ になっているのは，$r\times 1$ のベクトル $\boldsymbol{g}_n(\boldsymbol{W}\,;\hat{\boldsymbol{\theta}}_{\mathrm{GMM}})$ において $\boldsymbol{\theta}_0$ に含まれる k 個のパラメータが推定されるからであると

11）p.68の定義により $\boldsymbol{S}$ は $1/\sqrt{n}\sum_{i=1}^{n}\boldsymbol{h}(\boldsymbol{w}_i\,;\boldsymbol{\theta}_0)$ の分散 $1/n\,\mathrm{E}[\{\sum_{i=1}^{n}\boldsymbol{h}(\boldsymbol{w}_i\,;\boldsymbol{\theta}_0)\}\{\sum_{i=1}^{n}\boldsymbol{h}(\boldsymbol{w}_i\,;\boldsymbol{\theta}_0)\}']$ の極限であると考えられる．したがって，$\boldsymbol{\theta}_0$ を推定量 $\hat{\boldsymbol{\theta}}_{\mathrm{GMM}}$ で置き換えて期待値を外した $1/n\{\sum_{i=1}^{n}\boldsymbol{h}(\boldsymbol{w}_i\,;\hat{\boldsymbol{\theta}}_{\mathrm{GMM}})\}\{\sum_{i=1}^{n}\boldsymbol{h}(\boldsymbol{w}_i\,;\hat{\boldsymbol{\theta}}_{\mathrm{GMM}})\}' = \tilde{\boldsymbol{S}}_n$ を $\boldsymbol{S}$ の推定量として用いることができるのではないかと思うかもしれない．しかし，$\sum_{i=1}^{n}\boldsymbol{h}(\boldsymbol{w}_i\,;\hat{\boldsymbol{\theta}}_{\mathrm{GMM}}) = n\boldsymbol{g}_n(\boldsymbol{W}\,;\hat{\boldsymbol{\theta}}_{\mathrm{GMM}})$ はベクトルなので $\tilde{\boldsymbol{S}}_n$ のランクは1となり，フルランクであるべき $\boldsymbol{S}$ の推定量として不適切である（$\tilde{\boldsymbol{S}}_n$ は正値定符号行列にならない）．

12）Hansen, L. P. (1982) "Large Sample Properties of Generalized Method of Moments Estimators," *Econometrica*, 50, pp.1029–1054.

解釈すればよいであろう[13)]．この関係を用いて，直交条件が正しいといえるかどうか，つまり $\mathrm{E}[\boldsymbol{h}(\boldsymbol{w}_i\,;\boldsymbol{\theta}_0)]=\mathbf{0}$ といえるかどうかを検定できる．

7.4　一般化モーメント法と操作変数法，2 段階最小自乗法

6 章の操作変数法で説明したモデルを考えよう．つまり

$$\boldsymbol{y}=\boldsymbol{X\beta}+\boldsymbol{u},\quad \mathrm{V}[\boldsymbol{u}]=\sigma^2\boldsymbol{I}_n$$

において，$\boldsymbol{X}$ と $\boldsymbol{u}$ は無相関ではなく $\mathrm{E}[\boldsymbol{X}'\boldsymbol{u}]\neq\mathbf{0}$ であるが，操作変数の $n\times l$ 行列 $\boldsymbol{Z}$ に対して $\mathrm{E}[\boldsymbol{Z}'\boldsymbol{u}]=\mathbf{0}$ であるとする．$\boldsymbol{z}_i', \boldsymbol{x}_i'$ を $\boldsymbol{Z}, \boldsymbol{X}$ の第 i 行，u_i, y_i を $\boldsymbol{u}, \boldsymbol{y}$ の第 i 要素として

$$\mathrm{E}[\boldsymbol{z}_i u_i]=\mathrm{E}[\boldsymbol{z}_i(y_i-\boldsymbol{x}_i'\boldsymbol{\beta})]=\mathrm{E}[\boldsymbol{h}(y_i, \boldsymbol{x}_i, \boldsymbol{z}_i\,;\boldsymbol{\beta})]=\mathbf{0}$$

を直交条件と考えると，

$$\boldsymbol{g}_n(\boldsymbol{y}, \boldsymbol{X}, \boldsymbol{Z}\,;\boldsymbol{\beta})=\frac{1}{n}\sum_{i=1}^{n}\boldsymbol{h}(y_i, \boldsymbol{x}_i, \boldsymbol{z}_i\,;\boldsymbol{\beta})=\frac{1}{n}\boldsymbol{Z}'(\boldsymbol{y}-\boldsymbol{X\beta})$$

となる．したがって，$\boldsymbol{\beta}$ の GMM 推定量は

$$\boldsymbol{g}_n(\boldsymbol{y}, \boldsymbol{X}, \boldsymbol{Z}\,;\boldsymbol{\beta})'\boldsymbol{V}_n\boldsymbol{g}_n(\boldsymbol{y}, \boldsymbol{X}, \boldsymbol{Z}\,;\boldsymbol{\beta})=\left[\frac{\boldsymbol{Z}'(\boldsymbol{y}-\boldsymbol{X\beta})}{n}\right]'\boldsymbol{V}_n\left[\frac{\boldsymbol{Z}'(\boldsymbol{y}-\boldsymbol{X\beta})}{n}\right]$$

を $\boldsymbol{\beta}$ について最小化することにより求まる．ここで，$\mathrm{E}[\boldsymbol{u}]=\mathbf{0}, \mathrm{E}[\boldsymbol{uu}']=\sigma^2\boldsymbol{I}_n$, $\operatorname*{plim}_{n\to\infty}\boldsymbol{Z}'\boldsymbol{Z}/n=\boldsymbol{M}_{ZZ}$ および特定の条件の下で

$$\sqrt{n}\,\boldsymbol{g}_n(\boldsymbol{y}, \boldsymbol{X}, \boldsymbol{Z}\,;\boldsymbol{\beta})=\frac{\boldsymbol{Z}'(\boldsymbol{y}-\boldsymbol{X\beta})}{\sqrt{n}}=\frac{\boldsymbol{Z}'\boldsymbol{u}}{\sqrt{n}}\xrightarrow{D}\mathrm{N}(\mathbf{0}, \sigma^2\boldsymbol{M}_{ZZ})$$

であるので[14)]，$\boldsymbol{V}_n\xrightarrow{\mathrm{pr}}(\sigma^2\boldsymbol{M}_{ZZ})^{-1}$ となる $\boldsymbol{V}_n$ をウエイト行列として用いるのが望ましい．そこで

$$\boldsymbol{V}_n=\left(\frac{\sigma^2\boldsymbol{Z}'\boldsymbol{Z}}{n}\right)^{-1}$$

を用いると，GMM 推定量は

13) k 個の回帰係数を持つ線形回帰モデルにおいては，$n\times 1$ の撹乱項ベクトル $\boldsymbol{u}$ について，11.8 節の行列と分布の性質⑤より $\boldsymbol{u}'\boldsymbol{u}/\sigma^2\sim\chi^2(n)$ が成立するのに対し，残差ベクトル $\boldsymbol{e}$ については，p.12で見たように $\boldsymbol{e}'\boldsymbol{e}/\sigma^2\sim\chi^2(n-k)$ であったことを思い出すとよい．

14) 6.3 節を参照．

$$\left[\frac{\boldsymbol{Z}'(\boldsymbol{y}-\boldsymbol{X\beta})}{n}\right]'\boldsymbol{V}_n\left[\frac{\boldsymbol{Z}'(\boldsymbol{y}-\boldsymbol{X\beta})}{n}\right]$$
$$=\left[\frac{\boldsymbol{Z}'(\boldsymbol{y}-\boldsymbol{X\beta})}{n}\right]'\left(\frac{\sigma^2\boldsymbol{Z}'\boldsymbol{Z}}{n}\right)^{-1}\left[\frac{\boldsymbol{Z}'(\boldsymbol{y}-\boldsymbol{X\beta})}{n}\right]$$

を最小にする $\boldsymbol{\beta}$ の値になる．この式を直接 $\boldsymbol{\beta}$ で微分するか，(7.3) 式に当てはめると，GMM 推定量は

$$\left[\frac{\boldsymbol{Z}'\boldsymbol{X}}{n}\right]'\left(\frac{\sigma^2\boldsymbol{Z}'\boldsymbol{Z}}{n}\right)^{-1}\left[\frac{\boldsymbol{Z}'(\boldsymbol{y}-\boldsymbol{X}\hat{\boldsymbol{\beta}}_{\mathrm{GMM}})}{n}\right]=\boldsymbol{0}$$

を解くことによって得られることがわかる．したがって，$\boldsymbol{\beta}$ の GMM 推定量は

$$\hat{\boldsymbol{\beta}}_{\mathrm{GMM}}=(\boldsymbol{X}'\boldsymbol{Z}(\boldsymbol{Z}'\boldsymbol{Z})^{-1}\boldsymbol{Z}'\boldsymbol{X})^{-1}\boldsymbol{X}'\boldsymbol{Z}(\boldsymbol{Z}'\boldsymbol{Z})^{-1}\boldsymbol{Z}'\boldsymbol{y}$$

となり，これは 6 章で説明した操作変数推定量（2 段階最小自乗推定量）$\boldsymbol{b}_{\mathrm{IV}}$ に一致する．操作変数の数 l と説明変数の数 k が等しい場合には，$\boldsymbol{Z}'\boldsymbol{X}$ は正方行列となり，$(\boldsymbol{Z}'\boldsymbol{X})^{-1}$ が存在するので

$$\hat{\boldsymbol{\beta}}_{\mathrm{GMM}}=(\boldsymbol{Z}'\boldsymbol{X})^{-1}\boldsymbol{Z}'\boldsymbol{y}$$

と単純化できる．

また，$\hat{\boldsymbol{\beta}}_{\mathrm{GMM}}$ の漸近分布については

$$\operatorname*{plim}_{n\to\infty}\left(\frac{\partial \boldsymbol{g}_n(\boldsymbol{y},\boldsymbol{X},\boldsymbol{Z}\,;\boldsymbol{\beta})}{\partial\boldsymbol{\beta}'}\right)=-\operatorname*{plim}_{n\to\infty}\frac{\boldsymbol{Z}'\boldsymbol{X}}{n}=-\boldsymbol{M}_{ZX}$$

であるから

$$\sqrt{n}(\hat{\boldsymbol{\beta}}_{\mathrm{GMM}}-\boldsymbol{\beta})\xrightarrow{D}\mathrm{N}(\boldsymbol{0},(\boldsymbol{M}'_{ZX}(\sigma^2\boldsymbol{M}_{ZZ})^{-1}\boldsymbol{M}_{ZX})^{-1})$$
$$=\mathrm{N}(\boldsymbol{0},\sigma^2(\boldsymbol{M}'_{ZX}\boldsymbol{M}_{ZZ}^{-1}\boldsymbol{M}_{ZX})^{-1})$$

が成立する．当然のことであるが，この分布は $\boldsymbol{b}_{\mathrm{IV}}$ の漸近分布に一致する．

7.5 一般化モーメント法と最尤法

$\boldsymbol{y}_i$ を i 時点において観測される変数のベクトルとして，$\boldsymbol{y}_i$ の条件付き確率密度関数が

$$f(\boldsymbol{y}_i\,|\,\boldsymbol{x}_i\,;\boldsymbol{\theta})$$

で与えられるものとする．$\boldsymbol{x}_i$ は先決変数（$\boldsymbol{y}_i$ の観測時点より前に値が確定している変数）のベクトルであり，時系列データの場合には $\boldsymbol{y}_i$ の過去の値（つまり

$\boldsymbol{y}_{i-1}, \boldsymbol{y}_{i-2}, \ldots$）を含んでいてもかまわない．ここでは，時系列モデルにも対応できるように，このような条件付き確率密度関数を考えておく．また，$\boldsymbol{\theta}$ は未知パラメータのベクトルである．このとき，確率密度関数の性質より

$$\int f(\boldsymbol{y}_i | \boldsymbol{x}_i ; \boldsymbol{\theta}) d\boldsymbol{y}_i = 1$$

が成立する．この式が任意の $\boldsymbol{\theta}$ について成立することに注意して，両辺を $\boldsymbol{\theta}$ で微分すると

$$\int \frac{\partial f(\boldsymbol{y}_i | \boldsymbol{x}_i ; \boldsymbol{\theta})}{\partial \boldsymbol{\theta}} d\boldsymbol{y}_i = \boldsymbol{0}$$

となる．この式に，

$$\frac{\partial f(\boldsymbol{y}_i | \boldsymbol{x}_i ; \boldsymbol{\theta})}{\partial \boldsymbol{\theta}} = \frac{\partial \log f(\boldsymbol{y}_i | \boldsymbol{x}_i ; \boldsymbol{\theta})}{\partial \boldsymbol{\theta}} f(\boldsymbol{y}_i | \boldsymbol{x}_i ; \boldsymbol{\theta})$$

という関係を用いれば，

$$\int \frac{\partial \log f(\boldsymbol{y}_i | \boldsymbol{x}_i ; \boldsymbol{\theta})}{\partial \boldsymbol{\theta}} f(\boldsymbol{y}_i | \boldsymbol{x}_i ; \boldsymbol{\theta}) d\boldsymbol{y}_i = \boldsymbol{0} \tag{7.4}$$

となる．$\boldsymbol{w}_i = [\boldsymbol{y}_i' \ \boldsymbol{x}_i']'$，

$$\boldsymbol{h}(\boldsymbol{w}_i ; \boldsymbol{\theta}) = \frac{\partial \log f(\boldsymbol{y}_i | \boldsymbol{x}_i ; \boldsymbol{\theta})}{\partial \boldsymbol{\theta}} \tag{7.5}$$

として，真の $\boldsymbol{\theta}$ の値は $\boldsymbol{\theta}_0$ であるとすれば[15)]，この式は

$$\mathrm{E}[\boldsymbol{h}(\boldsymbol{w}_i ; \boldsymbol{\theta}_0) | \boldsymbol{x}_i] = \boldsymbol{0} \tag{7.6}$$

を意味する[16)]．繰り返し期待値の法則により，

$$\mathrm{E}[\boldsymbol{h}(\boldsymbol{w}_i ; \boldsymbol{\theta}_0)] = \boldsymbol{0} \tag{7.7}$$

であるから，この式を直交条件として用いることができる．この式の左辺を標本の

15）5 章においては，真の値を表す場合も単純なパラメータを表す場合も $\boldsymbol{\theta}$ を用いたが，ここでは GMM の説明に合わせるとともに，脚注16で見るように $\boldsymbol{\theta}_1 \neq \boldsymbol{\theta}_0$ であるような $\boldsymbol{\theta}_1$ に対しては $\mathrm{E}[\boldsymbol{h}(\boldsymbol{w}_i ; \boldsymbol{\theta}_1)] \neq \boldsymbol{0}$ となることを確認するために，真のパラメータを $\boldsymbol{\theta}_0$ で表す．

16）この式は，(7.4) 式の $\frac{\partial \log f(\boldsymbol{y}_i | \boldsymbol{x}_i ; \boldsymbol{\theta})}{\partial \boldsymbol{\theta}}$ と $f(\boldsymbol{y}_i | \boldsymbol{x}_i ; \boldsymbol{\theta})$ に含まれる $\boldsymbol{\theta}$ を同時に $\boldsymbol{\theta}_0$ と置くことによって得られる．$\boldsymbol{\theta}_1 \neq \boldsymbol{\theta}_0$ であるような $\boldsymbol{\theta}_1$ に対しては，

$$\mathrm{E}[\boldsymbol{h}(\boldsymbol{w}_i ; \boldsymbol{\theta}_1) | \boldsymbol{x}_i] = \int \left. \frac{\partial \log f(\boldsymbol{y}_i | \boldsymbol{x}_i ; \boldsymbol{\theta})}{\partial \boldsymbol{\theta}} \right|_{\boldsymbol{\theta} = \boldsymbol{\theta}_1} f(\boldsymbol{y}_i | \boldsymbol{x}_i ; \boldsymbol{\theta}_0) d\boldsymbol{y}_i$$

であるから，通常は $\mathrm{E}[\boldsymbol{h}(\boldsymbol{w}_i ; \boldsymbol{\theta}_1) | \boldsymbol{x}_i] \neq \boldsymbol{0}$ であり，その結果として $\mathrm{E}[\boldsymbol{h}(\boldsymbol{w}_i ; \boldsymbol{\theta}_1)] \neq \boldsymbol{0}$ が成立する．

条件で置き換えると，

$$\boldsymbol{g}_n(\boldsymbol{W}\,;\boldsymbol{\theta})=\frac{1}{n}\sum_{i=1}^{n}\boldsymbol{h}(\boldsymbol{w}_i\,;\boldsymbol{\theta})=\frac{1}{n}\sum_{i=1}^{n}\frac{\partial\log f(\boldsymbol{y}_i|\,\boldsymbol{x}_i\,;\boldsymbol{\theta})}{\partial\boldsymbol{\theta}}$$

となる．$\boldsymbol{\theta}$ が $k\times 1$ ベクトルであるとき，$\boldsymbol{g}_n(\boldsymbol{W}\,;\boldsymbol{\theta})$ も $k\times 1$ のベクトル値をとる関数となるので，

$$\boldsymbol{g}_n(\boldsymbol{W}\,;\hat{\boldsymbol{\theta}}_{\mathrm{GMM}})=\frac{1}{n}\sum_{i=1}^{n}\frac{\partial\log f(\boldsymbol{y}_i|\,\boldsymbol{x}_i\,;\boldsymbol{\theta})}{\partial\boldsymbol{\theta}}\bigg|_{\boldsymbol{\theta}=\hat{\boldsymbol{\theta}}_{\mathrm{GMM}}}=\boldsymbol{0}$$

を満たすようなGMM推定量 $\hat{\boldsymbol{\theta}}_{\mathrm{GMM}}$ を求めることができる．

一方，この場合の尤度関数は $f(\boldsymbol{y}_i|\,\boldsymbol{x}_i\,;\boldsymbol{\theta})$ の積

$$L(\boldsymbol{\theta}\,;\boldsymbol{W})=\prod_{i=1}^{n}f(\boldsymbol{y}_i|\,\boldsymbol{x}_i\,;\boldsymbol{\theta})$$

で与えられる．対数尤度関数

$$\log L(\boldsymbol{\theta}\,;\boldsymbol{W})=\sum_{i=1}^{n}\log f(\boldsymbol{y}_i|\,\boldsymbol{x}_i\,;\boldsymbol{\theta})$$

を $\boldsymbol{\theta}$ で微分した

$$\frac{\partial\log L(\boldsymbol{\theta}\,;\boldsymbol{W})}{\partial\boldsymbol{\theta}}=\sum_{i=1}^{n}\frac{\partial\log f(\boldsymbol{y}_i|\,\boldsymbol{x}_i\,;\boldsymbol{\theta})}{\partial\boldsymbol{\theta}}$$

が $\boldsymbol{0}$ になるような $\boldsymbol{\theta}$ を求めることで最尤推定量が求められるが，求まる推定量は明らかに $\hat{\boldsymbol{\theta}}_{\mathrm{GMM}}$ と同一である．このように，最尤推定量は，(7.7) 式を直交条件として用いたGMM推定量であると考えることができる．

以下では，GMM推定量の性質を利用して，5章で先送りにしていた最尤推定量の性質（p.48参照），つまり一致性と漸近正規性を確認する．

まず，一致性を確認しよう．7.2節で述べたように，GMM推定量 $\hat{\boldsymbol{\theta}}_{\mathrm{GMM}}$ は (7.7) 式の直交条件を満たすような $\boldsymbol{\theta}_0$ の一致推定量となる．先に見たように，(7.7) 式を直交条件として用いたGMM推定量は最尤推定量に等しく，$\boldsymbol{\theta}_0$ は真の値であることから，最尤推定量は真の値の一致推定量であるといえる．

次に，GMM推定量の漸近分布を求めよう．$\sqrt{n}\,\boldsymbol{g}_n(\boldsymbol{W}\,;\boldsymbol{\theta}_0)$ の漸近分布を求めるために，まず $\boldsymbol{h}(\boldsymbol{w}_i\,;\boldsymbol{\theta}_0)$ の自己共分散を求める．$j>0$ のとき，$\boldsymbol{x}_i$ を所与とすれば $\boldsymbol{h}(\boldsymbol{w}_{i-j}\,;\boldsymbol{\theta}_0)$ は先決変数として扱える点に注意して，繰り返し期待値の法則を用いれば，(7.6) 式で見たように $\mathrm{E}[\boldsymbol{h}(\boldsymbol{w}_i\,;\boldsymbol{\theta}_0)|\,\boldsymbol{x}_i]=\boldsymbol{0}$ であるから，

$$\begin{aligned}\boldsymbol{\Gamma}_j&=\mathrm{E}[\boldsymbol{h}(\boldsymbol{w}_i\,;\boldsymbol{\theta}_0)\{\boldsymbol{h}(\boldsymbol{w}_{i-j}\,;\boldsymbol{\theta}_0)\}']=\mathrm{E}_{\boldsymbol{x}_i}[\mathrm{E}[\boldsymbol{h}(\boldsymbol{w}_i\,;\boldsymbol{\theta}_0)\{\boldsymbol{h}(\boldsymbol{w}_{i-j}\,;\boldsymbol{\theta}_0)\}'\,|\,\boldsymbol{x}_i]]\\&=\mathrm{E}_{\boldsymbol{x}_i}[\mathrm{E}[\boldsymbol{h}(\boldsymbol{w}_i\,;\boldsymbol{\theta}_0)|\,\boldsymbol{x}_i]\{\boldsymbol{h}(\boldsymbol{w}_{i-j}\,;\boldsymbol{\theta}_0)\}']=\boldsymbol{0}\end{aligned}$$

が得られる．したがって，$\boldsymbol{h}(\boldsymbol{w}_i;\boldsymbol{\theta}_0)$ には自己相関がない．このことから，一般的な仮定の下で，中心極限定理により

$$\sqrt{n}\boldsymbol{g}_n(\boldsymbol{W};\boldsymbol{\theta}_0)=\frac{1}{\sqrt{n}}\sum_{i=1}^{n}\frac{\partial \log f(\boldsymbol{y}_i|\boldsymbol{x}_i;\boldsymbol{\theta}_0)}{\partial \boldsymbol{\theta}}\xrightarrow{D}\mathrm{N}(\boldsymbol{0},\boldsymbol{S})$$

が成立する．ただし，$\boldsymbol{h}(\boldsymbol{w}_i;\boldsymbol{\theta}_0)$ には自己相関がないので，$\boldsymbol{S}$ は

$$\boldsymbol{S}=\lim_{n\to\infty}\frac{1}{n}\sum_{i=1}^{n}\mathrm{E}[\boldsymbol{h}(\boldsymbol{w}_i;\boldsymbol{\theta}_0)\{\boldsymbol{h}(\boldsymbol{w}_i;\boldsymbol{\theta}_0)\}']$$

で与えられる．また，$\boldsymbol{h}(\boldsymbol{w}_i;\boldsymbol{\theta}_0)$ には自己相関がないことから，

$$\begin{aligned}\sum_{i=1}^{n}\mathrm{E}[\boldsymbol{h}(\boldsymbol{w}_i;\boldsymbol{\theta}_0)\{\boldsymbol{h}(\boldsymbol{w}_i;\boldsymbol{\theta}_0)\}']&=\sum_{i=1}^{n}\mathrm{E}\left[\frac{\partial \log f(\boldsymbol{y}_i|\boldsymbol{x}_i;\boldsymbol{\theta}_0)}{\partial \boldsymbol{\theta}}\frac{\partial \log f(\boldsymbol{y}_i|\boldsymbol{x}_i;\boldsymbol{\theta}_0)}{\partial \boldsymbol{\theta}'}\right]\\&=\mathrm{E}\left[\frac{\partial \log L(\boldsymbol{\theta}_0;\boldsymbol{W})}{\partial \boldsymbol{\theta}}\frac{\partial \log L(\boldsymbol{\theta}_0;\boldsymbol{W})}{\partial \boldsymbol{\theta}'}\right]\end{aligned}$$

が成り立つ[17]．したがって，

$$\boldsymbol{S}=\lim_{n\to\infty}\frac{1}{n}\mathrm{E}\left[\frac{\partial \log L(\boldsymbol{\theta}_0;\boldsymbol{W})}{\partial \boldsymbol{\theta}}\frac{\partial \log L(\boldsymbol{\theta}_0;\boldsymbol{W})}{\partial \boldsymbol{\theta}'}\right]$$

ということもできる[18]．また，大数の法則により，

$$\operatorname*{plim}_{n\to\infty}\frac{\partial \boldsymbol{g}_n(\boldsymbol{W};\boldsymbol{\theta}_0)}{\partial \boldsymbol{\theta}'}=\operatorname*{plim}_{n\to\infty}\frac{1}{n}\sum_{i=1}^{n}\frac{\partial^2 \log f(\boldsymbol{y}_i|\boldsymbol{x}_i;\boldsymbol{\theta}_0)}{\partial \boldsymbol{\theta}\partial \boldsymbol{\theta}'}=\boldsymbol{D}'$$

ただし

$$\boldsymbol{D}'=\lim_{n\to\infty}\frac{1}{n}\sum_{i=1}^{n}\mathrm{E}\left[\frac{\partial^2 \log f(\boldsymbol{y}_i|\boldsymbol{x}_i;\boldsymbol{\theta}_0)}{\partial \boldsymbol{\theta}\partial \boldsymbol{\theta}'}\right]=\lim_{n\to\infty}\frac{1}{n}\mathrm{E}\left[\frac{\partial^2 \log L(\boldsymbol{\theta}_0;\boldsymbol{W})}{\partial \boldsymbol{\theta}\partial \boldsymbol{\theta}'}\right]$$

であり，$\boldsymbol{D}'=\boldsymbol{D}$ である．以上の結果と定理 7.3.1 を用いれば，

$$\sqrt{n}(\hat{\boldsymbol{\theta}}_{\mathrm{GMM}}-\boldsymbol{\theta}_0)\xrightarrow{D}\mathrm{N}(\boldsymbol{0},(\boldsymbol{D}\boldsymbol{S}^{-1}\boldsymbol{D}')^{-1})$$

といえる．p.48の情報行列の性質により

$$\boldsymbol{I}(\boldsymbol{\theta}_0)=-\mathrm{E}\left[\frac{\partial^2 \log L(\boldsymbol{\theta}_0;\boldsymbol{X})}{\partial \boldsymbol{\theta}\partial \boldsymbol{\theta}'}\right]=\mathrm{E}\left[\frac{\partial \log L(\boldsymbol{\theta}_0;\boldsymbol{X})}{\partial \boldsymbol{\theta}}\frac{\partial \log L(\boldsymbol{\theta}_0;\boldsymbol{X})}{\partial \boldsymbol{\theta}'}\right]$$

であるから，$\boldsymbol{D}=-\boldsymbol{S}$ が成立し，

17）2 行目の右辺を展開すると $\mathrm{E}\left[\frac{\partial \log f(\boldsymbol{y}_i|\boldsymbol{x}_i;\boldsymbol{\theta}_0)}{\partial \boldsymbol{\theta}}\frac{\partial \log f(\boldsymbol{y}_j|\boldsymbol{x}_j;\boldsymbol{\theta}_0)}{\partial \boldsymbol{\theta}'}\right]$ $(i\neq j)$ という項が出てくるが，$\boldsymbol{h}(\boldsymbol{w}_i;\boldsymbol{\theta}_0)$ には自己相関がないので，これらの項は $\boldsymbol{0}$ になる．

18）この式は，情報行列 $\boldsymbol{I}(\boldsymbol{\theta}_0)$ と $\boldsymbol{S}$ には $\boldsymbol{S}=\lim_{n\to\infty}\boldsymbol{I}(\boldsymbol{\theta}_0)/n$ の関係があることを意味している．

$$\hat{\boldsymbol{\theta}}_{\mathrm{GMM}} \overset{a}{\sim} \mathrm{N}(\boldsymbol{\theta}_0, [\boldsymbol{I}(\boldsymbol{\theta}_0)]^{-1})$$

のように最尤推定量の漸近分布が求まる．この漸近分布により，最尤推定量の漸近正規性および漸近効率性がわかる．

7.6 一般化モーメント法と疑似最尤法

最尤法において，モデルの確率分布の仮定が誤って特定化された場合を考えよう．ここでは単純な重回帰モデル

$$\boldsymbol{y} = \boldsymbol{X\beta} + \boldsymbol{u}$$

$\mathrm{E}[\boldsymbol{u}] = \boldsymbol{0}$，$\mathrm{V}[\boldsymbol{u}] = \sigma^2\boldsymbol{I}_n$ を考えよう．ただし，簡単化のために σ^2 は既知であるとする．このベクトル表現の第 i 要素を取り出せば，

$$y_i = \boldsymbol{x}_i'\boldsymbol{\beta} + u_i, \quad i = 1, \ldots, n$$

となる．ここで，u_i の真の分布は正規分布ではないにもかかわらず，正規分布であると仮定して尤度関数を

$$L(\boldsymbol{\beta}\,;\boldsymbol{y}) = \prod_{i=1}^{n} f(y_i \mid \boldsymbol{x}_i\,;\boldsymbol{\beta}) = \prod_{i=1}^{n} \frac{1}{\sqrt{2\pi}\,\sigma}\exp\left[-\frac{(y_i - \boldsymbol{x}_i'\boldsymbol{\beta})^2}{2\sigma^2}\right]$$

と特定化した場合を考えよう．このとき，前節の内容に照らし合わせて考えると，(7.5) 式より

$$\boldsymbol{h}(y_i, \boldsymbol{x}_i\,;\boldsymbol{\beta}) = \frac{\partial \log f(y_i \mid \boldsymbol{x}_i\,;\boldsymbol{\beta})}{\partial \boldsymbol{\beta}} = \frac{(y_i - \boldsymbol{x}_i'\boldsymbol{\beta})\boldsymbol{x}_i}{\sigma^2}$$

であるから，直交条件 $\mathrm{E}[\boldsymbol{h}(y_i, \boldsymbol{x}_i\,;\boldsymbol{\beta})] = \boldsymbol{0}$ は $\mathrm{E}[u_i\boldsymbol{x}_i] = \boldsymbol{0}$ を意味する．この直交条件は，u_i が正規分布に従うと仮定して導出されたものである．しかし実際には，u_i が正規分布に従わない場合でも，本書の4章までで用いられたモデルにおいてこの直交条件が成立するのは明らかである．したがって，この直交条件を用いてGMM推定を行えば，u_i が正規分布に従わない場合でも $\boldsymbol{\beta}$ の一致推定量が得られるはずである．実際にGMM推定量を求めれば，

$$\boldsymbol{g}_n(\boldsymbol{X}\,;\boldsymbol{\beta}) = \frac{1}{n}\sum_{i=1}^{n}\frac{(y_i - \boldsymbol{x}_i'\boldsymbol{\beta})\boldsymbol{x}_i}{\sigma^2} = \frac{1}{n}\frac{\boldsymbol{X}'(\boldsymbol{y} - \boldsymbol{X\beta})}{\sigma^2}$$

であるから，$\boldsymbol{\beta}$ のGMM推定量は $\hat{\boldsymbol{\beta}}_{\mathrm{GMM}} = (\boldsymbol{X}'\boldsymbol{X})^{-1}\boldsymbol{X}'\boldsymbol{y}$ となり，最小自乗推定量に一致することがわかる[19)]．最小自乗推定量の一致性には撹乱項が正規分布に従うという仮定は不要なので，確かに $\hat{\boldsymbol{\beta}}_{\mathrm{GMM}}$ は一致性を持つ．また，ここでは

$\mathrm{V}[\boldsymbol{u}] = \sigma^2\boldsymbol{I}_n$ であると仮定したが，実際にはこの仮定が成り立たず $\mathrm{V}[\boldsymbol{u}] = \sigma^2\boldsymbol{\Omega}$ であったとしても，$\hat{\boldsymbol{\theta}}_{\mathrm{GMM}}$ は最小自乗推定量に等しいので一致性を持つ[20]．

このように，モデルの確率分布が未知の場合でも，何らかの確率分布を仮定して最尤法を行えば，パラメータの一致推定量を得られる場合がある．この方法を**疑似最尤法（quasi maximum likelihood；QML）**という．

疑似最尤法による推定量は，上記のようにGMM推定量として解釈できるので，その分布は p.73で述べたように $\mathrm{N}(\boldsymbol{\theta}_0, (\hat{\boldsymbol{D}}\hat{\boldsymbol{S}}_n^{-1}\hat{\boldsymbol{D}}')^{-1}/n)$ で近似される．疑似最尤法においては，真の分布ではない分布に基づいて尤度関数が計算されているので，情報行列に関する

$$-\mathrm{E}\left[\frac{\partial^2 \log L(\boldsymbol{\theta}_0\,;\boldsymbol{X})}{\partial\boldsymbol{\theta}\partial\boldsymbol{\theta}'}\right] = \mathrm{E}\left[\frac{\partial \log L(\boldsymbol{\theta}_0\,;\boldsymbol{X})}{\partial\boldsymbol{\theta}}\frac{\partial \log L(\boldsymbol{\theta}_0\,;\boldsymbol{X})}{\partial\boldsymbol{\theta}'}\right]$$

という等式が成立しない．したがって，漸近分布が $\mathrm{N}(\boldsymbol{\theta}_0, [\boldsymbol{I}(\boldsymbol{\theta}_0)]^{-1})$ と単純化できないことに注意が必要である．例えば，先ほどの回帰モデルにおいて実際には $\mathrm{V}[\boldsymbol{u}] = \sigma^2\boldsymbol{\Omega}$ であった場合には，

$$\boldsymbol{g}_n(\boldsymbol{X};\boldsymbol{\beta}) = \frac{1}{n}\frac{\boldsymbol{X}'(\boldsymbol{y}-\boldsymbol{X}\boldsymbol{\beta})}{\sigma^2} = \frac{1}{n}\frac{\boldsymbol{X}'\boldsymbol{y}-\boldsymbol{X}'\boldsymbol{X}\boldsymbol{\beta}}{\sigma^2} = \frac{1}{n}\frac{\boldsymbol{X}'\boldsymbol{u}}{\sigma^2}$$

であるから，

$$\frac{\partial \boldsymbol{g}_n(\boldsymbol{X}\,;\boldsymbol{\beta})}{\partial\boldsymbol{\beta}'} = -\frac{1}{n}\frac{\boldsymbol{X}'\boldsymbol{X}}{\sigma^2} \xrightarrow{\mathrm{pr}} -\frac{1}{\sigma^2}\boldsymbol{M}_{XX}$$

である．しかし，

$$\sqrt{n}\,\boldsymbol{g}_n(\boldsymbol{X}\,;\boldsymbol{\beta}) = \frac{1}{\sigma^2}\frac{\boldsymbol{X}'\boldsymbol{u}}{\sqrt{n}}$$

については，$\mathrm{V}[\boldsymbol{u}] \neq \sigma^2\boldsymbol{I}_n$ であるために

$$\frac{1}{\sigma^2}\frac{\boldsymbol{X}'\boldsymbol{u}}{\sqrt{n}} \xrightarrow{D} \mathrm{N}\left(\boldsymbol{0}, \frac{1}{\sigma^2}\boldsymbol{M}_{XX}\right)$$

とはいえない．

19）7.1節も参照．
20）p.44参照．

第8章 大標本検定

これまでの章では，主にパラメータを推定する方法について説明してきた．しかし，実際の計量経済学の応用においては，パラメータを推定するとともに，パラメータに関する仮説を検定することが望まれる場合が多数存在する．本書の1.6節においては，最小自乗法を用いて線形制約を検定する方法を説明したが，この章ではより一般的な場合における検定方法を説明する．このような一般的な検定方法の導出には漸近理論が応用されるので，標本の大きさnが非常に大きいという仮定が必要になる．このことから，この章で説明する検定は大標本検定と呼ばれる．また，検定とは少し異なった内容ではあるが，情報量基準を用いたモデル選択についても説明する．

8.1 ワルド検定

$k\times 1$の未知パラメータのベクトル$\boldsymbol{\theta}$に関する制約

$$\mathrm{H}_0 : \boldsymbol{R}(\boldsymbol{\theta}) = \mathbf{0}$$

を検定することを考えよう．ただし$\boldsymbol{R}(\cdot)$は$r\times 1$，$\hat{\boldsymbol{\theta}}$は$\boldsymbol{\theta}$の無制約の推定量であり，$\sqrt{n}(\hat{\boldsymbol{\theta}}-\boldsymbol{\theta}) \xrightarrow{D} \mathrm{N}(\mathbf{0}, \boldsymbol{\Sigma})$を満たすものとする．$\hat{\boldsymbol{\theta}}$としては，最尤推定量やGMM推定量を用いることができる．$\boldsymbol{G}$を，H_0を満たす$\boldsymbol{\theta}$で$\partial\boldsymbol{R}(\boldsymbol{\theta})/\partial\boldsymbol{\theta}'$を評価した$r\times k$行列とすれば，2.6節で説明したデルタ法により

$$\sqrt{n}\boldsymbol{R}(\hat{\boldsymbol{\theta}}) \xrightarrow{D} \mathrm{N}(\mathbf{0}, \boldsymbol{G\Sigma G}')$$

がH_0の下で成立する．したがって，11.8節の行列と分布の性質③より

$$n\boldsymbol{R}(\hat{\boldsymbol{\theta}})'(\boldsymbol{G\Sigma G}')^{-1}\boldsymbol{R}(\hat{\boldsymbol{\theta}}) \xrightarrow{D} \chi^2(r)$$

が得られる．また，$\hat{\boldsymbol{\theta}} \xrightarrow{\text{pr}} \boldsymbol{\theta}$ であるから，スラツキーの定理により

$$\left.\frac{\partial \boldsymbol{R}(\boldsymbol{\theta})}{\partial \boldsymbol{\theta}'}\right|_{\boldsymbol{\theta}=\hat{\boldsymbol{\theta}}} = \frac{\partial \boldsymbol{R}(\hat{\boldsymbol{\theta}})}{\partial \boldsymbol{\theta}'} \xrightarrow{\text{pr}} \boldsymbol{G}$$

が成り立つ．このことを用いると，クラーメルの定理より

$$n\boldsymbol{R}(\hat{\boldsymbol{\theta}})'\left(\frac{\partial \boldsymbol{R}(\hat{\boldsymbol{\theta}})}{\partial \boldsymbol{\theta}'}\Sigma\left[\frac{\partial \boldsymbol{R}(\hat{\boldsymbol{\theta}})}{\partial \boldsymbol{\theta}'}\right]'\right)^{-1}\boldsymbol{R}(\hat{\boldsymbol{\theta}}) \xrightarrow{D} \chi^2(r)$$

となる．$\boldsymbol{\Sigma}$ は未知であるから，実際の応用では $\boldsymbol{\Sigma}$ を一致推定量で置き換える．$\hat{\boldsymbol{\theta}}$ として最尤推定量 $\hat{\boldsymbol{\theta}}$ を用いた場合には，$\boldsymbol{\Sigma} = \lim_{n\to\infty} [\boldsymbol{I}(\boldsymbol{\theta})/n]^{-1}$ であり[1]，$\hat{\boldsymbol{\theta}} \xrightarrow{\text{pr}} \boldsymbol{\theta}$ であるから，H_0 が正しいとき，

$$\begin{aligned}\mathrm{W} &= n\boldsymbol{R}(\hat{\boldsymbol{\theta}})'\left(\frac{\partial \boldsymbol{R}(\hat{\boldsymbol{\theta}})}{\partial \boldsymbol{\theta}'}\left[\frac{\boldsymbol{I}(\hat{\boldsymbol{\theta}})}{n}\right]^{-1}\left[\frac{\partial \boldsymbol{R}(\hat{\boldsymbol{\theta}})}{\partial \boldsymbol{\theta}'}\right]'\right)^{-1}\boldsymbol{R}(\hat{\boldsymbol{\theta}}) \\ &= \boldsymbol{R}(\hat{\boldsymbol{\theta}})'\left(\frac{\partial \boldsymbol{R}(\hat{\boldsymbol{\theta}})}{\partial \boldsymbol{\theta}'}[\boldsymbol{I}(\hat{\boldsymbol{\theta}})]^{-1}\left[\frac{\partial \boldsymbol{R}(\hat{\boldsymbol{\theta}})}{\partial \boldsymbol{\theta}'}\right]'\right)^{-1}\boldsymbol{R}(\hat{\boldsymbol{\theta}}) \xrightarrow{D} \chi^2(r) \qquad (8.1)\end{aligned}$$

となる．この性質を用いて帰無仮説 H_0：$\boldsymbol{R}(\boldsymbol{\theta}) = \boldsymbol{0}$ を対立仮説 H_1：$\boldsymbol{R}(\boldsymbol{\theta}) \neq \boldsymbol{0}$ に対して検定する方法を**ワルド検定**（**Wald test**）といい，W はワルド検定統計量と呼ばれる．H_0 が正しくなければ $\boldsymbol{R}(\hat{\boldsymbol{\theta}}) \neq \boldsymbol{0}$ であり，$\boldsymbol{R}(\hat{\boldsymbol{\theta}})$ が $\boldsymbol{0}$ から離れるほど W は大きな正の値をとることになる．したがって，W がカイ 2 乗分布の上側 $100\times\alpha$ パーセント点より大きければ，H_0 は有意水準 $100\times\alpha$ パーセントで棄却される．ワルド検定においては，無制約の推定量のみが必要とされる．ワルド検定は，無制約の推定量 $\hat{\boldsymbol{\theta}}$ を用いて，$\boldsymbol{R}(\hat{\boldsymbol{\theta}})$ が $\boldsymbol{0}$ に近いかどうかで検定を行う方法と考えることができる．

また，(8.1) 式を n で割ると

$$\frac{\mathrm{W}}{n} = \boldsymbol{R}(\hat{\boldsymbol{\theta}})'\left(\frac{\partial \boldsymbol{R}(\hat{\boldsymbol{\theta}})}{\partial \boldsymbol{\theta}'}\left[\frac{\boldsymbol{I}(\hat{\boldsymbol{\theta}})}{n}\right]^{-1}\left[\frac{\partial \boldsymbol{R}(\hat{\boldsymbol{\theta}})}{\partial \boldsymbol{\theta}'}\right]'\right)^{-1}\boldsymbol{R}(\hat{\boldsymbol{\theta}}) \qquad (8.2)$$

が得られるが，特定の仮定の下で

$$\left(\frac{\partial \boldsymbol{R}(\hat{\boldsymbol{\theta}})}{\partial \boldsymbol{\theta}'}\left[\frac{\boldsymbol{I}(\hat{\boldsymbol{\theta}})}{n}\right]^{-1}\left[\frac{\partial \boldsymbol{R}(\hat{\boldsymbol{\theta}})}{\partial \boldsymbol{\theta}'}\right]'\right) \xrightarrow{\text{pr}} \left(\frac{\partial \boldsymbol{R}(\boldsymbol{\theta})}{\partial \boldsymbol{\theta}'}\Sigma\left[\frac{\partial \boldsymbol{R}(\boldsymbol{\theta})}{\partial \boldsymbol{\theta}'}\right]'\right)$$

が成り立つ．さらに，H_0 が正しくないときには，$\boldsymbol{R}(\hat{\boldsymbol{\theta}}) \xrightarrow{\text{pr}} \boldsymbol{R}(\boldsymbol{\theta}) \neq \boldsymbol{0}$ が成立する．したがって，H_0 が正しくないときには，(8.2) 式は正の値に確率収束する．この

1）7章の脚注18を参照．

ことから，H_0 が正しくないとき，(8.1) 式のワルド検定統計量は $n \to \infty$ にしたがって無限大に発散することがわかる．これは，H_0 が正しくないときに H_0 が棄却される確率，つまり**検定力（power）**が，$n \to \infty$ にしたがって1に近づいていくことを意味する．このように，$n \to \infty$ のときに検定力が1になる検定を**一致性のある検定（consistent test）**という．

8.2 ラグランジュ乗数検定

ここで説明するラグランジュ乗数検定と，次節で説明する尤度比検定においては，説明および表記を容易にするために最尤法を用いた場合についてのみ考えるが，GMM 推定量およびより一般的な M 推定量を用いた場合についても同様の検定が存在する．

制約 H_0：$\boldsymbol{R}(\boldsymbol{\theta}) = \mathbf{0}$ の下での最尤推定量を求めるために，ラグランジュ関数

$$\mathcal{L}(\boldsymbol{\theta}) = \frac{1}{n}\log L(\boldsymbol{\theta}; \boldsymbol{W}) + [\boldsymbol{R}(\boldsymbol{\theta})]'\boldsymbol{\lambda}$$

を考えよう．ただし $[\boldsymbol{R}(\boldsymbol{\theta})]'$ は $\boldsymbol{R}(\boldsymbol{\theta})$ の転置であり，$\boldsymbol{\lambda}$ は $r \times 1$ のベクトルである．また，尤度関数 $L(\boldsymbol{\theta}) = L(\boldsymbol{\theta}; \boldsymbol{W})$ は7.5節と同様に定義されているものとする．制約付きの最尤推定量を求めるには，ラグランジュ関数を微分した

$$\frac{\partial \mathcal{L}(\boldsymbol{\theta})}{\partial \boldsymbol{\theta}} = \frac{1}{n}\frac{\partial \log L(\boldsymbol{\theta})}{\partial \boldsymbol{\theta}} + \frac{\partial [\boldsymbol{R}(\boldsymbol{\theta})]'}{\partial \boldsymbol{\theta}}\boldsymbol{\lambda}, \quad \frac{\partial \mathcal{L}(\boldsymbol{\theta})}{\partial \boldsymbol{\lambda}} = \boldsymbol{R}(\boldsymbol{\theta})$$

を $\mathbf{0}$ と置いて $\boldsymbol{\theta}$ と $\boldsymbol{\lambda}$ について解けばよい．得られた解を $\hat{\boldsymbol{\theta}}_R, \boldsymbol{\lambda}_R$ とすると

$$\frac{1}{n}\frac{\partial \log L(\hat{\boldsymbol{\theta}}_R)}{\partial \boldsymbol{\theta}} + \frac{\partial [\boldsymbol{R}(\hat{\boldsymbol{\theta}}_R)]'}{\partial \boldsymbol{\theta}}\boldsymbol{\lambda}_R = \mathbf{0}, \quad \boldsymbol{R}(\hat{\boldsymbol{\theta}}_R) = \mathbf{0} \tag{8.3}$$

が成り立つ．ここで $\partial \log L(\hat{\boldsymbol{\theta}}_R)/\partial \boldsymbol{\theta}$ および $\boldsymbol{R}(\hat{\boldsymbol{\theta}}_R)$ に平均値の定理を用いると

$$\frac{\partial \log L(\hat{\boldsymbol{\theta}}_R)}{\partial \boldsymbol{\theta}} = \frac{\partial \log L(\boldsymbol{\theta})}{\partial \boldsymbol{\theta}} + \frac{\partial^2 \log L(\boldsymbol{\theta}^*)}{\partial \boldsymbol{\theta} \partial \boldsymbol{\theta}'}(\hat{\boldsymbol{\theta}}_R - \boldsymbol{\theta})$$

$$\boldsymbol{R}(\hat{\boldsymbol{\theta}}_R) = \boldsymbol{R}(\boldsymbol{\theta}) + \frac{\partial \boldsymbol{R}(\boldsymbol{\theta}^\dagger)}{\partial \boldsymbol{\theta}'}(\hat{\boldsymbol{\theta}}_R - \boldsymbol{\theta})$$

が得られる．ただし微分記号 $\partial \boldsymbol{\theta}$ で用いられているもの以外の $\boldsymbol{\theta}$ は，関数を $\boldsymbol{\theta}$ の真の値で評価することを意味しており，$\boldsymbol{\theta}^*, \boldsymbol{\theta}^\dagger$ は真の $\boldsymbol{\theta}$ と $\hat{\boldsymbol{\theta}}_R$ の間の値である．H_0：$\boldsymbol{R}(\boldsymbol{\theta}) = \mathbf{0}$ が正しいものとして，この2式を上の2式に代入し，$\sqrt{n}$ を掛ける

と

$$\frac{1}{\sqrt{n}}\frac{\partial \log L(\boldsymbol{\theta})}{\partial \boldsymbol{\theta}}+\frac{1}{n}\frac{\partial^2 \log L(\boldsymbol{\theta}^*)}{\partial \boldsymbol{\theta}\partial \boldsymbol{\theta}'}\sqrt{n}(\hat{\boldsymbol{\theta}}_R-\boldsymbol{\theta})+\frac{\partial[\boldsymbol{R}(\hat{\boldsymbol{\theta}}_R)]'}{\partial \boldsymbol{\theta}}\sqrt{n}\boldsymbol{\lambda}_R=\mathbf{0}$$

$$\frac{\partial \boldsymbol{R}(\boldsymbol{\theta}^\dagger)}{\partial \boldsymbol{\theta}'}\sqrt{n}(\hat{\boldsymbol{\theta}}_R-\boldsymbol{\theta})=\mathbf{0}$$

となる．この2式を行列でまとめると

$$\begin{bmatrix} \frac{1}{n}\frac{\partial^2 \log L(\boldsymbol{\theta}^*)}{\partial \boldsymbol{\theta}\partial \boldsymbol{\theta}'} & \frac{\partial[\boldsymbol{R}(\hat{\boldsymbol{\theta}}_R)]'}{\partial \boldsymbol{\theta}} \\ \frac{\partial \boldsymbol{R}(\boldsymbol{\theta}^\dagger)}{\partial \boldsymbol{\theta}'} & \mathbf{0} \end{bmatrix}\begin{bmatrix} \sqrt{n}(\hat{\boldsymbol{\theta}}_R-\boldsymbol{\theta}) \\ \sqrt{n}\boldsymbol{\lambda}_R \end{bmatrix}=\begin{bmatrix} -\frac{1}{\sqrt{n}}\frac{\partial \log L(\boldsymbol{\theta})}{\partial \boldsymbol{\theta}} \\ \mathbf{0} \end{bmatrix} \tag{8.4}$$

と書ける．H_0 が正しいとき $\hat{\boldsymbol{\theta}}_R \xrightarrow{\text{pr}} \boldsymbol{\theta}$ であり，$\boldsymbol{\theta}^*, \boldsymbol{\theta}^\dagger$ は $\boldsymbol{\theta}$ と $\hat{\boldsymbol{\theta}}_R$ の間の値であるから，$\boldsymbol{\theta}^* \xrightarrow{\text{pr}} \boldsymbol{\theta}, \boldsymbol{\theta}^\dagger \xrightarrow{\text{pr}} \boldsymbol{\theta}$ が成立する．したがって，$\boldsymbol{D}, \boldsymbol{G}$ を前節および7.5節で定義した行列であるとすれば，一般的な条件の下で

$$\begin{bmatrix} \frac{1}{n}\frac{\partial^2 \log L(\boldsymbol{\theta}^*)}{\partial \boldsymbol{\theta}\partial \boldsymbol{\theta}'} & \frac{\partial[\boldsymbol{R}(\hat{\boldsymbol{\theta}}_R)]'}{\partial \boldsymbol{\theta}} \\ \frac{\partial \boldsymbol{R}(\boldsymbol{\theta}^\dagger)}{\partial \boldsymbol{\theta}'} & \mathbf{0} \end{bmatrix} \xrightarrow{\text{pr}} \begin{bmatrix} \boldsymbol{D} & \boldsymbol{G}' \\ \boldsymbol{G} & \mathbf{0} \end{bmatrix}$$

が成立する．

$$\begin{bmatrix} \boldsymbol{D} & \boldsymbol{G}' \\ \boldsymbol{G} & \mathbf{0} \end{bmatrix}^{-1}=\begin{bmatrix} \boldsymbol{A} & \boldsymbol{D}^{-1}\boldsymbol{G}'(\boldsymbol{G}\boldsymbol{D}^{-1}\boldsymbol{G}')^{-1} \\ (\boldsymbol{G}\boldsymbol{D}^{-1}\boldsymbol{G}')^{-1}\boldsymbol{G}\boldsymbol{D}^{-1} & -(\boldsymbol{G}\boldsymbol{D}^{-1}\boldsymbol{G}')^{-1} \end{bmatrix}$$

であることと[2)]（ただし $\boldsymbol{A}=\boldsymbol{D}^{-1}-\boldsymbol{D}^{-1}\boldsymbol{G}'(\boldsymbol{G}\boldsymbol{D}^{-1}\boldsymbol{G}')^{-1}\boldsymbol{G}\boldsymbol{D}^{-1}$），7.5節で導出したように

$$\frac{1}{\sqrt{n}}\frac{\partial \log L(\boldsymbol{\theta})}{\partial \boldsymbol{\theta}} \xrightarrow{D} \mathrm{N}(\mathbf{0}, \boldsymbol{S})$$

であること，およびクラーメルの定理を用いれば，(8.4) 式より

$$\begin{aligned} &\begin{bmatrix} \sqrt{n}(\hat{\boldsymbol{\theta}}_R-\boldsymbol{\theta}) \\ \sqrt{n}\boldsymbol{\lambda}_R \end{bmatrix} \\ &\overset{a}{\sim} \begin{bmatrix} \boldsymbol{D} & \boldsymbol{G}' \\ \boldsymbol{G} & \mathbf{0} \end{bmatrix}^{-1}\begin{bmatrix} -\frac{1}{\sqrt{n}}\frac{\partial \log L(\boldsymbol{\theta})}{\partial \boldsymbol{\theta}} \\ \mathbf{0} \end{bmatrix} \\ &\xrightarrow{D} \begin{bmatrix} \boldsymbol{A} & \boldsymbol{D}^{-1}\boldsymbol{G}'(\boldsymbol{G}\boldsymbol{D}^{-1}\boldsymbol{G}')^{-1} \\ (\boldsymbol{G}\boldsymbol{D}^{-1}\boldsymbol{G}')^{-1}\boldsymbol{G}\boldsymbol{D}^{-1} & -(\boldsymbol{G}\boldsymbol{D}^{-1}\boldsymbol{G}')^{-1} \end{bmatrix}\begin{bmatrix} -\boldsymbol{Z} \\ \mathbf{0} \end{bmatrix} \end{aligned} \tag{8.5}$$

2）右辺が左辺の逆行列になっていることは，実際に右辺と左辺を掛けて確認していただきたい．

が得られる．ただし $\boldsymbol{Z} \sim \mathrm{N}(\boldsymbol{0}, \boldsymbol{S})$ である．7.5 節で見たように $\boldsymbol{S} = -\boldsymbol{D}$ であるから，(8.5) 式の 2 行目の要素を利用すれば，

$$\begin{aligned}\sqrt{n}\boldsymbol{\lambda}_R &\xrightarrow{D} -(\boldsymbol{G}\boldsymbol{D}^{-1}\boldsymbol{G}')^{-1}\boldsymbol{G}\boldsymbol{D}^{-1}\boldsymbol{Z}\\ &\sim \mathrm{N}(\boldsymbol{0}, (\boldsymbol{G}\boldsymbol{D}^{-1}\boldsymbol{G}')^{-1}\boldsymbol{G}\boldsymbol{D}^{-1}\boldsymbol{S}\boldsymbol{D}^{-1}\boldsymbol{G}'(\boldsymbol{G}\boldsymbol{D}^{-1}\boldsymbol{G}')^{-1})\\ &= \mathrm{N}(\boldsymbol{0}, (\boldsymbol{G}\boldsymbol{S}^{-1}\boldsymbol{G}')^{-1})\end{aligned}$$

である．したがって，11.8 節の行列と分布の性質③により

$$n\boldsymbol{\lambda}_R'\boldsymbol{G}\boldsymbol{S}^{-1}\boldsymbol{G}'\boldsymbol{\lambda}_R \xrightarrow{D} \chi^2(r)$$

となる．この式と，(8.3) 式により

$$\frac{1}{n}\frac{\partial \log L(\hat{\boldsymbol{\theta}}_R)}{\partial \boldsymbol{\theta}} = -\frac{\partial[\boldsymbol{R}(\hat{\boldsymbol{\theta}}_R)]'}{\partial \boldsymbol{\theta}}\boldsymbol{\lambda}_R$$

であること，および H_0 の下で $\hat{\boldsymbol{\theta}}_R \xrightarrow{\mathrm{pr}} \boldsymbol{\theta}, \partial[\boldsymbol{R}(\hat{\boldsymbol{\theta}}_R)]'/\partial\boldsymbol{\theta} \xrightarrow{\mathrm{pr}} \boldsymbol{G}', \boldsymbol{S} = \lim_{n\to\infty}\boldsymbol{I}(\boldsymbol{\theta})/n$ であることを用いれば，

$$\mathrm{LM} = \left[\frac{\partial \log L(\hat{\boldsymbol{\theta}}_R)}{\partial \boldsymbol{\theta}}\right]'[\boldsymbol{I}(\hat{\boldsymbol{\theta}}_R)]^{-1}\left[\frac{\partial \log L(\hat{\boldsymbol{\theta}}_R)}{\partial \boldsymbol{\theta}}\right] \xrightarrow{D} \chi^2(r)$$

となる．この性質を利用する検定を，ラグランジュ乗数 $\boldsymbol{\lambda}_R$ を用いて検定統計量を導いていることから，**ラグランジュ乗数検定**（**Lagrange multiplier test；LM test**）と呼ぶ．LM 検定の場合もワルド検定と同様に，LM の値がカイ 2 乗分布の上側 $100\times\alpha$ パーセント点より大きければ H_0 を棄却する．LM 検定においては，制約付きの推定量 $\hat{\boldsymbol{\theta}}_R$ だけに基づいて検定統計量が計算される．したがって，制約を課すことにより推定が簡単になる場合は LM 検定を行えばよい．LM 検定は，$\mathrm{H}_0 : \boldsymbol{R}(\boldsymbol{\theta}) = \boldsymbol{0}$ が正しければ $\partial \log L(\hat{\boldsymbol{\theta}}_R)/\partial\boldsymbol{\theta}$ が $\boldsymbol{0}$ に近いはずであるという性質を用いた検定であると考えることもできる．$\partial \log L(\boldsymbol{\theta})/\partial\boldsymbol{\theta}$ をスコア（score）と呼ぶので，この検定方法はスコア検定（score test）と呼ばれることもある．

8.3 尤度比検定

前節の LM 検定においては，(8.5) 式から導かれる $\sqrt{n}\boldsymbol{\lambda}_R$ の漸近分布を利用して，検定統計量を構築した．しかし，同じ式から導かれる $\sqrt{n}(\hat{\boldsymbol{\theta}}_R - \boldsymbol{\theta})$ の分布は利用されていない．そこで，まず，$\sqrt{n}(\hat{\boldsymbol{\theta}}_R - \boldsymbol{\theta})$ の分布を考えよう．前節と同様の議論により，(8.5) 式から

$$\sqrt{n}(\hat{\boldsymbol{\theta}}_R - \boldsymbol{\theta}) \overset{a}{\sim} -\boldsymbol{A}\frac{1}{\sqrt{n}}\frac{\partial \log L(\boldsymbol{\theta})}{\partial \boldsymbol{\theta}} \tag{8.6}$$

である．また，無制約の最尤推定量 $\hat{\boldsymbol{\theta}}$ については，

$$\frac{\partial \log L(\hat{\boldsymbol{\theta}})}{\partial \boldsymbol{\theta}} = \mathbf{0}$$

に平均値の定理を用いると

$$\frac{\partial \log L(\hat{\boldsymbol{\theta}})}{\partial \boldsymbol{\theta}} = \frac{\partial \log L(\boldsymbol{\theta})}{\partial \boldsymbol{\theta}} + \frac{\partial^2 \log L(\boldsymbol{\theta}^*)}{\partial \boldsymbol{\theta} \partial \boldsymbol{\theta}'}(\hat{\boldsymbol{\theta}} - \boldsymbol{\theta}) = \mathbf{0} \tag{8.7}$$

が得られる．$\boldsymbol{\theta}^*$ は $\boldsymbol{\theta}$ と $\hat{\boldsymbol{\theta}}$ の間の値であり，$\hat{\boldsymbol{\theta}} \xrightarrow{\text{pr}} \boldsymbol{\theta}$ であることから $\boldsymbol{\theta}^* \xrightarrow{\text{pr}} \boldsymbol{\theta}$ が成立するので，

$$\frac{1}{n}\frac{\partial^2 \log L(\boldsymbol{\theta}^*)}{\partial \boldsymbol{\theta} \partial \boldsymbol{\theta}'} \xrightarrow{\text{pr}} \boldsymbol{D}$$

となる．よって，(8.7) 式に $\frac{1}{\sqrt{n}}\boldsymbol{D}^{-1}$ を掛けて整理すれば

$$\sqrt{n}(\hat{\boldsymbol{\theta}} - \boldsymbol{\theta}) \overset{a}{\sim} -\boldsymbol{D}^{-1}\frac{1}{\sqrt{n}}\frac{\partial \log L(\boldsymbol{\theta})}{\partial \boldsymbol{\theta}} \tag{8.8}$$

が得られる．(8.6) 式と (8.8) 式より

$$\begin{aligned}\sqrt{n}(\hat{\boldsymbol{\theta}}_R - \hat{\boldsymbol{\theta}}) &= \sqrt{n}[(\hat{\boldsymbol{\theta}}_R - \boldsymbol{\theta}) - (\hat{\boldsymbol{\theta}} - \boldsymbol{\theta})] \overset{a}{\sim} [\boldsymbol{D}^{-1} - \boldsymbol{A}]\frac{1}{\sqrt{n}}\frac{\partial \log L(\boldsymbol{\theta})}{\partial \boldsymbol{\theta}} \\ &= \boldsymbol{B}\frac{1}{\sqrt{n}}\frac{\partial \log L(\boldsymbol{\theta})}{\partial \boldsymbol{\theta}}\end{aligned}$$

となる．ただし，$\boldsymbol{A} = \boldsymbol{D}^{-1} - \boldsymbol{D}^{-1}\boldsymbol{G}'(\boldsymbol{G}\boldsymbol{D}^{-1}\boldsymbol{G}')^{-1}\boldsymbol{G}\boldsymbol{D}^{-1}$ であるから，

$$\boldsymbol{B} = \boldsymbol{D}^{-1} - \boldsymbol{A} = \boldsymbol{D}^{-1}\boldsymbol{G}'(\boldsymbol{G}\boldsymbol{D}^{-1}\boldsymbol{G}')^{-1}\boldsymbol{G}\boldsymbol{D}^{-1} = -\boldsymbol{S}^{-1}\boldsymbol{G}'(\boldsymbol{G}\boldsymbol{S}^{-1}\boldsymbol{G}')^{-1}\boldsymbol{G}\boldsymbol{S}^{-1}$$

である．

次に，$\log L(\hat{\boldsymbol{\theta}}_R)$ を $\hat{\boldsymbol{\theta}}$ の周りでテーラー展開すると，$\frac{\partial \log L(\hat{\boldsymbol{\theta}})}{\partial \boldsymbol{\theta}} = \mathbf{0}$ であるから

$$\log L(\hat{\boldsymbol{\theta}}_R) = \log L(\hat{\boldsymbol{\theta}}) + \frac{1}{2}(\hat{\boldsymbol{\theta}}_R - \hat{\boldsymbol{\theta}})'\frac{\partial^2 \log L(\boldsymbol{\theta}^\dagger)}{\partial \boldsymbol{\theta} \partial \boldsymbol{\theta}'}(\hat{\boldsymbol{\theta}}_R - \hat{\boldsymbol{\theta}}) \tag{8.9}$$

が得られる．$\boldsymbol{\theta}^\dagger$ は $\hat{\boldsymbol{\theta}}_R$ と $\hat{\boldsymbol{\theta}}$ の間の値であるが，H_0 が正しいときには $\hat{\boldsymbol{\theta}}_R$，$\hat{\boldsymbol{\theta}}$ ともに $\boldsymbol{\theta}$ の一致推定量となるので，$\boldsymbol{\theta}^\dagger \xrightarrow{\text{pr}} \boldsymbol{\theta}$ となり，

$$\frac{1}{n}\frac{\partial^2 \log L(\boldsymbol{\theta}^\dagger)}{\partial \boldsymbol{\theta} \partial \boldsymbol{\theta}'} \xrightarrow{\text{pr}} \boldsymbol{D}$$

が成立する．$\boldsymbol{S}=-\boldsymbol{D}$ は対称な正値定符号行列であるから，$\boldsymbol{S}^{1/2}$ を $\boldsymbol{S}=\boldsymbol{S}^{1/2}\boldsymbol{S}^{1/2}$ であるような対称行列とすると，(8.9) 式より

$$\begin{aligned}
&2\left[\log L(\hat{\boldsymbol{\theta}})-\log L(\hat{\boldsymbol{\theta}}_{\boldsymbol{R}})\right]\\
&\quad=-\sqrt{n}(\hat{\boldsymbol{\theta}}_{\boldsymbol{R}}-\hat{\boldsymbol{\theta}})'\frac{1}{n}\frac{\partial^2\log L(\boldsymbol{\theta}^{\dagger})}{\partial\boldsymbol{\theta}\partial\boldsymbol{\theta}'}\sqrt{n}(\hat{\boldsymbol{\theta}}_{\boldsymbol{R}}-\hat{\boldsymbol{\theta}})\\
&\quad\overset{a}{\sim}\left(\boldsymbol{B}\frac{1}{\sqrt{n}}\frac{\partial\log L(\boldsymbol{\theta})}{\partial\boldsymbol{\theta}}\right)'\boldsymbol{S}\left(\boldsymbol{B}\frac{1}{\sqrt{n}}\frac{\partial\log L(\boldsymbol{\theta})}{\partial\boldsymbol{\theta}}\right)\\
&\quad=\left(\boldsymbol{S}^{-1/2}\frac{1}{\sqrt{n}}\frac{\partial\log L(\boldsymbol{\theta})}{\partial\boldsymbol{\theta}}\right)'\boldsymbol{S}^{1/2}\boldsymbol{B}'\boldsymbol{S}\boldsymbol{B}\boldsymbol{S}^{1/2}\left(\boldsymbol{S}^{-1/2}\frac{1}{\sqrt{n}}\frac{\partial\log L(\boldsymbol{\theta})}{\partial\boldsymbol{\theta}}\right)
\end{aligned}$$

となる．ここで

$$\boldsymbol{S}^{-1/2}\frac{1}{\sqrt{n}}\frac{\partial\log L(\boldsymbol{\theta})}{\partial\boldsymbol{\theta}}\xrightarrow{D}\mathrm{N}(\boldsymbol{0},\boldsymbol{I}_k)$$

であり，$\boldsymbol{B}$ の定義により

$$\boldsymbol{S}^{1/2}\boldsymbol{B}'\boldsymbol{S}\boldsymbol{B}\boldsymbol{S}^{1/2}=\boldsymbol{S}^{-1/2}\boldsymbol{G}'(\boldsymbol{G}\boldsymbol{S}^{-1}\boldsymbol{G}')^{-1}\boldsymbol{G}\boldsymbol{S}^{-1/2}$$

と書ける．この行列は対称なべき等行列であるから，定理 10.9.2 によりランクとトレースが等しく，

$$\begin{aligned}
&\mathrm{rank}(\boldsymbol{S}^{-1/2}\boldsymbol{G}'(\boldsymbol{G}\boldsymbol{S}^{-1}\boldsymbol{G}')^{-1}\boldsymbol{G}\boldsymbol{S}^{-1/2})=\mathrm{trace}(\boldsymbol{S}^{-1/2}\boldsymbol{G}'(\boldsymbol{G}\boldsymbol{S}^{-1}\boldsymbol{G}')^{-1}\boldsymbol{G}\boldsymbol{S}^{-1/2})\\
&\quad=\mathrm{trace}(\boldsymbol{G}\boldsymbol{S}^{-1/2}\boldsymbol{S}^{-1/2}\boldsymbol{G}'(\boldsymbol{G}\boldsymbol{S}^{-1}\boldsymbol{G}')^{-1})=\mathrm{trace}(\boldsymbol{I}_r)=r
\end{aligned}$$

である．したがって，11.8 節の行列と分布の性質5により，H_0 の下で

$$\mathrm{LR}=2\left[\log L(\hat{\boldsymbol{\theta}})-\log L(\hat{\boldsymbol{\theta}}_{\boldsymbol{R}})\right]\xrightarrow{D}\chi^2(r)$$

が成立する．

$$\mathrm{LR}-2\left[\log L(\hat{\boldsymbol{\theta}})-\log L(\hat{\boldsymbol{\theta}}_{\boldsymbol{R}})\right]=-2\log\left(\frac{L(\hat{\boldsymbol{\theta}}_{\boldsymbol{R}})}{L(\hat{\boldsymbol{\theta}})}\right)$$

であるから，この検定方法は，尤度比（尤度関数の，無制約の最大値 $L(\hat{\boldsymbol{\theta}})$ に対する制約下の最大値 $L(\hat{\boldsymbol{\theta}}_{\boldsymbol{R}})$ の比）

$$\frac{L(\hat{\boldsymbol{\theta}}_{\boldsymbol{R}})}{L(\hat{\boldsymbol{\theta}})}$$

に基づいて検定を行っていることになる．このことから，この検定方法を**尤度比検定**（**likelihood ratio test；LR test**）といい，LR を尤度比検定統計量と呼ぶ．

尤度関数が正であることと，尤度関数の最大値は，制約がない場合の方が制約がある場合より大きいことを考えると，尤度比について

$$0 \leqq \frac{L(\hat{\boldsymbol{\theta}}_R)}{L(\hat{\boldsymbol{\theta}})} \leqq 1$$

が成り立つ．尤度比検定の場合もワルド検定，ラグランジュ乗数検定の場合と同様に，LR の値がカイ 2 乗分布の上側 $100 \times \alpha$ パーセント点より大きければ H_0 を棄却する．尤度比検定は，制約 $H_0 : \boldsymbol{R}(\boldsymbol{\theta}) = \boldsymbol{0}$ が正しければ，尤度比が 1 に近いはずであるという性質を用いて検定を行う方法である．尤度比検定統計量の定義から明らかなように，尤度比検定においては，制約付きの推定量と無制約の推定量の両方が必要となる．

8.4　大標本検定の選択

ここまで見てきたように，Wald 検定，LM 検定，LR 検定の検定統計量はいずれも，帰無仮説 $H_0 : \boldsymbol{R}(\boldsymbol{\theta}) = \boldsymbol{0}$ が正しいときに，自由度が制約の数に等しいカイ 2 乗分布に漸近的に従う．

次に，帰無仮説が正しくない場合を考えよう．ここでは，帰無仮説が $\boldsymbol{R}(\boldsymbol{\theta}_0) = \boldsymbol{0}$ を満たすような $\boldsymbol{\theta}_0$ を用いて $H_0 : \boldsymbol{\theta} = \boldsymbol{\theta}_0$ で与えられるのに対し，対立仮説が

$$H_1 : \boldsymbol{\theta} = \boldsymbol{\theta}_0 + \frac{\boldsymbol{\kappa}}{\sqrt{n}}, \quad \boldsymbol{\kappa} \neq \boldsymbol{0} \qquad (8.10)$$

で与えられていたとする[3]．このような対立仮説の下で，Wald 検定，LM 検定，LR 検定の検定統計量は全て同一の分布に分布収束することが示される[4]．したがって，n が十分大きければ，Wald 検定，LM 検定，LR 検定のいずれを用いても得られる結果は同等であり，どの検定でも一致性のある検定を行うことができる．

実際の問題における検定の選択方法としては，以下のような方法が考えられる．

3）この対立仮説における $\boldsymbol{\theta}$ の値は，$n \to \infty$ のときに帰無仮説の値に近づいていく．このような対立仮説を局所対立仮説（local alternative hypothesis）と呼ぶ．（8.2）式で見たように，$\boldsymbol{R}(\hat{\boldsymbol{\theta}}) \xrightarrow{pr} \boldsymbol{R}(\boldsymbol{\theta}) \neq \boldsymbol{0}$ であれば検定統計量は $n \to \infty$ のときに無限大に発散する．しかし，局所対立仮説を用いた場合には，対立仮説の下でも検定統計量が分布収束し，漸近的な検定力の比較等の分析を行うことができる．

4）証明については，例えば Davidson, J.（2000）*Econometric Theory*, Blackwell Publishers の 12.4.2 項を参照．

◆ 無制約の推定量と制約付きの推定量の両方が計算できる場合
　　⇒ 尤度比検定
◆ 無制約の推定量は計算できるが，制約付きの推定量の計算が困難である場合
　　⇒ ワルド検定
◆ 無制約の推定量の計算が困難であるが，制約付きの推定量は計算できる場合
　　⇒ ラグランジュ乗数検定

つまり，無制約の推定量も制約付きの推定量も計算できるのであれば，両方を用いる尤度比検定を用いればよい．制約付きの推定量を計算するのが困難であれば，無制約の推定量だけで検定を行えるワルド検定を用いればよい．また，パラメータに制約を課すということは，未知パラメータの個数を減少させることを意味する．したがって，無制約のモデルを推定することは困難であるが，制約を導入した結果，未知パラメータが減少してモデルの推定が簡単になるような場合には，ラグランジュ乗数検定を用いればよい．

8.5 情報量基準に基づくモデル選択

計量経済学においては，真のモデルが既知である場合はまずないといってよい．したがって，分析者は候補になる複数のモデルを考え，何らかの基準に基づいてどのモデルが妥当であるかを判断することになる．モデル選択でよく用いられる方法の一つとして，1.4節で紹介した自由度修正済み決定係数 $\bar{R}^2$ が1に近くなるようにモデルを選択する，という方法がある．以下では，自由度修正済み決定係数以外のモデル選択の基準として，**情報量基準（information criterion）**について説明する．

情報量基準にはいくつかの型があるが，ここではよく用いられる**赤池の情報量基準（Akaike information criterion；AIC）**，**Schwarz Bayesian information criterion（SBIC）**と**Hannan-Quinn information criterion（HQIC）**を挙げておく．AIC, SBIC, HQIC はそれぞれ次のように定義される．

$$\mathrm{AIC} = -2\log L(\hat{\boldsymbol{\theta}})+2k$$
$$\mathrm{SBIC} = -2\log L(\hat{\boldsymbol{\theta}})+k\log n$$
$$\mathrm{HQIC} = -2\log L(\hat{\boldsymbol{\theta}})+2k\log\log n$$

ただし，$L(\cdot)$ は尤度関数，$\hat{\boldsymbol{\theta}}$ は $\boldsymbol{\theta}$ の最尤推定量，n は標本の大きさ，k はモデルに含まれる未知パラメータの数である．

これらの情報量基準は全て，対数尤度関数を最尤推定量で評価した値 $\log L(\hat{\boldsymbol{\theta}})$ に基づいて計算されている．対数尤度関数が大きいということは，モデルによってデータがうまく説明されているということを意味している．したがって，情報量基準が小さい方が良いモデルであると考えることができる．しかし，モデルに説明変数を加えると，対数尤度関数の値は通常増加するので[5)]，新たな説明変数を加えることに関するペナルティーが必要になる．それぞれの情報量基準の右辺第 2 項はこのペナルティーを表す項であり，説明変数を加えるごとにペナルティーは増加する．情報量基準に基づくモデル選択では，候補になるモデルに対してこれらの情報量基準を計算し，その値が最小になるモデルを選択することになる．

ここでは，上記 3 つの情報量基準を一般化して，次のような情報量基準を考える．

$$C(\hat{\boldsymbol{\theta}}) = -2\log L(\hat{\boldsymbol{\theta}}) + k\phi(n) \tag{8.11}$$

$\phi(n)$ は n の単調非減少関数で，$\phi(n) \geqq 0$，$\lim_{n\to\infty}\phi(n) = \infty$，$\lim_{n\to\infty}\frac{\phi(n)}{n} = 0$ を満たすとする[6)]．この情報量基準に基づいて，次の 2 つのモデルⒶ，Ⓑを比較することを考えよう．

[A] k_1+k_2 個の未知パラメータを持つモデル（つまり $\boldsymbol{\theta}$ は $(k_1+k_2)\times 1$ のベクトル）

[B] k_1 個の未知パラメータを持つモデル（モデル[A]に含まれる説明変数のうち k_2 個を除外するために，$\boldsymbol{\theta}$ の要素の中で，除外する説明変数に対応する k_2 個の係数を 0 と置いたモデル）

モデル[B]は[A]に制約を課したものであるから，モデル[B]における $\boldsymbol{\theta}$ の最尤推定量を $\hat{\boldsymbol{\theta}}_R$ と表し，モデル[A]における最尤推定量を $\hat{\boldsymbol{\theta}}$ と表すことにする．モデル[A]と

5）1.4 節で述べたように，線形回帰モデルに新たな説明変数を加えると，残差 2 乗和が減少することを思い出すとよい．

6）AIC の場合には，$\phi(n) = 2$ となるので，$\lim_{n\to\infty}\phi(n) = \infty$ という条件を満たさない．この条件を満たさないことによる影響は後に述べる．

モデルⒷを比較するために，それぞれのモデルから計算される（8.11）式の値の差を計算すると

$$C(\hat{\boldsymbol{\theta}}_{\boldsymbol{R}})-C(\hat{\boldsymbol{\theta}}) = 2[\log L(\hat{\boldsymbol{\theta}})-\log L(\hat{\boldsymbol{\theta}}_{\boldsymbol{R}})]-k_2\phi(n) \tag{8.12}$$

となる．この関係を用いて，モデルⒶ，Ⓑのどちらかが真の場合に，情報量基準によってモデル選択を行うとどのような結果が得られるのかを分析しよう．

モデルⒶが真の場合

まず，モデルⒶが正しく，モデルⒷでは必要な説明変数が誤って除外されている場合を考えよう．（8.12）式の両辺をnで割ると

$$\frac{C(\hat{\boldsymbol{\theta}}_{\boldsymbol{R}})-C(\hat{\boldsymbol{\theta}})}{n} = \frac{2[\log L(\hat{\boldsymbol{\theta}})-\log L(\hat{\boldsymbol{\theta}}_{\boldsymbol{R}})]}{n}-k_2\frac{\phi(n)}{n}$$

であるが，右辺の第2項は$\lim_{n\to\infty}\frac{\phi(n)}{n}=0$という仮定により，$n$を十分大きくすることによっていくらでも0に近づけることができる．これに対し，8.3節で説明した尤度比検定統計量を用いると，第1項はLR/nに等しい．厳密な導出は行わないが，8.4節で説明したように尤度比検定統計量とWald検定統計量は漸近的に同等であり，モデルⒷに課された制約は正しくないので，（8.2）式が正の値に確率収束するのと同様に，LR/nも正の値に確率収束する．したがって，nが十分大きいときには

$$C(\hat{\boldsymbol{\theta}}_{\boldsymbol{R}}) > C(\hat{\boldsymbol{\theta}})$$

が成立する．このことから，nが十分大きいときに，（8.11）式の情報量基準が小さくなるようにモデル選択を行えば，モデルⒶが真のモデルである場合に正しいモデルを選択できることになる．

モデルⒷが真の場合

次に，先ほどとは逆で，モデルⒷが真のモデルである場合を考えよう．このような場合，モデルⒶは余分な説明変数を含んでいると考えられる．この場合には，最尤推定量の一致性により，余分なパラメータについては0に近い推定値が得られるだけであり，モデルⒶが真であるのにモデルⒷを用いてしまった場合よりも弊害は少ない．しかし，余分なパラメータを含めて推定することは，推定の精度を悪化さ

せることになるので，モデル選択の観点からはモデルⒷを選択したいのは当然のことである．

モデルⒷで課されている制約は正しいので，尤度比検定統計量の性質により，(8.12) 式の右辺第1項は $n \to \infty$ にしたがってカイ2乗分布に分布収束し，有限の実現値をとる．これに対し，第2項は $-\infty$ へと発散していくので，十分大きい n に対して

$$C(\hat{\boldsymbol{\theta}}_R) < C(\hat{\boldsymbol{\theta}})$$

が成立する．したがって，この場合には，余分なパラメータを含んでいないモデルⒷが選択されることになる．

以上のことから，候補になるモデルが真のモデルを含んでいる場合，(8.11) 式が最小の値をとるようにモデル選択を行えば，n が十分大きいときに，必要な変数を除外することなく，不要な変数は除外できるような選択を行えることになる．このような性質を，情報量基準に基づくモデル選択の**一致性**（**consistency**）と呼ぶ．AIC に関しては，$\phi(n) = 2$ であり，$\lim_{n\to\infty} \phi(n) = \infty$ という仮定を満たしていないので，一致性を持たない[7)]．同様に，自由度修正済み決定係数 $\bar{R}^2$ に基づくモデル選択も，このような一致性を持たない．しかしながら，現実の問題においては，$\bar{R}^2$, AIC どちらも良好な結果を得られることが多く，頻繁に用いられる指標となっている．

7）これまでの議論からもわかるように，n が十分大きいときに，AIC は過小なモデルを選択する（モデルⒶが真であるのにモデルⒷを選択する）ことはないが，過大なモデルを選択する（モデルⒷが真であるのにモデルⒶを選択する）傾向がある．しかし，本文でも述べたとおり，この場合には余分なパラメータの推定値が0に近い値をとるだけなので，過小なモデルを選択するよりも弊害は少ない．

II

計量経済学に必要な数学・数理統計学の基礎

第9章 数学公式および定理

9.1 2項定理

$(a+b)^n$ について

$$(a+b)^n = \sum_{k=0}^{n} {}_nC_k a^k b^{n-k}$$

が成立する．ただし ${}_nC_x = \frac{n!}{x!(n-x)!}$ である．この関係を**2項定理**と呼ぶ．例えば，$n=2,3$ とすれば，

$$(a+b)^2 = a^2+2ab+b^2,\quad (a+b)^3 = a^3+3a^2b+3ab^2+b^3$$

となることが確認できる．

9.2 ロピタルの定理

$\lim_{x\to a} f(x) = \lim_{x\to a} g(x) = 0$ かつ $x=a$ の近くで $f(x)$，$g(x)$ はともに微分可能で $g'(x) \neq 0$ のとき，

$$\lim_{x\to a}\frac{f(x)}{g(x)} = \lim_{x\to a}\frac{f'(x)}{g'(x)}$$

が成り立つ．この定理は**ロピタル（l'Hôpital）の定理**と呼ばれる．この定理の条件において，「$\lim_{x\to a} f(x) = \lim_{x\to a} g(x) = 0$」を「$\lim_{x\to a} f(x) = \lim_{x\to a} g(x) = \infty$」と置き換えてもかまわない．また，「$x\to a$」のかわりに「$x\to\infty$」または「$x\to-\infty$」と置き換えてもかまわない．証明は省略する．

[例] e を自然対数の底として，$(e^x)' = e^x$ および $(\log x)' = 1/x$ を用いると

$$\lim_{x\to\infty}\frac{x}{e^x} = \lim_{x\to\infty}\frac{1}{e^x} = 0, \quad \lim_{x\to\infty}\frac{\log x}{x} = \lim_{x\to\infty}\frac{1}{x} = 0$$

9.3 制約下の極大・極小

$f(x,y)=0$ という条件の下で関数 $g(x,y)$ の極値を求めることを考えよう．$f(x,y)=0$ を y について解いたものを $y=\phi(x)$ とすると，$g(x,y)=g(x,\phi(x))$ が極値を持つための必要条件は

$$\frac{dg(x,\phi(x))}{dx} = \frac{\partial g(x,y)}{\partial x} + \frac{\partial g(x,y)}{\partial y}\phi'(x) = 0$$

で与えられる．また，恒等式 $f(x,\phi(x))=0$ の両辺を x で偏微分すると

$$\frac{\partial f(x,y)}{\partial x} + \frac{\partial f(x,y)}{\partial y}\phi'(x) = 0$$

である．したがって，

$$\frac{\partial f(x,y)}{\partial x} : \frac{\partial f(x,y)}{\partial y} = \frac{\partial g(x,y)}{\partial x} : \frac{\partial g(x,y)}{\partial y}$$

が満たされなければならない．

この関係は，**ラグランジュ（Lagrange）の乗数法**を用いると，以下のような条件に置き換えることができる．まず，x, y, λ の関数

$$\mathscr{L}(x,y,\lambda) = g(x,y) + \lambda f(x,y)$$

を考える．$\mathscr{L}(x,y,\lambda)$ はラグランジュ関数，λ はラグランジュ乗数と呼ばれる．ラグランジュ関数が極値をとるような x, y, λ を求めよう．そのためには

$$\frac{\partial \mathscr{L}}{\partial x} = \frac{\partial g(x,y)}{\partial x} + \lambda\frac{\partial f(x,y)}{\partial x} = 0, \quad \frac{\partial \mathscr{L}}{\partial y} = \frac{\partial g(x,y)}{\partial y} + \lambda\frac{\partial f(x,y)}{\partial y} = 0, \quad \frac{\partial \mathscr{L}}{\partial \lambda} = f(x,y) = 0$$

が満たされなければならない．はじめの 2 つの方程式から $\frac{\partial f(x,y)}{\partial x} : \frac{\partial f(x,y)}{\partial y} = \frac{\partial g(x,y)}{\partial x} : \frac{\partial g(x,y)}{\partial y}$ が導かれる．3 つ目の式は制約条件を表す．このことから，制約下での極値を求めたい場合には，ラグランジュ関数を変数とラグランジュ乗数について偏微分して，それぞれの式が 0 になるような変数の値を求めればよいということ

になる。

ラグランジュ乗数法は次のように拡張できる。n 変数の関数 $g(x_1, x_2, \ldots, x_n)$ の極値を，m ($m < n$) 本の条件式

$$f_i(x_1, x_2, \ldots, x_n) = 0, \quad i = 1, 2, \ldots, m$$

の下で求めるためには，$m+n$ 変数の関数

$$\mathscr{L}(x_1, x_2, \ldots, x_n, \lambda_1, \lambda_2, \ldots, \lambda_m) = g(x_1, x_2, \ldots, x_n) + \sum_{i=1}^{m} \lambda_i f_i(x_1, x_2, \ldots, x_n)$$

が極値を持つような $x_1, x_2, \ldots, x_n$ および $\lambda_1, \lambda_2, \ldots, \lambda_m$ を求めればよい．

[例] $x^2+y^2=1$ という条件の下で $g(x, y) = 2x+y$ の極値を求めよう．ラグランジュ関数

$$\mathscr{L} = 2x+y+\lambda(x^2+y^2-1)$$

を x, y, λ で微分して

$$\frac{\partial \mathscr{L}}{\partial x} = 2+\lambda \cdot 2x = 0, \quad \frac{\partial \mathscr{L}}{\partial y} = 1+\lambda \cdot 2y = 0, \quad \frac{\partial \mathscr{L}}{\partial \lambda} = x^2+y^2-1 = 0$$

はじめの 2 つの式からそれぞれ $x = -1/\lambda, y = -1/2\lambda$ が得られる．これを 3 本目の式に代入すると

$$\frac{1}{\lambda^2} + \frac{1}{4\lambda^2} = 1$$

であるから $\lambda = \pm\frac{\sqrt{5}}{2}$ が得られる．したがって，$\lambda = \frac{\sqrt{5}}{2}$（つまり $x = -\frac{2}{\sqrt{5}}$, $y = -\frac{1}{\sqrt{5}}$）のときの値 $2x+y = -\sqrt{5}$ と，$\lambda = -\frac{\sqrt{5}}{2}$（つまり $x = \frac{2}{\sqrt{5}}, y = \frac{1}{\sqrt{5}}$）のときの値 $2x+y = \sqrt{5}$ が，それぞれ $2x+y$ の極小値および極大値となる．

9.4 テーラー展開

関数 $f(x)$ が a, x を含む閉区間で n 回微分可能ならば

$$f(x) = f(a) + \frac{f'(a)}{1!}(x-a) + \frac{f''(a)}{2!}(x-a)^2 + \cdots + \frac{f^{(n-1)}(a)}{(n-1)!}(x-a)^{n-1} + \frac{f^{(n)}(\xi)}{n!}(x-a)^n$$

を満たす ξ が a と x の間に存在する．ただし，$f^n(a)$ は $f(x)$ を n 回微分した関数を $x=a$ で評価したものである．この関係は**テーラー（Taylor）の定理**と呼ばれ

る．テーラーの定理で $a=0$ と置けば，$f(x)$ が $0, x$ を含む区間で n 回微分可能ならば

$$f(x)=f(0)+\frac{f'(0)}{1!}x+\frac{f''(0)}{2!}x^2+\cdots+\frac{f^{(n-1)}(0)}{(n-1)!}x^{n-1}+\frac{f^{(n)}(\xi)}{n!}x^n$$

を満たす ξ が 0 と x の間に存在するということになる．これを**マクローリン（Maclaurin）の定理**と呼ぶ．

テーラーの定理より，$f(x)$ が a, x を含む閉区間で何回でも微分可能ならば

$$\begin{aligned}f(x)&=f(a)+\frac{f'(a)}{1!}(x-a)+\frac{f''(a)}{2!}(x-a)^2+\cdots+\frac{f^{(n)}(a)}{n!}(x-a)^n+\cdots\\&=\sum_{n=0}^{\infty}\frac{f^{(n)}(a)}{n!}(x-a)^n\end{aligned}$$

が成り立つ．このような展開を $f(x)$ の a の周りの**テーラー展開（Taylor expansion）**と呼ぶ．特に $a=0$ とすれば

$$\begin{aligned}f(x)&=f(0)+\frac{f'(0)}{1!}x+\frac{f''(0)}{2!}x^2+\cdots+\frac{f^{(n)}(0)}{n!}x^n+\cdots\\&=\sum_{n=0}^{\infty}\frac{f^{(n)}(0)}{n!}x^n\end{aligned}$$

が成り立つ．このように $a=0$ の周りでのテーラー展開を**マクローリン展開（Maclaurin expansion）**と呼ぶ．

[例] e を自然対数の底として，$e^0=1$ と $(e^x)'=e^x$ を用いると，e^x のマクローリン展開は

$$e^x=1+x+\frac{x^2}{2!}+\cdots+\frac{x^n}{n!}+\cdots=\sum_{n=0}^{\infty}\frac{x^n}{n!}$$

となる．

また，$\sin 0=0, \cos 0=1$ および $(\sin x)'=\cos x, (\cos x)'=-\sin x$ を用いると

$$\sin x=x-\frac{x^3}{3!}+\frac{x^5}{5!}+\cdots+(-1)^n\frac{x^{2n+1}}{(2n+1)!}+\cdots=\sum_{n=0}^{\infty}(-1)^n\frac{x^{2n+1}}{(2n+1)!}$$

$$\cos x=1-\frac{x^2}{2!}+\frac{x^4}{4!}+\cdots+(-1)^n\frac{x^{2n}}{(2n)!}+\cdots=\sum_{n=0}^{\infty}(-1)^n\frac{x^{2n}}{(2n)!}$$

が成り立つ．

e^x のマクローリン展開において，x を ix（ただし $i=\sqrt{-1}$ ）で置き換えると

$$e^{ix}=1+ix-\frac{x^2}{2!}-i\frac{x^3}{3!}+\cdots+i^n\frac{x^n}{n!}+\cdots$$

上の式で奇数番目に現れる項と偶数番目に現れる項ごとにまとめ，$\sin x$ と $\cos x$ のマクローリン展開と比較すると，

$$e^{ix}=1-\frac{x^2}{2!}+\frac{x^4}{4!}+\cdots+i\left(x-\frac{x^3}{3!}+\frac{x^5}{5!}+\cdots\right)$$

$$=\sum_{n=0}^{\infty}(-1)^n\frac{x^{2n}}{(2n)!}+i\sum_{n=0}^{\infty}(-1)^n\frac{x^{2n+1}}{(2n+1)!}=\cos x+i\sin x$$

が得られる．$e^{ix}=\cos x+i\sin x$ は**オイラーの関係式**（**Euler's formula**）と呼ばれる．

9.5 平均値の定理

テーラーの定理において，$n=1$ の場合を考えれば

$$f(x)=f(a)+f'(\xi)(x-a)$$

となる．ただし，ξ は a と x の間の値である．$x=b$ と置き換えてこの式を変形すれば

$$\frac{f(b)-f(a)}{b-a}=f'(\xi)$$

となる ξ が a と b の間に存在することになる．

この左辺は，$f(x)$ の a から b までの平均変化率を表している．これに対し，右辺の $f'(\xi)$ は $f(x)$ の点 $x=\xi$ における接線の傾き，言い換えれば瞬間変化率を表している．つまり，この式は，$f(x)$ が a, b を含む閉区間で微分可能であれば，$f(x)$ の a から b までの平均変化率が瞬間変化率に等しくなる ξ が，a と b の間（つまり $a<\xi<b$ ）に少なくとも一つ存在することを意味する．この関係を**平均値の定理**（**mean-value theorem**）と呼ぶ．テイラーの定理および平均値の定理については，x がベクトルの場合でも同様の定理が成立する．

例えば，$\boldsymbol{x}$ が $l\times1$ のベクトル，$\boldsymbol{f}(\boldsymbol{x})$ が $m\times1$ のベクトル値関数の場合には，

$$\boldsymbol{f}(\boldsymbol{b})-\boldsymbol{f}(\boldsymbol{a})=\left.\frac{\partial \boldsymbol{f}(\boldsymbol{x})}{\partial \boldsymbol{x}'}\right|_{\boldsymbol{x}=\boldsymbol{c}}(\boldsymbol{b}-\boldsymbol{a})$$

が成立するような $\boldsymbol{c}$ が $\boldsymbol{a}$ と $\boldsymbol{b}$ の間に存在する（$\frac{\partial \boldsymbol{f}(\boldsymbol{x})}{\partial \boldsymbol{x}'}$ については10.11節の行列を用いた微分法，およびp.30を参照）．

9.6　部分積分法

$f(x), g(x)$ が閉区間 $[a, b]$ で微分可能で，さらに導関数 $f'(x), g'(x)$ が連続ならば（つまり，$f(x), g(x)$ が**連続微分可能**であれば）

$$\int f(x)g'(x)dx=f(x)g(x)-\int f'(x)g(x)dx$$

および

$$\int_a^b f(x)g'(x)dx=[f(x)g(x)]_a^b-\int_a^b f'(x)g(x)dx$$

が成立する．この方法を**部分積分法**と呼ぶ．

[証明] 積の微分の公式より

$$\frac{d}{dx}[f(x)g(x)]=f'(x)g(x)+f(x)g'(x)$$

である．この式の両辺を x で積分すると

$$f(x)g(x)=\int f'(x)g(x)dx+\int f(x)g'(x)dx$$

したがって

$$\int f(x)g'(x)dx=f(x)g(x)-\int f'(x)g(x)dx$$

となる．定積分についても同様である．■

[例] $(e^x)'=e^x, (x)'=1$ であるから

$$\int xe^x dx=xe^x-\int 1\cdot e^x dx=(x-1)e^x+C$$

同様に，$(x)' = 1, (\log x)' = \frac{1}{x}$ であるから

$$\int \log x\,dx = \int 1 \cdot \log x\,dx = x\log x - \int x\frac{1}{x}\,dx = x\log x - x + C$$

となる．ただし，C は積分定数である．

9.7 積分の変数変換（置換積分法）

$f(x)$ は $[a, b]$ で連続な関数であるとし，$x = \phi(t)$ は $[\alpha, \beta]$ で連続微分可能で，$\phi(\alpha) = a, \phi(\beta) = b$ であるとする．このとき

$$\int_a^b f(x)dx = \int_\alpha^\beta f(\phi(t))\phi'(t)\,dt$$

が成り立つ．また，これを不定積分で表せば

$$\int f(x)dx = \int f(\phi(t))\phi'(t)dt, \quad x = \phi(t)$$

となる．この方法を**置換積分法**と呼ぶ．

[証明] $F(x) = \int f(x)dx$ と置けば $\frac{dF(x)}{dx} = f(x)$ である．したがって，$x = \phi(t)$ と変数変換して得られた合成関数 $F(\phi(t))$ を合成関数の微分の公式を用いて t で微分すると

$$\frac{dF(\phi(t))}{dt} = \frac{dF(x)}{dx}\frac{d\phi(t)}{dt} = f(x)\phi'(t) = f(\phi(t))\phi'(t)$$

となる．この式を t で積分すると

$$F(\phi(t)) = \int f(\phi(t))\phi'(t)dt$$

が得られる．定積分については，上の結果を用いると

$$\int_a^b f(x)dx = [F(x)]_a^b = [F(\phi(t))]_\alpha^\beta = \int_\alpha^\beta f(\phi(t))\phi'(t)dt$$

となる．■

置換積分の公式については，“$\phi'(t)dt$”の部分を，「$\frac{dx}{dt} = \phi'(t)$ であるから $\phi'(t)dt = \frac{dx}{dt}dt = dx$ となり，もとの積分と一緒になる」と考えると覚えやすい．

[例] $n \neq -1, a \neq 0$ に対して

$$\int (ax+b)^n dx$$

を計算する．$t = ax+b$ とすれば $x = \frac{t-b}{a}$ であるから $\frac{dx}{dt} = \frac{1}{a}$ となる．したがって

$$\int (ax+b)^n dx = \int t^n \frac{1}{a} dt = \frac{1}{a}\frac{t^{n+1}}{n+1} = \frac{(ax+b)^{n+1}}{a(n+1)}$$

となる．右辺を x で微分すると $(ax+b)^n$ が得られ，この積分が正しいことが確認できる．

以上の手順をまとめると次のようになる．

1 どのような変数変換をするか決める．上の例では $t = ax+b$ という変数変換を用いている．

2 もとの変数を，置換した新しい変数を用いて表す．上の例ではもとの変数 x を，新しい変数 t を用いて $x = \frac{t-b}{a}$ と表している．

3 上記2で求めた関係の両辺を新しい変数で微分する．上の例では $\frac{dx}{dt}$ を求めている．

4 上記3で求めた微係数を被積分関数に掛けて，新しい変数で積分する．上の例では，被積分関数 $(ax+b)^n = t^n$ に $\frac{dx}{dt} = \frac{1}{a}$ を掛けて t で積分している．

定積分で変数変換を行う場合には，積分範囲も変数変換によって変化することに注意が必要である．

次に多変数の場合（重積分）の変数変換を考える（重積分の場合の証明は省略する）．まず2変数の場合については以下のような関係が成立する．

x-y 平面上の領域 D と u-v 平面上の領域 E との間に1対1の対応

$$x = \psi(u, v), \quad y = \phi(u, v)$$

があって，これらが u, v について連続偏微分可能ならば

$$\iint_D f(x, y)dxdy = \iint_E f(\psi(u, v), \phi(u, v))\,|J|\,dudv$$

となる．ただし J は**ヤコビアン（Jacobian）**

$$J = \begin{vmatrix} \frac{\partial x}{\partial u} & \frac{\partial x}{\partial v} \\ \frac{\partial y}{\partial u} & \frac{\partial y}{\partial v} \end{vmatrix} = \frac{\partial x}{\partial u}\frac{\partial y}{\partial v} - \frac{\partial x}{\partial v}\frac{\partial y}{\partial u}$$

であり，$|\boldsymbol{A}|$ は行列 $\boldsymbol{A}$ の行列式を意味する．

さらに多変数の場合は次のようになる．n 次元の領域 D における積分

$$I = \iint\cdots\int_D f(x_1, x_2, \ldots, x_n)dx_1dx_2\cdots dx_n$$

において，n 個の積分変数 $x_1, x_2, \ldots, x_n$ を n 個の新しい変数 $y_1, y_2, \ldots, y_n$ に1対1に変換したとする．また，この変換によって D が移された領域を E とする．$y_1, y_2, \ldots, y_n$ の関数 $x_1(y_1, \ldots, y_n), x_2(y_1, \ldots, y_n), \ldots, x_n(y_1, \ldots, y_n)$ が E で連続な偏微分を持つならば，

$$I = \iint\cdots\int_E f(x_1(\boldsymbol{y}), x_2(\boldsymbol{y}), \ldots, x_n(\boldsymbol{y}))\times|J|dy_1dy_2\cdots dy_n$$

となる．ただし，$x_i(\boldsymbol{y}) = x_i(y_1, y_2, \ldots, y_n)$ で，J は n 次の行列式

$$J = \begin{vmatrix} \frac{\partial x_1}{\partial y_1} & \frac{\partial x_1}{\partial y_2} & \cdots & \frac{\partial x_1}{\partial y_n} \\ \frac{\partial x_2}{\partial y_1} & \frac{\partial x_2}{\partial y_2} & \cdots & \frac{\partial x_2}{\partial y_n} \\ \vdots & \vdots & \ddots & \vdots \\ \frac{\partial x_n}{\partial y_1} & \frac{\partial x_n}{\partial y_2} & \cdots & \frac{\partial x_n}{\partial y_n} \end{vmatrix}$$

で定義されるヤコビアンである[1)]．

以上の重積分の場合の変数変換は，1変数の場合の置換積分の一般化であり，実際の計算も1変数の場合と同様のステップで行うことができる．実際の計算のステップは以下のようになる．

---

1 どのような変数変換をするか決める．

2 もとの変数 $(x_1, x_2, \ldots, x_n)$ を，置換した新しい変数 $(y_1, y_2, \ldots, y_n)$ を用いて表す．

3 上記2で求めた関係の両辺を新しい変数で微分する．ただし，新しい変数は複数あるので，それぞれの変数 $(y_1, y_2, \ldots, y_n)$ で偏微分する．1変数の場合は微分するだけであったが，多変数の場合はヤコビアンを求める．

1）ベクトルを用いて $\boldsymbol{x}(\boldsymbol{y}) = [x_1(\boldsymbol{y})\ x_2(\boldsymbol{y}) \cdots x_n(\boldsymbol{y})]', \boldsymbol{y} = [y_1\ y_2 \cdots y_n]'$ とすれば，ヤコビアンは $J = \left|\frac{\partial \boldsymbol{x}(\boldsymbol{y})}{\partial \boldsymbol{y}'}\right|$ と書き表すことができる．

④ 上記③で求めたヤコビアンの絶対値を被積分関数に掛けて，新しい変数で積分する．積分範囲は新しい変数の範囲 E になる．

[例] $D=\{(x,y)\,|\,x^2+y^2 \leqq a^2\}$ として

$$\iint_D \sqrt{a^2-x^2-y^2}\,dxdy$$

の値を求める．これは半径 a の球の上半分の体積である．

$x=r\cos\theta, y=r\sin\theta$ と変数変換を行う（この (r,θ) を点 (x,y) の**極座標**と呼ぶ）．もとの変数 x,y はすでに新しい変数 r,θ で表されており，ヤコビアンは

$$J=\begin{vmatrix}\frac{\partial x}{\partial r} & \frac{\partial x}{\partial \theta} \\ \frac{\partial y}{\partial r} & \frac{\partial y}{\partial \theta}\end{vmatrix}=\begin{vmatrix}\cos\theta & -r\sin\theta \\ \sin\theta & r\cos\theta\end{vmatrix}=r\cos^2\theta+r\sin^2\theta=r$$

となる．また，D に対応する r,θ の範囲は $\{(r,\theta)\,|\,0 \leqq r \leqq a, 0 \leqq \theta \leqq 2\pi\}$ であり，(x,y) と (r,θ) は明らかに 1 対 1 に対応している．したがって

$$\iint_D \sqrt{a^2-x^2-y^2}\,dxdy=\int_0^a\int_0^{2\pi}\sqrt{a^2-r^2\sin^2\theta-r^2\cos^2\theta}\,|J|\,d\theta dr$$

$$=\int_0^a\int_0^{2\pi}\sqrt{a^2-r^2}\,rd\theta dr=\int_0^a\sqrt{a^2-r^2}\,rdr\underbrace{\int_0^{2\pi}d\theta}_{2\pi}$$

$$=2\pi\int_0^a(a^2-r^2)^{\frac{1}{2}}rdr=2\pi\left[-\frac{1}{3}(a^2-r^2)^{\frac{3}{2}}\right]_0^a=2\pi\frac{(a^2)^{\frac{3}{2}}}{3}=\frac{2}{3}\pi a^3$$

となる．3 行目の第 1 式から第 2 式への積分は，3 行目の第 2 式の括弧内を r で微分すると 3 行目第 1 式の被積分関数が得られることにより確認できる．このことから半径 a の半球の体積は $\frac{2}{3}\pi a^3$，したがって半径 a の球の体積は $\frac{4}{3}\pi a^3$ であることがわかる．

9.8 ガンマ関数とベータ関数

ガンマ関数（gamma function）とは

$$\Gamma(s)=\int_0^\infty x^{s-1}e^{-x}dx, \quad s>0$$

で定義される関数である．ガンマ関数は $s>0$ に対して存在する（積分が収束する）ことが知られている．

ガンマ関数には $\Gamma(s+1)=s\Gamma(s)$ となる性質があることが知られている．

[証明] ガンマ関数の定義と，9.6節の記号で $f(x)=x^{s+1-1}=x^s, g'(x)=e^{-x}$ とした部分積分を利用すると，

$$\Gamma(s+1)=\int_0^\infty x^{s+1-1}e^{-x}dx=\underbrace{\left[-x^{s+1-1}e^{-x}\right]_0^\infty}_{0}+\underbrace{\int_0^\infty sx^{s-1}e^{-x}dx}_{s\Gamma(s)}=s\Gamma(s) \blacksquare$$

また，

$$\Gamma(1)=\int_0^\infty x^{1-1}e^{-x}dx=\left[-e^{-x}\right]_0^\infty=1$$

であるから，

$$\Gamma(2)=\Gamma(1+1)=1\cdot\Gamma(1)=1$$

であり，同様の計算を繰り返すことにより

$$\Gamma(n+1)=n\Gamma(n)=n(n-1)\Gamma(n-1)=n(n-1)(n-2)\cdots 1=n!$$

という性質が得られる．

ベータ関数（beta function）は

$$B(p,q)=\int_0^1 x^{p-1}(1-x)^{q-1}dx,\quad p,q>0$$

で定義される．$p,q>0$ のとき，この積分は収束することが知られている．

ベータ関数とガンマ関数には次のような関係がある．

$$B(a,b)=\frac{\Gamma(a)\Gamma(b)}{\Gamma(a+b)}$$

[証明] ガンマ関数の定義から

$$\Gamma(a)\Gamma(b)=\int_0^\infty x^{a-1}e^{-x}dx\int_0^\infty y^{b-1}e^{-y}dy=\int_0^\infty\int_0^\infty x^{a-1}y^{b-1}e^{-(x+y)}dxdy$$

となる．この式において $u=x+y, v=\frac{x}{y}$ と変数変換をすると，それぞれの式から $x=u-y, x=yv$ が得られるので $yv=u-y$ となり，$y=\frac{u}{1+v}$ が得られる．この関係を用いれば $x=yv=\frac{uv}{1+v}$ となる．したがって，ヤコビアンは

$$J=\begin{vmatrix}\frac{\partial x}{\partial u} & \frac{\partial x}{\partial v}\\ \frac{\partial y}{\partial u} & \frac{\partial y}{\partial v}\end{vmatrix}=\begin{vmatrix}\frac{v}{1+v} & \frac{u(1+v)-uv}{(1+v)^2}\\ \frac{1}{1+v} & \frac{-u}{(1+v)^2}\end{vmatrix}=-\frac{uv}{(1+v)^3}-\frac{u}{(1+v)^3}=-\frac{u(1+v)}{(1+v)^3}=-\frac{u}{(1+v)^2}$$

であるから，

$$\begin{aligned}&\int_0^\infty\int_0^\infty x^{a-1}y^{b-1}e^{-(x+y)}dxdy\\&=\int_0^\infty\int_0^\infty\left(\frac{uv}{1+v}\right)^{a-1}\left(\frac{u}{1+v}\right)^{b-1}e^{-u}\left|-\frac{u}{(1+v)^2}\right|dudv\\&=\int_0^\infty\int_0^\infty\frac{u^{a-1+b-1+1}v^{a-1}}{(1+v)^{a-1+b-1+2}}e^{-u}dudv=\int_0^\infty\int_0^\infty\frac{u^{a+b-1}v^{a-1}}{(1+v)^{a+b}}e^{-u}dudv\\&=\int_0^\infty\frac{v^{a-1}}{(1+v)^{a+b}}\underbrace{\int_0^\infty u^{a+b-1}e^{-u}du}_{\Gamma(a+b)}dv=\Gamma(a+b)\int_0^\infty\frac{v^{a-1}}{(1+v)^{a+b}}dv\end{aligned}$$

となる．さらに$t=\frac{v}{1+v}$と変数変換をすれば$v=\frac{t}{1-t}$であるから，$\frac{dv}{dt}=\frac{(1-t)-t(-1)}{(1-t)^2}=\frac{1}{(1-t)^2}$となる．また，$v$が0から$\infty$へと増加するとき，$t$は0から1へと増加することと，$1+v=\frac{1}{1-t}$を用いれば

$$\begin{aligned}\int_0^\infty\frac{v^{a-1}}{(1+v)^{a+b}}dv&=\int_0^1\frac{\left(\frac{t}{1-t}\right)^{a-1}}{\left(\frac{1}{1-t}\right)^{a+b}}\frac{1}{(1-t)^2}dt\\&=\int_0^1 t^{a-1}(1-t)^{a+b-(a-1)-2}dt=\int_0^1 t^{a-1}(1-t)^{b-1}dt=B(a,b)\end{aligned}$$

が得られる．以上の結果をまとめると

$$\Gamma(a)\Gamma(b)=\Gamma(a+b)B(a,b)$$

となるので

$$B(a,b)=\frac{\Gamma(a)\Gamma(b)}{\Gamma(a+b)}$$

が得られる．■

上の関係式で$a=b=\frac{1}{2}$とすると$\left\{\Gamma\left(\frac{1}{2}\right)\right\}^2=\Gamma(1)B\left(\frac{1}{2},\frac{1}{2}\right)$であるが，ベータ関数の定義により，

$$B\left(\frac{1}{2},\frac{1}{2}\right)=\int_0^1 x^{\frac{1}{2}-1}(1-x)^{\frac{1}{2}-1}dx=\int_0^1 x^{-\frac{1}{2}}(1-x)^{-\frac{1}{2}}dx$$

である．ここで $x=\sin^2\theta$ と変数変換を行えば，$\frac{dx}{d\theta}=2\sin\theta\cos\theta$ であり，x が 0 から 1 へと増加するようにするためには，θ を 0 から $\frac{\pi}{2}$ へと増加させればよい．このとき，$\sin\theta\geqq 0, \cos\theta\geqq 0$ であるから

$$\begin{aligned}&\int_0^1 x^{-\frac{1}{2}}(1-x)^{-\frac{1}{2}}dx\\&=\int_0^{\frac{\pi}{2}}(\sin^2\theta)^{-\frac{1}{2}}\underbrace{(1-\sin^2\theta)}_{\cos^2\theta}{}^{-\frac{1}{2}}2\sin\theta\cos\theta\,d\theta\\&=2\int_0^{\frac{\pi}{2}}\frac{\sin\theta\cos\theta}{\sin\theta\cos\theta}\,d\theta=2\int_0^{\frac{\pi}{2}}d\theta=2[\theta]_0^{\frac{\pi}{2}}=\pi\end{aligned}$$

となる．したがって

$$\left\{\Gamma\left(\frac{1}{2}\right)\right\}^2=\Gamma(1)B\left(\frac{1}{2},\frac{1}{2}\right)=\pi$$

であり，ガンマ関数の値は明らかに非負なので $\Gamma\left(\frac{1}{2}\right)=\sqrt{\pi}$ となる．この結果も，ガンマ関数のよく用いられる性質のひとつである．

第10章 ベクトルと行列

10.1 行列の定義

$m \times n$ **行列**（**matrix**）は，次のように m 行 n 列に並べられた数字の配列である．

$$\boldsymbol{A} = \begin{bmatrix} a_{11} & a_{12} & \cdots & a_{1n} \\ a_{21} & a_{22} & \cdots & a_{2n} \\ \vdots & \vdots & \ddots & \vdots \\ a_{m1} & a_{m2} & \cdots & a_{mn} \end{bmatrix}$$

$n = 1$，つまり A が1列のみからなる場合，$\boldsymbol{A}$ は**列ベクトル**（**column vector**）であるという．同様に，$m = 1$ の場合，$\boldsymbol{A}$ は**行ベクトル**（**row vector**）であるという．また，$n = m = 1$ の場合，つまりただ1つの数の場合を**スカラー**（**scalar**）という．

$\boldsymbol{A}$ が $m \times n$ 行列であることを表すときに

$$\underset{m \times n}{\boldsymbol{A}}$$

と書き表す場合がある．

行列を第 i 行 j 列の**要素**（**成分**；**element**），つまり (i, j) 要素を用いて

$$\boldsymbol{A} = [a_{ij}]$$

と表すことができる．

10.2 行列の演算

10.2.1 等号

同じ次数の２つの行列 $\boldsymbol{A}=[a_{ij}], \boldsymbol{B}=[b_{ij}]$ において，対応する要素が全て等しい，つまり

$$a_{ij}=b_{ij}$$

が全ての i, j について成り立つとき，$\boldsymbol{A}$ と $\boldsymbol{B}$ は等しいといい，

$$\boldsymbol{A}=\boldsymbol{B}$$

と書く．$\boldsymbol{A}$ と $\boldsymbol{B}$ が等しくないとき，$\boldsymbol{A} \neq \boldsymbol{B}$ と書く．

10.2.2 加法

２つの行列 $m \times n$ 行列の和は，各要素の和によって定義される．つまり，

$$\begin{bmatrix} a_{11} & a_{12} & \cdots & a_{1n} \\ a_{21} & a_{22} & \cdots & a_{2n} \\ \vdots & \vdots & \ddots & \vdots \\ a_{m1} & a_{m2} & \cdots & a_{mn} \end{bmatrix} + \begin{bmatrix} b_{11} & b_{12} & \cdots & b_{1n} \\ b_{21} & b_{22} & \cdots & b_{2n} \\ \vdots & \vdots & \ddots & \vdots \\ b_{m1} & b_{m2} & \cdots & b_{mn} \end{bmatrix}$$

$$= \begin{bmatrix} a_{11}+b_{11} & a_{12}+b_{12} & \cdots & a_{1n}+b_{1n} \\ a_{21}+b_{21} & a_{22}+b_{22} & \cdots & a_{2n}+b_{2n} \\ \vdots & \vdots & \ddots & \vdots \\ a_{m1}+b_{m1} & a_{m2}+b_{m2} & \cdots & a_{mn}+b_{mn} \end{bmatrix}$$

である．より簡単に

$$\boldsymbol{A}+\boldsymbol{B}=[a_{ij}+b_{ij}]$$

と書くこともできる．２つの行列の行数と列数が一致しない場合には，行列の和は定義できない．同様に，２つの行列の差は

$$\boldsymbol{A}-\boldsymbol{B}=[a_{ij}-b_{ij}]$$

で定義される．

10.2.3　スカラー倍

$\boldsymbol{A}=[a_{ij}]$ とスカラー c の積 $c\boldsymbol{A}$ は，$\boldsymbol{A}$ の全ての要素を c 倍したものを要素として持つ行列であると定義される．つまり

$$c\boldsymbol{A}=[ca_{ij}]=\begin{bmatrix} ca_{11} & \cdots & ca_{1n} \\ \vdots & \ddots & \vdots \\ ca_{m1} & \cdots & ca_{mn} \end{bmatrix}$$

である．

これまでの演算の定義から，次のような性質が成立することが容易に示される．

[1] $\boldsymbol{A}+\boldsymbol{B}=\boldsymbol{B}+\boldsymbol{A}$

[2] $\boldsymbol{A}+(\boldsymbol{B}+\boldsymbol{C})=(\boldsymbol{A}+\boldsymbol{B})+\boldsymbol{C}=\boldsymbol{A}+\boldsymbol{B}+\boldsymbol{C}$

[3] $(c+d)\boldsymbol{A}=c\boldsymbol{A}+d\boldsymbol{A}$

[4] $c(\boldsymbol{A}+\boldsymbol{B})=c\boldsymbol{A}+c\boldsymbol{B}$

1 番目の性質を交換則，2 番目を結合則，3 番目と 4 番目を分配則と呼ぶ．

10.2.4　乗法

2 つの行列 $\boldsymbol{A}$ と $\boldsymbol{B}$ の積は，$\boldsymbol{A}$ の列の数と $\boldsymbol{B}$ の行の数が等しいときにのみ定義することができる．$\boldsymbol{AB}=\boldsymbol{C}=[c_{ij}]$ と書くと，$\boldsymbol{C}$ の (i,j) 要素 c_{ij} は，$\boldsymbol{A}$ の i 行の要素と $\boldsymbol{B}$ の j 列の要素の積和を用いて次のように定義される．

$$c_{ij}=a_{i1}b_{1j}+a_{i2}b_{2j}+\cdots+a_{in}b_{nj}=\sum_{k=1}^{n}a_{ik}b_{kj}$$

したがって，$\boldsymbol{A}$ を $m\times n$ 行列，$\boldsymbol{B}$ を $n\times q$ 行列とすれば $\boldsymbol{C}=\boldsymbol{AB}$ は

$$\begin{bmatrix} c_{11} & \cdots & \cdots & \cdots & c_{1q} \\ \vdots & & & & \vdots \\ c_{i1} & \cdots & \boxed{c_{ij}} & \cdots & c_{iq} \\ \vdots & & & & \vdots \\ c_{m1} & \cdots & \cdots & \cdots & c_{mq} \end{bmatrix}=\begin{bmatrix} a_{11} & \cdots & a_{1n} \\ \vdots & & \vdots \\ \hline a_{i1} & \cdots & a_{in} \\ \hline \vdots & & \vdots \\ a_{m1} & \cdots & a_{mn} \end{bmatrix}\left[\begin{array}{c|c|c} b_{11} \ \cdots & b_{1j} & \cdots \ b_{1q} \\ \vdots & \vdots & \vdots \\ b_{n1} \ \cdots & b_{nj} & \cdots \ b_{nq} \end{array}\right]$$

であり，$\boldsymbol{C}$ の (i,j) 要素 c_{ij} は $\boldsymbol{A}$ の第 i 行ベクトルと $\boldsymbol{B}$ の第 j 列ベクトルの**内積**（**inner product**）であると考えることができる．つまり，右辺の線で挟まれたベ

クトルの内積が，左辺の四角で囲まれた要素の値になる．以上の計算からわかるように，$m\times n$ 行列と $n\times q$ 行列の積は $m\times q$ 行列になる．このことは，

$$\underset{\overline{m}\times\overline{q}}{\mathbf{C}} = \underset{\overline{m}\times\underline{n}}{\mathbf{A}}\ \underset{\underline{n}\times\overline{q}}{\mathbf{B}}$$

のように書ける．したがって，$\boldsymbol{C}$ の行数と列数は，上部に線を引いたように，m と q で決まることになる．また，下線を引いたように n が同一になっていなければ，行列の積は定義できない．

[例]

$$\boldsymbol{A}=\begin{bmatrix} 2 & 3 & 1 \\ -1 & 0 & 1 \end{bmatrix},\quad \boldsymbol{B}=\begin{bmatrix} 6 & 5 \\ -1 & 1 \\ 0 & 2 \end{bmatrix}$$

のとき

$$\boldsymbol{AB}=\begin{bmatrix} 2(6)+3(-1)+1(0) & 2(5)+3(1)+1(2) \\ -1(6)+0(-1)+1(0) & -1(5)+0(1)+1(2) \end{bmatrix}=\begin{bmatrix} 9 & 15 \\ -6 & -3 \end{bmatrix}$$

行列の積に関しては交換則は成立しない．つまり，2つの行列 $\boldsymbol{A}, \boldsymbol{B}$ については，一般に $\boldsymbol{AB} \neq \boldsymbol{BA}$ となる．$\boldsymbol{AB}$ は定義されても，$\boldsymbol{BA}$ は定義されないかもしれないし，仮に定義されても，行や列の数が異なることがある．さらに，仮に行と列の数が同一であっても，$\boldsymbol{AB}=\boldsymbol{BA}$ とは限らない．積 $\boldsymbol{AB}$ は $\boldsymbol{A}$ を $\boldsymbol{B}$ の左から掛ける，または $\boldsymbol{B}$ を $\boldsymbol{A}$ の右から掛けると表現される．

[例]

$$\boldsymbol{A}=\begin{bmatrix} 1 \\ 2 \\ 0 \end{bmatrix},\quad \boldsymbol{B}=[3\ \ 1\ \ 5]$$

のとき

$$\boldsymbol{AB}=\begin{bmatrix} 1 \\ 2 \\ 0 \end{bmatrix}[3\ \ 1\ \ 5]=\begin{bmatrix} 3 & 1 & 5 \\ 6 & 2 & 10 \\ 0 & 0 & 0 \end{bmatrix},\quad \boldsymbol{BA}=[3\ \ 1\ \ 5]\begin{bmatrix} 1 \\ 2 \\ 0 \end{bmatrix}=[5]$$

上の例のように，行列の積に関しては交換則は成り立たないが，結合則および分配則は成り立つ．つまり

$$\boldsymbol{A}(\boldsymbol{B}\boldsymbol{C}) = (\boldsymbol{A}\boldsymbol{B})\boldsymbol{C} = \boldsymbol{A}\boldsymbol{B}\boldsymbol{C}$$
$$\boldsymbol{A}(\boldsymbol{B}+\boldsymbol{C}) = \boldsymbol{A}\boldsymbol{B}+\boldsymbol{A}\boldsymbol{C}$$
$$(\boldsymbol{A}+\boldsymbol{B})(\boldsymbol{C}+\boldsymbol{D}) = \boldsymbol{A}(\boldsymbol{C}+\boldsymbol{D})+\boldsymbol{B}(\boldsymbol{C}+\boldsymbol{D})$$

が成立する．ただし，上記の計算において，行列の積が全て定義されるとする．

10.2.5　行列の分割

1つの行列を2つ以上の行列である**小行列**（**sub-matrix**）に分割した場合にも，これまでに説明した演算を応用することができる．例えば，$\boldsymbol{A}$ と $\boldsymbol{B}$ の要素をそれぞれ

$$\boldsymbol{A} = \begin{bmatrix} \boldsymbol{A}_{11} & \boldsymbol{A}_{12} \\ \boldsymbol{A}_{21} & \boldsymbol{A}_{22} \end{bmatrix}, \quad \boldsymbol{B} = \begin{bmatrix} \boldsymbol{B}_{11} & \boldsymbol{B}_{12} \\ \boldsymbol{B}_{21} & \boldsymbol{B}_{22} \end{bmatrix}$$

のように分割したとする．このとき

$$\boldsymbol{A}+\boldsymbol{B} = \begin{bmatrix} \boldsymbol{A}_{11}+\boldsymbol{B}_{11} & \boldsymbol{A}_{12}+\boldsymbol{B}_{12} \\ \boldsymbol{A}_{21}+\boldsymbol{B}_{21} & \boldsymbol{A}_{22}+\boldsymbol{B}_{22} \end{bmatrix}$$

$$\boldsymbol{A}\boldsymbol{B} = \begin{bmatrix} \boldsymbol{A}_{11}\boldsymbol{B}_{11}+\boldsymbol{A}_{12}\boldsymbol{B}_{21} & \boldsymbol{A}_{11}\boldsymbol{B}_{12}+\boldsymbol{A}_{12}\boldsymbol{B}_{22} \\ \boldsymbol{A}_{21}\boldsymbol{B}_{11}+\boldsymbol{A}_{22}\boldsymbol{B}_{21} & \boldsymbol{A}_{21}\boldsymbol{B}_{12}+\boldsymbol{A}_{22}\boldsymbol{B}_{22} \end{bmatrix}$$

のように計算することができる．ただし，小行列の和および積が全て定義されると仮定する．

10.3　特別な行列

10.3.1　正方行列，対角行列とべき等行列

行の数 m と列の数 n が等しい行列を**正方行列**（**square matrix**）という．正方行列 $\boldsymbol{A}$ において右下がりの対角線上にある要素 $(a_{11}, a_{22}, \ldots, a_{nn})$ を**対角要素**（**diagonal element**）という．対角要素以外が全て0であるような行列

$$\boldsymbol{D} = \begin{bmatrix} a_{11} & 0 & \cdots & 0 \\ 0 & a_{22} & \cdots & 0 \\ \vdots & \vdots & \ddots & \vdots \\ 0 & 0 & \cdots & a_{nn} \end{bmatrix}$$

を**対角行列（diagonal matrix）**という．また，n 次の正方行列で $\boldsymbol{AA} = \boldsymbol{A}$ を満たす行列を**べき等行列（idempotent matrix）**と呼ぶ．

10.3.2 単位行列とゼロ行列

スカラーの演算において，任意の数 a に対し，1 は $1 \cdot a = a \cdot 1 = a$，0 は $a \cdot 0 = 0 \cdot a = 0$ および $a + 0 = a$ という性質を満たす．行列の演算において，スカラーの場合における 1 や 0 と同様の役割をすると考えられるような行列を，それぞれ**単位行列（identity matrix, unit matrix）**，**ゼロ行列（zero matrix, null matrix）**と呼び，以下のように定義する．

n 次の正方行列の対角要素が全て 1 で，その他の要素は全て 0 であるとき，これを n 次の単位行列といい，$\boldsymbol{I}_n$（または単に $\boldsymbol{I}$）で表す．また，全ての要素が 0 である行列をゼロ行列といい $\boldsymbol{O}$ で表す．例えば

$$\boldsymbol{I}_3 = \begin{bmatrix} 1 & 0 & 0 \\ 0 & 1 & 0 \\ 0 & 0 & 1 \end{bmatrix}$$

は 3 次の単位行列で

$$\begin{bmatrix} 0 & 0 & 0 & 0 \\ 0 & 0 & 0 & 0 \end{bmatrix}$$

は 2×4 のゼロ行列である．

以下の性質の証明は容易である．

$$\boldsymbol{IA} = \boldsymbol{AI} = \boldsymbol{A}$$
$$\boldsymbol{A} + \boldsymbol{O} = \boldsymbol{A}$$
$$\boldsymbol{OA} = \boldsymbol{AO} = \boldsymbol{O}$$

ただし，行列の和および積が定義されると仮定する．

[例]

$$I = I_2 = \begin{bmatrix} 1 & 0 \\ 0 & 1 \end{bmatrix}, \quad A = \begin{bmatrix} 4 & 2 & -1 \\ 7 & 1 & 2 \end{bmatrix}$$

のとき

$$IA = \begin{bmatrix} 1 & 0 \\ 0 & 1 \end{bmatrix}\begin{bmatrix} 4 & 2 & -1 \\ 7 & 1 & 2 \end{bmatrix} = \begin{bmatrix} 4 & 2 & -1 \\ 7 & 1 & 2 \end{bmatrix} = A$$

$$A + O = \begin{bmatrix} 4 & 2 & -1 \\ 7 & 1 & 2 \end{bmatrix} + \begin{bmatrix} 0 & 0 & 0 \\ 0 & 0 & 0 \end{bmatrix} = A$$

$$OA = [0 \ \ 0]\begin{bmatrix} 4 & 2 & -1 \\ 7 & 1 & 2 \end{bmatrix} = [0 \ \ 0 \ \ 0] = O$$

10.3.3　対称行列

行列 A の行と列を入れ換えたものを A の**転置行列**（**transposed matrix**）といい，A' または A^T（A^t）と書く．例えば

$$A = \begin{bmatrix} 5 & 2 & 7 \\ 3 & 5 & 0 \end{bmatrix}$$

の転置行列は

$$A' = \begin{bmatrix} 5 & 3 \\ 2 & 5 \\ 7 & 0 \end{bmatrix}$$

である．明らかに $n \times m$ 行列の転置行列は $m \times n$ 行列であり，A' の (i, j) 要素は A の (j, i) 要素であるから，$A' = [a'_{ij}]$ と置けば

$$a'_{ij} = a_{ji}$$

である．転置行列については以下の性質が成立する．

---

1 列ベクトルの転置は行ベクトルで，その逆も成り立つ．

2 転置行列の転置はもとの行列自身である．つまり

$$(A')' = A$$

③ 2つの行列の積の転置は，それぞれの行列の転置行列を順序を逆にして掛けた積に等しい．つまり

$$(\boldsymbol{AB})' = \boldsymbol{B}'\boldsymbol{A}'$$

さらに一般に，k 個の行列 $\boldsymbol{A}_1, \boldsymbol{A}_2, \ldots, \boldsymbol{A}_k$ の積について

$$(\boldsymbol{A}_1\boldsymbol{A}_2 \cdots \boldsymbol{A}_k)' = \boldsymbol{A}_k' \cdots \boldsymbol{A}_2'\boldsymbol{A}_1'$$

が成立する．

[③の証明] $\boldsymbol{AB} = \boldsymbol{C}$ と置くと

$$\boldsymbol{AB} = \boldsymbol{C} = [c_{ij}] = \left[\sum_k a_{ik}b_{kj}\right]$$

であり，同様に

$$(\boldsymbol{AB})' = \boldsymbol{C}' = [c_{ji}] = \left[\sum_k a_{jk}b_{ki}\right] = \left[\sum_k a'_{kj}b'_{ik}\right] = \left[\sum_k b'_{ik}a'_{kj}\right] = \boldsymbol{B}'\boldsymbol{A}'$$

となる．■

行列 $\boldsymbol{A} = [a_{ij}]$ が正方行列で，対角線に関して対称な位置にある要素が全て等しいとき，つまり

$$a_{ij} = a_{ji}$$

が全ての i, j に対して成立するとき，$\boldsymbol{A}$ は**対称行列**（**symmetric matrix**）であるという．例えば

$$\begin{bmatrix} 5 & 0 & -1 \\ 0 & 1 & 2 \\ -1 & 2 & -7 \end{bmatrix}$$

は対称行列である．

対称行列については $a_{ij} = a_{ji}$ だから，対称行列の転置行列はもとの行列と等しい．つまり $\boldsymbol{A} = \boldsymbol{A}'$ である．

④ ある行列とその転置行列の積は対称行列である．なぜならば

$$(\boldsymbol{AA}')' = (\boldsymbol{A}')'\boldsymbol{A}' = \boldsymbol{AA}'$$

となるからである．

10.4 行列のトレース

n 次正方行列の**トレース（trace）**は，その行列の対角要素の和で定義される．つまり，$\boldsymbol{A} = [a_{ij}]$ のとき

$$\mathrm{trace}(\boldsymbol{A}) = a_{11} + a_{22} + \cdots + a_{nn} = \sum_{i=1}^{n} a_{ii}$$

である．

$\boldsymbol{A}$ が $m \times n$，$\boldsymbol{B}$ が $n \times m$ の行列のとき，

$$\mathrm{trace}(\boldsymbol{AB}) = \mathrm{trace}(\boldsymbol{BA})$$

が成立する（証明は省略するが，実際に計算すれば明らかである）．

また，$\boldsymbol{A}, \boldsymbol{B}$ がともに n 次の正方行列であれば

$$\mathrm{trace}(\boldsymbol{A} + \boldsymbol{B}) = \mathrm{trace}(\boldsymbol{A}) + \mathrm{trace}(\boldsymbol{B})$$

が成立するのは明らかである．

10.5 行列式

10.5.1 順列

n 個の異なるものを 1 列に並べたものを，それらの**順列**という．n 個の整数 $1, 2, \ldots, n$ から作られる順列を $(p_1, p_2, \ldots, p_n)$ で表すとき，このような順列は全部で $n(n-1)(n-2)\cdots 1 = n!$ 個ある．なぜならば p_1 の選び方は n 通り，p_2 の選び方は p_1 がとったもの以外の $n-1$ 通り，以下同様にして p_k は $p_1, p_2, \ldots, p_{k-1}$ がとったもの以外の $n-k+1$ 通りを選ぶことができるので，順列 $(p_1, p_2, \ldots, p_n)$ の全ての可能な選び方は $n!$ 個あるということになる．

順列 $(p_1, p_2, \ldots, p_n)$ の中の 2 つの数 p_i, p_j を入れ換えることを**互換**という．$(p_1, p_2, \ldots, p_n)$ に互換を行って順列 $(1, 2, \ldots, n)$ に変換することを考える．このとき，偶数回の互換によって $(1, 2, \ldots, n)$ が得られるならば，$(p_1, p_2, \ldots, p_n)$ を**偶順列**といい，奇数回の互換によって得られるならば**奇順列**という．

［例］ 1, 2, 3 からなる順列を全て列挙すると，その個数は $3! = 6$ 個であり，そのうち

図10.1 サラスの展開

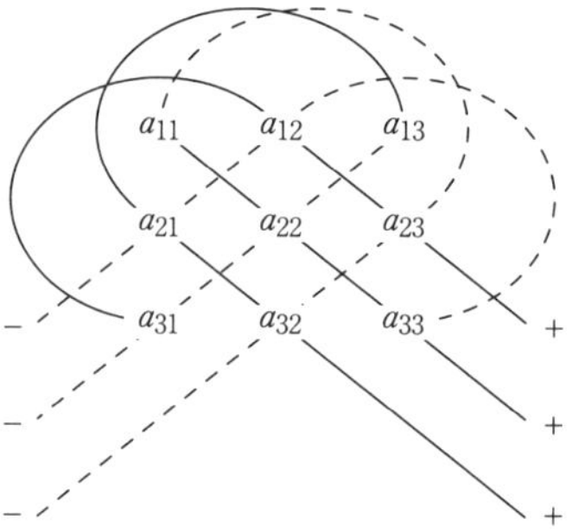

$$(1, 2, 3),\ (2, 3, 1),\ (3, 1, 2)$$

は偶順列で

$$(3, 2, 1),\ (1, 3, 2),\ (2, 1, 3)$$

は奇順列である.

10.5.2 行列式

n 次の正方行列

$$\boldsymbol{A} = \begin{bmatrix} a_{11} & a_{12} & \cdots & a_{1n} \\ a_{21} & a_{22} & \cdots & a_{2n} \\ \vdots & \vdots & \ddots & \vdots \\ a_{n1} & a_{n2} & \cdots & a_{nn} \end{bmatrix}$$

の**行列式**（**determinant**）は，その n^2 個の要素 a_{ij} の関数として

$$|\boldsymbol{A}| = \sum \pm a_{1p_1} a_{2p_2} \cdots a_{np_n}$$

で定義される数である．ただし，$\sum$ は n 個の整数 $1, 2, \ldots, n$ から作られる $n!$ 個の全ての順列 $(p_1, p_2, \ldots, p_n)$ についての和を表すものとし，$\pm$ の符号は，その順列が偶順列ならば $+$，奇順列ならば $-$ をとるものとする．

行列式の記号は $|\boldsymbol{A}|$ の他に

$$\det \boldsymbol{A},\quad \begin{vmatrix} a_{11} & a_{12} & \cdots & a_{1n} \\ a_{21} & a_{22} & \cdots & a_{2n} \\ \vdots & \vdots & \ddots & \vdots \\ a_{n1} & a_{n2} & \cdots & a_{nn} \end{vmatrix}$$

等で表す場合もある．

定義より，1次，2次，3次の行列式はそれぞれ

$$|a_{11}| = a_{11}$$

$$\begin{vmatrix} a_{11} & a_{12} \\ a_{21} & a_{22} \end{vmatrix} = a_{11}a_{22} - a_{12}a_{21}$$

$$\begin{vmatrix} a_{11} & a_{12} & a_{13} \\ a_{21} & a_{22} & a_{23} \\ a_{31} & a_{32} & a_{33} \end{vmatrix} = a_{11}a_{22}a_{33} + a_{12}a_{23}a_{31} + a_{13}a_{21}a_{32} \\ - a_{13}a_{22}a_{31} - a_{11}a_{23}a_{32} - a_{12}a_{21}a_{33}$$

となることが示される．3次の行列式の計算式を覚えるには，図10.1を用いて覚えるのが簡単である．つまり，図において，左上から右下に向か実線上の要素の積には + を付け，右上から左下に向かう破線上の要素の積には − を付けて全て加えればよい．これを**サラス（Sarrus）の展開**という．サラスの展開は2次の行列式の場合にも応用できる．しかし，このような簡単な展開方式は，4次以上の行列式には使えない．

[例]

$$\begin{vmatrix} 5 & 2 \\ 1 & 3 \end{vmatrix} = 5\times3-2\times1 = 13$$

$$\begin{vmatrix} 4 & 0 & 1 \\ 3 & -1 & 2 \\ 6 & 1 & 0 \end{vmatrix} = 4\times(-1)\times0+0\times2\times6+3\times1\times1 \\ -1\times(-1)\times6-0\times3\times0-2\times1\times4 = 1$$

10.5.3　行列式の性質

行列式には以下のような性質がある．

---

1 行列式は行と列を入れ換えても変わらない．つまり

$$|\boldsymbol{A}| = |\boldsymbol{A}'|$$

2 行列式において1つの行（または列）を c 倍すると，もとの行列式が c 倍されたことになる．つまり

$$\begin{vmatrix} a_{11} & a_{12} & \cdots & a_{1n} \\ \vdots & & & \vdots \\ ca_{i1} & ca_{i2} & \cdots & ca_{in} \\ \vdots & & & \vdots \\ a_{n1} & a_{n2} & \cdots & a_{nn} \end{vmatrix} = c \begin{vmatrix} a_{11} & a_{12} & \cdots & a_{1n} \\ \vdots & & & \vdots \\ a_{i1} & a_{i2} & \cdots & a_{in} \\ \vdots & & & \vdots \\ a_{n1} & a_{n2} & \cdots & a_{nn} \end{vmatrix}$$

[3] 2つの行（または列）を入れ換えると，行列式の値はその符号が変わる．

[4] 2つの行（または列）が等しい行列の行列式は0である．

[5] ある行（または列）が他の行（または列）の定数倍になっている行列の行列式は0である．

[6] 1つの行（または列）の各要素が2つの数の和になっているとき，この行列式は2つの行列式の和になる．つまり

$$\begin{vmatrix} a_{11} & \cdots & a_{1n} \\ \vdots & & \vdots \\ a_{i1}+a'_{i1} & \cdots & a_{in}+a'_{in} \\ \vdots & & \vdots \\ a_{n1} & \cdots & a_{nn} \end{vmatrix} = \begin{vmatrix} a_{11} & \cdots & a_{1n} \\ \vdots & & \vdots \\ a_{i1} & \cdots & a_{in} \\ \vdots & & \vdots \\ a_{n1} & \cdots & a_{nn} \end{vmatrix} + \begin{vmatrix} a_{11} & \cdots & a_{1n} \\ \vdots & & \vdots \\ a'_{i1} & \cdots & a'_{in} \\ \vdots & & \vdots \\ a_{n1} & \cdots & a_{nn} \end{vmatrix}$$

[7] ある行（または列）に任意の定数を掛けて他の行（または列）に加えても，行列式の値は変化しない．

[8] $\boldsymbol{A}, \boldsymbol{B}$ を n 次の正方行列とするとき，その積 $\boldsymbol{AB}$ の行列式はそれぞれの行列の行列式の積に等しい．つまり

$$|\boldsymbol{AB}| = |\boldsymbol{A}||\boldsymbol{B}|$$

[1]，[2]，[3]，[6]は行列式の定義から直接証明できる．[4]は，$\boldsymbol{A}$ の等しい2つの行を入れ換えた行列を $\boldsymbol{A}^{\dagger}$ とすれば，[3]より $|\boldsymbol{A}| = -|\boldsymbol{A}^{\dagger}|$ であるが，$\boldsymbol{A} = \boldsymbol{A}^{\dagger}$ であるから $|\boldsymbol{A}| = 0$ が得られる．[5]は[2]と[4]から得られる．[7]は[5]と[6]から得られる．[8]の証明は省略するが，2×2 行列の場合について実際に計算してみるとよい．

10.5.4 行列式の余因子展開

n 次の正方行列において，その第 i 行 j 列を除いて得られる $(n-1)$ 次の正方行列の行列式を要素 a_{ij} の**小行列式**といい，これに $(-1)^{i+j}$ を掛けたものを a_{ij} の**余因子**と

いう．a_{ij} の余因子を A_{ij} と書くとき，行列式の定義から次の定理が導かれる．

定理 10.5.1

行列式 $|\boldsymbol{A}|$ はある1つの行（または列）の各要素と，その要素の余因子との積和として次のように表すことができる．

$$|\boldsymbol{A}| = a_{i1}A_{i1}+a_{i2}A_{i2}+\cdots+a_{in}A_{in} = \sum_{k=1}^{n} a_{ik}A_{ik}$$

または

$$|\boldsymbol{A}| = a_{1j}A_{1j}+a_{2j}A_{2j}+\cdots+a_{nj}A_{nj} = \sum_{k=1}^{n} a_{kj}A_{kj}$$

上の2式はそれぞれ第 i 行および第 j 列による**余因子展開**と呼ばれる．さらに，余因子に関して次の定理が成立する．

定理 10.5.2

ある行（または列）の各要素に，他の行（または列）の対応する要素の余因子を掛けた積の和は0になる．つまり，行の場合は

$$a_{i1}A_{k1}+a_{i2}A_{k2}+\cdots+a_{in}A_{kn} = 0 \quad (i \neq k)$$

列の場合は

$$a_{1j}A_{1l}+a_{2j}A_{2l}+\cdots+a_{nj}A_{nl} = 0 \quad (j \neq l)$$

が成立する．

この定理は次のように証明される（行の場合のみ考える）．$\boldsymbol{A}$ の第 k 行と第 i 行が等しいとする（つまり $a_{kj}=a_{ij}$）．等しくない場合には，第 k 行の要素を第 i 行の要素で置き換えた行列を新たに $\boldsymbol{A}$ とする．このようにしても，k 行の要素に対する余因子 A_{km}（$m = 1, 2, \ldots, n$）の値は変化しない．このとき，10.5.3項の行列式の性質④から $|\boldsymbol{A}| = 0$ となる．したがって，$\boldsymbol{A}$ の第 k 行による余因子展開を考えれば

$$|\boldsymbol{A}| = a_{k1}A_{k1}+a_{k2}A_{k2}+\cdots+a_{kn}A_{kn} = a_{i1}A_{k1}+a_{i2}A_{k2}+\cdots+a_{in}A_{kn} = 0$$

が成立する．

10.6 逆行列

10.6.1 余因子行列

n 次の正方行列の行列式 $\boldsymbol{A} = [a_{ij}]$ において，$\boldsymbol{A}$ の各要素 a_{ij} をその余因子 A_{ij} で置き換えて得られる行列の転置行列

$$\boldsymbol{A}^{\#} = \begin{bmatrix} A_{11} & A_{21} & \cdots & A_{n1} \\ A_{12} & A_{22} & \cdots & A_{n2} \\ \vdots & \vdots & & \vdots \\ A_{1n} & A_{2n} & \cdots & A_{nn} \end{bmatrix}$$

を，$\boldsymbol{A}$ の**余因子行列**という．

余因子行列について

$$\boldsymbol{A}\boldsymbol{A}^{\#} = \boldsymbol{A}^{\#}\boldsymbol{A} = |\boldsymbol{A}|\boldsymbol{I}_n$$

が成立する．なぜならば，余因子の性質により

$$\sum_{j=1}^{n} a_{ij}A_{kj} = \begin{cases} |\boldsymbol{A}| & (i = k) \\ 0 & (i \neq k) \end{cases}$$

であるから

$$\boldsymbol{A}\boldsymbol{A}^{\#} = \begin{bmatrix} a_{11} & a_{12} & \cdots & a_{1n} \\ a_{21} & a_{22} & \cdots & a_{2n} \\ \vdots & \vdots & & \vdots \\ a_{n1} & a_{n2} & \cdots & a_{nn} \end{bmatrix}\begin{bmatrix} A_{11} & A_{21} & \cdots & A_{n1} \\ A_{12} & A_{22} & \cdots & A_{n2} \\ \vdots & \vdots & & \vdots \\ A_{1n} & A_{2n} & \cdots & A_{nn} \end{bmatrix}$$

$$= \begin{bmatrix} \sum_{j=1}^{n} a_{1j}A_{1j} & \sum_{j=1}^{n} a_{1j}A_{2j} & \cdots & \sum_{j=1}^{n} a_{1j}A_{nj} \\ \sum_{j=1}^{n} a_{2j}A_{1j} & \sum_{j=1}^{n} a_{2j}A_{2j} & \cdots & \sum_{j=1}^{n} a_{2j}A_{nj} \\ \vdots & \vdots & & \vdots \\ \sum_{j=1}^{n} a_{nj}A_{1j} & \sum_{j=1}^{n} a_{nj}A_{2j} & \cdots & \sum_{j=1}^{n} a_{nj}A_{nj} \end{bmatrix} = \begin{bmatrix} |\boldsymbol{A}| & 0 & \cdots & 0 \\ 0 & |\boldsymbol{A}| & \cdots & 0 \\ \vdots & 0 & \ddots & 0 \\ 0 & 0 & \cdots & |\boldsymbol{A}| \end{bmatrix} = |\boldsymbol{A}|\boldsymbol{I}_n$$

同様にして $\boldsymbol{A}^{\#}\boldsymbol{A} = |\boldsymbol{A}|\boldsymbol{I}_n$ が成り立つ．

10.6.2 逆行列

0 ではない任意の実数 a に対して，$aa^{-1} = a^{-1}a = 1$ を満たす実数 a^{-1}（a の逆数）がただ 1 つ存在する．行列の場合にも同様に，任意の行列 $\boldsymbol{A}$ を与えたとき

$$\boldsymbol{AB} = \boldsymbol{BA} = \boldsymbol{I}$$

を満たすような行列 $\boldsymbol{B}$ が存在するかどうかを考える．もしこのような行列 $\boldsymbol{B}$ が存在するならば，それを $\boldsymbol{A}$ の**逆行列**（**inverse matrix**）と呼び，通常 $\boldsymbol{A}^{-1}$ で表す．このとき

$$\boldsymbol{AA}^{-1} = \boldsymbol{A}^{-1}\boldsymbol{A} = \boldsymbol{I}$$

と書ける．

上の式で $\boldsymbol{AA}^{-1}$ と $\boldsymbol{A}^{-1}\boldsymbol{A}$ が同じ次数の単位行列になるためには，$\boldsymbol{A}$ は正方行列でなければならない．つまり，$\boldsymbol{A}$ が正方行列であるときだけ，その逆行列を考えることができる．

$\boldsymbol{A}$ の余因子行列 $\boldsymbol{A}^{\#}$ の性質

$$\boldsymbol{AA}^{\#} = \boldsymbol{A}^{\#}\boldsymbol{A} = |\boldsymbol{A}|\boldsymbol{I}_n$$

の両辺を $|\boldsymbol{A}|$ で割ると（$|\boldsymbol{A}| \neq 0$ とする）

$$\boldsymbol{A}\frac{1}{|\boldsymbol{A}|}\boldsymbol{A}^{\#} = \frac{1}{|\boldsymbol{A}|}\boldsymbol{A}^{\#}\boldsymbol{A} = \boldsymbol{I}_n$$

となる．したがって

$$\boldsymbol{A}^{-1} = \frac{1}{|\boldsymbol{A}|}\boldsymbol{A}^{\#}$$

と置けば，$\boldsymbol{A}^{-1}$ は $\boldsymbol{A}$ の逆行列になることがわかる．ただし，$|\boldsymbol{A}| \neq 0$ であることに注意が必要である．

正方行列は，その行列式が 0 でないとき**正則**（**regular, nonsingular**）であるといい，0 のとき**特異**（**irregular, singular**）であるという．つまり，行列が正方行列で，かつ正則であれば逆行列が存在する．

［例 1］ 2×2 の正方行列

$$A = \begin{bmatrix} a_{11} & a_{12} \\ a_{21} & a_{22} \end{bmatrix}$$

の逆行列を求めよう．各要素の余因子は 1 次の正方行列（つまりスカラー）の行列式となるので，余因子の作る行列は

$$\begin{bmatrix} A_{11} & A_{12} \\ A_{21} & A_{22} \end{bmatrix} = \begin{bmatrix} a_{22} & -a_{21} \\ -a_{12} & a_{11} \end{bmatrix}$$

となる．余因子行列はこの行列の転置行列なので

$$\boldsymbol{A}^{\#} = \begin{bmatrix} a_{22} & -a_{12} \\ -a_{21} & a_{11} \end{bmatrix}$$

となる．したがって，$|\boldsymbol{A}| \neq 0$ のとき $\boldsymbol{A}$ の逆行列は

$$\boldsymbol{A}^{-1} = \frac{1}{|\boldsymbol{A}|}\boldsymbol{A}^{\#} = \frac{1}{|\boldsymbol{A}|}\begin{bmatrix} a_{22} & -a_{12} \\ -a_{21} & a_{11} \end{bmatrix}$$

となる．これが $\boldsymbol{A}$ の逆行列であることは

$$\begin{aligned} \boldsymbol{A}^{-1}\boldsymbol{A} &= \frac{1}{|\boldsymbol{A}|}\begin{bmatrix} a_{22} & -a_{12} \\ -a_{21} & a_{11} \end{bmatrix}\begin{bmatrix} a_{11} & a_{12} \\ a_{21} & a_{22} \end{bmatrix} \\ &= \frac{1}{|\boldsymbol{A}|}\begin{bmatrix} a_{22}a_{11} - a_{12}a_{21} & 0 \\ 0 & a_{22}a_{11} - a_{12}a_{21} \end{bmatrix} = \begin{bmatrix} 1 & 0 \\ 0 & 1 \end{bmatrix} = \boldsymbol{I} \end{aligned}$$

から確認できる．

[例 2] 3 次の正方行列

$$\boldsymbol{A} = \begin{bmatrix} 2 & 0 & 7 \\ -1 & 4 & 5 \\ 3 & 1 & 2 \end{bmatrix}$$

の逆行列を求めよう．第 1 行で余因子展開すると

$$\begin{aligned} |\boldsymbol{A}| &= \begin{vmatrix} 2 & 0 & 7 \\ -1 & 4 & 5 \\ 3 & 1 & 2 \end{vmatrix} = 2\begin{vmatrix} 4 & 5 \\ 1 & 2 \end{vmatrix} + 7\begin{vmatrix} -1 & 4 \\ 3 & 1 \end{vmatrix} \\ &= 2(4 \cdot 2 - 1 \cdot 5) + 7(-1 \cdot 1 - 4 \cdot 3) = -85 \end{aligned}$$

$\boldsymbol{A}$ の各要素の余因子はそれぞれ

$$A_{11} = (-1)^{1+1}\begin{vmatrix} 4 & 5 \\ 1 & 2 \end{vmatrix} = 3, \qquad A_{12} = (-1)^{1+2}\begin{vmatrix} -1 & 5 \\ 3 & 2 \end{vmatrix} = 17$$

$$A_{13} = (-1)^{1+3}\begin{vmatrix} -1 & 4 \\ 3 & 1 \end{vmatrix} = -13, \quad A_{21} = (-1)^{2+1}\begin{vmatrix} 0 & 7 \\ 1 & 2 \end{vmatrix} = 7$$

$$A_{22} = (-1)^{2+2}\begin{vmatrix} 2 & 7 \\ 3 & 2 \end{vmatrix} = -17, \qquad A_{23} = (-1)^{2+3}\begin{vmatrix} 2 & 0 \\ 3 & 1 \end{vmatrix} = -2$$

$$A_{31} = (-1)^{3+1}\begin{vmatrix} 0 & 7 \\ 4 & 5 \end{vmatrix} = -28, \qquad A_{32} = (-1)^{3+2}\begin{vmatrix} 2 & 7 \\ -1 & 5 \end{vmatrix} = -17$$

$$A_{33}=(-1)^{3+3}\begin{vmatrix}2 & 0\\ -1 & 4\end{vmatrix}=8$$

であるから，余因子行列は

$$\boldsymbol{A}^{\#}=\begin{bmatrix}3 & 7 & -28\\ 17 & -17 & -17\\ -13 & -2 & 8\end{bmatrix}$$

したがって

$$\boldsymbol{A}^{-1}=\frac{1}{|\boldsymbol{A}|}\boldsymbol{A}^{\#}$$

$$=\frac{1}{-85}\begin{bmatrix}3 & 7 & -28\\ 17 & -17 & -17\\ -13 & -2 & 8\end{bmatrix}=\begin{bmatrix}-3/85 & -7/85 & 28/85\\ -17/85 & 17/85 & 17/85\\ 13/85 & 2/85 & -8/85\end{bmatrix}$$

これが $\boldsymbol{A}$ の逆行列であることは，例 1 の場合と同様に

$$\boldsymbol{A}^{-1}\boldsymbol{A}=\boldsymbol{I}$$

から確認できる．

10.6.3　逆行列の性質

逆行列には以下のような性質がある．ただし，以下において $\boldsymbol{A}$ は正則であるとする．

---

1. $\boldsymbol{A}$ の逆行列はただ 1 つしか存在しない．
2. $\boldsymbol{A}^{-1}$ の逆行列は $\boldsymbol{A}$ 自身である．つまり
$$(\boldsymbol{A}^{-1})^{-1}=\boldsymbol{A}$$
3. $\boldsymbol{A}$ の逆行列の行列式は $\boldsymbol{A}$ の行列式の逆数である．つまり
$$|\boldsymbol{A}^{-1}|=\frac{1}{|\boldsymbol{A}|}$$
4. 逆行列は正則である．
5. 転置行列の逆行列は逆行列の転置である．つまり
$$(\boldsymbol{A}')^{-1}=(\boldsymbol{A}^{-1})'$$
6. $\boldsymbol{A}$ が対称行列ならば$\boldsymbol{A}^{-1}$ も対称行列である．つまり，$\boldsymbol{A}'=\boldsymbol{A}$ ならば

$$(\boldsymbol{A}^{-1})' = \boldsymbol{A}^{-1}$$

7 2つの正則行列の積の逆行列は，もとの行列の逆行列を順序を逆にして掛けたものに等しい．つまり

$$(\boldsymbol{AB})^{-1} = \boldsymbol{B}^{-1}\boldsymbol{A}^{-1}$$

この関係は一般に k 個の正則行列の積の場合に拡張できる．つまり

$$(\boldsymbol{A}_1\boldsymbol{A}_2\cdots\boldsymbol{A}_k)^{-1} = \boldsymbol{A}_k^{-1}\boldsymbol{A}_{k-1}^{-1}\cdots\boldsymbol{A}_2^{-1}\boldsymbol{A}_1^{-1}$$

8 λ をスカラーとするとき，$\lambda\boldsymbol{A}$ の逆行列は，$\boldsymbol{A}$ の逆行列に $1/\lambda$ を掛けたものに等しい．つまり

$$(\lambda\boldsymbol{A})^{-1} = \frac{1}{\lambda}\boldsymbol{A}^{-1}$$

[証明]

1**について**：$\boldsymbol{A}^{-1}$ 以外にもう1つの逆行列 $\boldsymbol{A}^*$ が存在したとする．$\boldsymbol{A}^{-1}, \boldsymbol{A}^*$ は $\boldsymbol{A}$ の逆行列であるから

$$\boldsymbol{AA}^{-1} = \boldsymbol{I},\quad \boldsymbol{AA}^* = \boldsymbol{I}$$

このとき

$$\begin{aligned}\boldsymbol{A}^* - \boldsymbol{A}^{-1} &= (\boldsymbol{A}^* - \boldsymbol{A}^{-1})\boldsymbol{I} = (\boldsymbol{A}^* - \boldsymbol{A}^{-1})\boldsymbol{AA}^{-1} = \boldsymbol{A}^*\boldsymbol{AA}^{-1} - \boldsymbol{A}^{-1}\boldsymbol{AA}^{-1}\\ &= \boldsymbol{IA}^{-1} - \boldsymbol{IA}^{-1} = \boldsymbol{A}^{-1} - \boldsymbol{A}^{-1} = \boldsymbol{O}\end{aligned}$$

であるから $\boldsymbol{A}^* = \boldsymbol{A}^{-1}$．したがって，$\boldsymbol{A}$ の逆行列は1つしか存在しない．

2**について**：$\boldsymbol{I} = \boldsymbol{A}^{-1}\boldsymbol{A}$ の両辺に $(\boldsymbol{A}^{-1})^{-1}$ を左から掛けると

$$(\boldsymbol{A}^{-1})^{-1} = \{(\boldsymbol{A}^{-1})^{-1}(\boldsymbol{A}^{-1})\}\boldsymbol{A} = \boldsymbol{IA} = \boldsymbol{A}$$

3**について**：$|\boldsymbol{A}||\boldsymbol{A}^{-1}| = |\boldsymbol{AA}^{-1}| = |\boldsymbol{I}| = 1$ と行列式の性質を用いれば

$$|\boldsymbol{A}^{-1}| = \frac{1}{|\boldsymbol{A}|}$$

4**について**：3より明らか．

5**について**：$|\boldsymbol{A}| = |\boldsymbol{A}'| \neq 0$ であるから $\boldsymbol{A}'$ の逆行列が存在して

$$\boldsymbol{I} = \boldsymbol{A}'(\boldsymbol{A}')^{-1}$$

が成立する．$\boldsymbol{I} = \boldsymbol{A}^{-1}\boldsymbol{A}$ の転置をとれば

$$\boldsymbol{I} = \boldsymbol{A}'(\boldsymbol{A}^{-1})'$$

であるから

$$(\boldsymbol{A}')^{-1} = (\boldsymbol{A}^{-1})'$$

6 **について**：5 より明らか.

7 **について**：$\boldsymbol{A}, \boldsymbol{B}$ を同じ次数の正方行列とすると

$$\boldsymbol{B}^{-1}\boldsymbol{A}^{-1}\boldsymbol{A}\boldsymbol{B} = \boldsymbol{B}^{-1}(\boldsymbol{A}^{-1}\boldsymbol{A})\boldsymbol{B} = \boldsymbol{B}^{-1}\boldsymbol{B} = \boldsymbol{I}$$

この両辺に $(\boldsymbol{A}\boldsymbol{B})^{-1}$ を右から掛けると

$$\boldsymbol{B}^{-1}\boldsymbol{A}^{-1} = (\boldsymbol{A}\boldsymbol{B})^{-1}$$

8 **について**：$\frac{1}{\lambda}\boldsymbol{A}^{-1}(\lambda\boldsymbol{A}) = \frac{1}{\lambda}\lambda\boldsymbol{A}^{-1}\boldsymbol{A} = \boldsymbol{I}$

10.7　1次独立，1次従属と行列の階数

m 個のベクトル $\boldsymbol{a}_1, \boldsymbol{a}_2, \ldots, \boldsymbol{a}_m$ に対して

$$\lambda_1\boldsymbol{a}_1 + \lambda_2\boldsymbol{a}_2 + \cdots \lambda_m\boldsymbol{a}_m = \boldsymbol{0}$$

が成り立つのは $\lambda_1 = \lambda_2 = \cdots = \lambda_m = 0$ の場合に限るとき，これらのベクトルの組は**1次独立**（**linearly independent**）であるという．また，$\boldsymbol{a}_1, \boldsymbol{a}_2, \ldots, \boldsymbol{a}_m$ が1次独立でない，すなわち，少なくとも1つは0でないようなあるスカラーの組 $\lambda_1, \lambda_2, \ldots, \lambda_m$ に対して上の式が成立するとき，$\boldsymbol{a}_1, \boldsymbol{a}_2, \ldots, \boldsymbol{a}_m$ は**1次従属**（**linearly dependent**）であるという．

非ゼロベクトル $\boldsymbol{a}_1, \boldsymbol{a}_2, \ldots, \boldsymbol{a}_m$ の組が1次従属であるのは，この組の中の1つが残りのベクトルの1次結合であるときであり，このときに限る．なぜならば，もしベクトルの1つ，例えば $\boldsymbol{a}_m$ が他のベクトルの1次結合であるならば

$$\boldsymbol{a}_m = \lambda_1\boldsymbol{a}_1 + \cdots + \lambda_{m-1}\boldsymbol{a}_{m-1}$$

すなわち

$$\lambda_1\boldsymbol{a}_1+\cdots+\lambda_{m-1}\boldsymbol{a}_{m-1}+(-1)\boldsymbol{a}_m=\boldsymbol{0}$$

と書ける．この式において，少なくとも係数の1つは0でないから $\boldsymbol{a}_1, \boldsymbol{a}_2, \ldots, \boldsymbol{a}_m$ は1次従属である．逆に，与えられたベクトルの組が1次従属であるとすれば，少なくとも1つは0でない $\lambda_1, \lambda_2, \ldots, \lambda_m$ に対して

$$\lambda_1\boldsymbol{a}_1+\lambda_2\boldsymbol{a}_2+\cdots\lambda_m\boldsymbol{a}_m=\boldsymbol{0}$$

が成り立つので，$\lambda_m\neq 0$ とすれば

$$-\lambda_m\boldsymbol{a}_m=\lambda_1\boldsymbol{a}_1+\cdots+\lambda_{m-1}\boldsymbol{a}_{m-1}$$

すなわち

$$\boldsymbol{a}_m=-\frac{\lambda_1}{\lambda_m}\boldsymbol{a}_1-\cdots-\frac{\lambda_{m-1}}{\lambda_m}\boldsymbol{a}_{m-1}$$

と書ける．これは，ベクトル $\boldsymbol{a}_m$ が他のベクトルの1次結合として表されることを意味している．

[例]　3つの行ベクトル $\boldsymbol{a}_1=[1\ \ -1\ \ 1], \boldsymbol{a}_2=[2\ \ 3\ \ -1], \boldsymbol{a}_3=[3\ \ -8\ \ 6]$ は

$$\boldsymbol{a}_3=5\boldsymbol{a}_1+(-1)\boldsymbol{a}_2$$

であるから，$\boldsymbol{a}_3$ は $\boldsymbol{a}_1$ と $\boldsymbol{a}_2$ の1次結合である．この式を

$$5\boldsymbol{a}_1+(-1)\boldsymbol{a}_2+(-1)\boldsymbol{a}_3=\boldsymbol{0}$$

と書けば $\boldsymbol{a}_1, \boldsymbol{a}_2, \boldsymbol{a}_3$ は1次従属であることがわかる．つぎに

$$\lambda_1\boldsymbol{a}_1+\lambda_2\boldsymbol{a}_2=\boldsymbol{0}$$

は

$$[\lambda_1+2\lambda_2\ \ -\lambda_1+3\lambda_2\ \ \lambda_1-\lambda_2]=[0\ \ 0\ \ 0]$$

であり

$$\lambda_1+2\lambda_2=0,\quad -\lambda_1+3\lambda_2=0,\quad \lambda_1-\lambda_2=0$$

を満たすのは $\lambda_1 = \lambda_2 = 0$ 以外にない．したがって $\boldsymbol{a}_1, \boldsymbol{a}_2$ の組は1次独立である．同様の方法により $\boldsymbol{a}_1, \boldsymbol{a}_3$ の組も $\boldsymbol{a}_2, \boldsymbol{a}_3$ の組も1次独立であることがわかる．

$m \times n$ の行列 $\boldsymbol{A}$ の各列を列ベクトルと考えたとき，その中に含まれる1次独立な列ベクトルの最大個数を $\boldsymbol{A}$ の**階数**，**ランク（rank）**という．$\boldsymbol{A}$ のランクを $\mathrm{rank}(\boldsymbol{A})$ で表す．

上の階数の定義において列ベクトルを用いているが，行列において1次独立な列ベクトルの最大個数と，1次独立な行ベクトルの最大個数は等しいという性質があるので，定義に行ベクトルを用いてもかまわない．

[例] 上の例の $\boldsymbol{a}_1, \boldsymbol{a}_2, \boldsymbol{a}_3$ を転置したものを列ベクトルに持つ行列

$$\boldsymbol{A} = [\boldsymbol{a}_1{}' \ \boldsymbol{a}_2{}' \ \boldsymbol{a}_3{}'] = \begin{bmatrix} 1 & 2 & 3 \\ -1 & 3 & -8 \\ 1 & -1 & 6 \end{bmatrix}$$

を考えると，$\boldsymbol{a}_1, \boldsymbol{a}_2, \boldsymbol{a}_3$ で1次独立になるベクトルの最大個数は2つなので，$\boldsymbol{A}$ の階数は2である．

$m \times n$ の行列の階数は m と n の小さい方に等しいか，またはそれより小さい．特に，$n \times n$ の正方行列の階数は n に等しいか，それより小さい．階数が m もしくは n の小さい方に等しいような $m \times n$ 行列を，**フルランク（full rank）**であるという．

$n \times n$ の行列 $\boldsymbol{A}$ において階数が n より小さいということは，$|\boldsymbol{A}| = 0$，つまり $\boldsymbol{A}$ が特異であるということを意味する．なぜならば，$\boldsymbol{A}$ の階数が n より小さいということは，$\boldsymbol{A}$ の列ベクトルは1次従属なので，例えば $\boldsymbol{A}$ の第 n 列ベクトルを他の列の列ベクトルの1次結合で表すことができる．この1次結合を第 n 列ベクトルから引いても，10.5.3項の行列式の性質⑦により行列式の値は変わらない．ところが，得られた行列の第 n 列の要素は全て0になっているので，行列式の定義により $|\boldsymbol{A}| = 0$ となる．逆に，$|\boldsymbol{A}| \neq 0$ であれば $\boldsymbol{A}$ の階数は n であるということができる．

2つの行列のランクに関して次の定理が成り立つ．

定理 10.7.1

2つの行列の積$\boldsymbol{AB}$のランクは，$\boldsymbol{A}$のランクと$\boldsymbol{B}$のランクのどちらよりも大きくならない．つまり

$$\mathrm{rank}(\boldsymbol{AB}) \leqq \min\,[\mathrm{rank}(\boldsymbol{A}), \mathrm{rank}(\boldsymbol{B})]$$

が成立する．

この定理は次のように理解できる．$\boldsymbol{C}=\boldsymbol{AB}$とすると，$\boldsymbol{C}$の各列は$\boldsymbol{A}$の各列の1次結合である．したがって，$\boldsymbol{C}$の各列のベクトルは$\boldsymbol{A}$の各列のベクトルに1次従属であるから，$\boldsymbol{C}$のランクが$\boldsymbol{A}$のランクよりも大きくなることはない．同様に，$\boldsymbol{C}$の各行は$\boldsymbol{B}$の各行の1次結合であるから，$\boldsymbol{C}$のランクが$\boldsymbol{B}$のランクよりも大きくなることはない．したがって，$\boldsymbol{C}$のランクは$\boldsymbol{A}$と$\boldsymbol{B}$のどちらのランクよりも大きくなることはない．

定理 10.7.1 を用いることにより，次の定理が得られる．

定理 10.7.2

$\boldsymbol{A}$が$m\times n$の行列，$\boldsymbol{B}$が正則な$n\times n$の行列であるとき，$\mathrm{rank}(\boldsymbol{AB})=\mathrm{rank}(\boldsymbol{A})$が成立する．

[証明] $\boldsymbol{AB}=\boldsymbol{C}$と置くと，$\boldsymbol{B}$は正則であるから$\boldsymbol{B}^{-1}$が存在し，$\boldsymbol{A}=\boldsymbol{CB}^{-1}$となる．定理 10.7.1 により

$$\mathrm{rank}(\boldsymbol{C})=\mathrm{rank}(\boldsymbol{AB}) \leqq \mathrm{rank}(\boldsymbol{A}), \quad \mathrm{rank}(\boldsymbol{A})=\mathrm{rank}(\boldsymbol{CB}^{-1}) \leqq \mathrm{rank}(\boldsymbol{C})$$

であるから，$\mathrm{rank}(\boldsymbol{C})=\mathrm{rank}(\boldsymbol{A})$が得られる．■

10.8 逆行列と連立一次方程式

行列が有効である例の最たるものは，次の**連立一次方程式**である．

$$\begin{aligned} a_{11}x_1+a_{12}x_2+\cdots+a_{1n}x_n &= b_1 \\ a_{21}x_1+a_{22}x_2+\cdots+a_{2n}x_n &= b_2 \\ \cdots \end{aligned}$$

$$a_{n1}x_1+a_{n2}x_2+\cdots+a_{nn}x_n = b_n$$

この方程式は行列とベクトルを用いれば

$$\boldsymbol{A}\boldsymbol{x} = \boldsymbol{b}$$

と書き表すことができる．ただし

$$\boldsymbol{A} = \begin{bmatrix} a_{11} & a_{12} & \cdots & a_{1n} \\ a_{21} & a_{22} & \cdots & a_{2n} \\ \vdots & \vdots & \ddots & \vdots \\ a_{n1} & a_{n2} & \cdots & a_{nn} \end{bmatrix}, \quad \boldsymbol{x} = \begin{bmatrix} x_1 \\ x_2 \\ \vdots \\ x_n \end{bmatrix}, \quad \boldsymbol{b} = \begin{bmatrix} b_1 \\ b_2 \\ \vdots \\ b_n \end{bmatrix}$$

で，$\boldsymbol{A}$ は係数行列，$\boldsymbol{x}$ は未知数のベクトル，$\boldsymbol{b}$ は右辺のベクトルと呼ばれる．

係数行列 $\boldsymbol{A}$ が正則である場合には，$\boldsymbol{A}$ の逆行列 $\boldsymbol{A}^{-1}$ を両辺の左から掛ければ

$$\boldsymbol{A}^{-1}\boldsymbol{A}\boldsymbol{x} = \boldsymbol{A}^{-1}\boldsymbol{b}$$

より

$$\boldsymbol{x} = \boldsymbol{A}^{-1}\boldsymbol{b}$$

が解として求まる．正則行列に対して逆行列はただ1つしか存在しないので，この方程式の解はただ1つであることがわかる．$\boldsymbol{A}$ が特異であれば，解は存在しないか，無数に存在することになる．

[例1]　方程式

$$x+2y = 5$$
$$2x+5y = 12$$

は

$$\boldsymbol{A} = \begin{bmatrix} 1 & 2 \\ 2 & 5 \end{bmatrix}, \quad \boldsymbol{x} = \begin{bmatrix} x \\ y \end{bmatrix}, \quad \boldsymbol{b} = \begin{bmatrix} 5 \\ 12 \end{bmatrix}$$

とすれば

$$\boldsymbol{A}\boldsymbol{x} = \boldsymbol{b}$$

と書ける．

$$A^{-1} = \begin{bmatrix} 5 & -2 \\ -2 & 1 \end{bmatrix}$$

を上の式に左から掛けると

$$\boldsymbol{x} = \boldsymbol{A}^{-1}\boldsymbol{b} = \begin{bmatrix} 1 \\ 2 \end{bmatrix}$$

となり，$x = 1, y = 2$ であることがわかる．

[例 2]

$$\boldsymbol{A} = \begin{bmatrix} 1 & 2 \\ 2 & 4 \end{bmatrix}, \quad \boldsymbol{x} = \begin{bmatrix} x \\ y \end{bmatrix}, \quad \boldsymbol{b} = \begin{bmatrix} 5 \\ c \end{bmatrix}$$

として，方程式

$$\boldsymbol{A}\boldsymbol{x} = \boldsymbol{b}$$

を考える．$|\boldsymbol{A}| = 0$ であるから $\boldsymbol{A}^{-1}$ は存在しない．このとき，方程式

$$\begin{aligned} x+2y &= 5 \\ 2x+4y &= c \end{aligned}$$

は $c = 10$ であれば $x = 5-2y$ であるような全ての x, y が解となり，$c \neq 10$ であれば解は存在しない．

10.9 固有値と固有ベクトル

10.9.1 固有値と固有ベクトル

$\boldsymbol{A}$ を n 次の正方行列とする．$\boldsymbol{0}$ でない $n\times 1$ ベクトル $\boldsymbol{x}$ と，スカラー λ に対して

$$\boldsymbol{A}\boldsymbol{x} = \lambda\boldsymbol{x}$$

が成立するとき，$\boldsymbol{x}$ を $\boldsymbol{A}$ の**固有ベクトル**（**eigenvector**），λ を $\boldsymbol{x}$ に対する**固有値**（**eigenvalue**）という．

上の式を書き換えると，

$$(\boldsymbol{A}-\lambda\boldsymbol{I})\boldsymbol{x} = \boldsymbol{0}$$

が得られる．ここで，$(\boldsymbol{A}-\lambda\boldsymbol{I})$ の逆行列が存在すると仮定すると，この式の両辺に $(\boldsymbol{A}-\lambda\boldsymbol{I})^{-1}$ を掛けることにより

$$\boldsymbol{x}=\boldsymbol{0}$$

となり，$\boldsymbol{x}$ が $\boldsymbol{0}$ でないことに矛盾する．したがって，固有値 λ は $(\boldsymbol{A}-\lambda\boldsymbol{I})$ の逆行列が存在しないような値でなければならない．よって行列 $\boldsymbol{A}$ の固有値は

$$|\boldsymbol{A}-\lambda\boldsymbol{I}|=0$$

を解くことで求められる．この式の左辺は λ の n 次の多項式となる．この式を $\boldsymbol{A}$ の**固有方程式**と呼ぶ．

行列の固有値が全て異なるならば，これらの固有値に対応する固有ベクトルは 1 次独立である（証明は省略）．

10.9.2　行列の対角化

$\boldsymbol{A}$ の相異なる固有値を $\lambda_1, \lambda_2, \ldots, \lambda_n$，対応する固有ベクトルを $\boldsymbol{x}_1, \boldsymbol{x}_2, \ldots, \boldsymbol{x}_n$ とすると

$$\boldsymbol{A}\boldsymbol{x}_1=\lambda_1\boldsymbol{x}_1,\ \boldsymbol{A}\boldsymbol{x}_2=\lambda_2\boldsymbol{x}_2,\ \ldots,\ \boldsymbol{A}\boldsymbol{x}_n=\lambda_n\boldsymbol{x}_n$$

これをまとめると

$$\boldsymbol{A}\boldsymbol{X}=\boldsymbol{X}\boldsymbol{\Lambda}$$

となる．ただし

$$\boldsymbol{X}=[\boldsymbol{x}_1\ \boldsymbol{x}_2 \cdots \boldsymbol{x}_n]$$

および $\boldsymbol{\Lambda}$ は $\lambda_1, \lambda_2, \ldots, \lambda_n$ を対角要素に持ち，他の要素は 0 となる n 次の正方行列である．$\boldsymbol{x}_1, \boldsymbol{x}_2, \ldots, \boldsymbol{x}_n$ は 1 次独立であるから $\boldsymbol{X}^{-1}$ が存在する．$\boldsymbol{X}^{-1}$ を上の式の左から掛けると

$$\boldsymbol{X}^{-1}\boldsymbol{A}\boldsymbol{X}=\boldsymbol{\Lambda}$$

が得られる．これを行列の**対角化**という．

対角化を利用すれば，次の定理が得られる．

定理 10.9.1

行列 $\boldsymbol{A}$ が $\boldsymbol{X}^{-1}\boldsymbol{A}\boldsymbol{X}=\boldsymbol{\Lambda}$ のように対角化できるとき，$\boldsymbol{A}$ の固有値の和は $\boldsymbol{A}$ のトレースに等しく，$\boldsymbol{A}$ の固有値の積は行列式 $|\boldsymbol{A}|$ に等しい．

[証明] $\boldsymbol{A}=\boldsymbol{X}\boldsymbol{\Lambda}\boldsymbol{X}^{-1}$ であるから，トレースに関しては

$$\mathrm{trace}(\boldsymbol{A})=\mathrm{trace}(\boldsymbol{X}\boldsymbol{\Lambda}\boldsymbol{X}^{-1})=\mathrm{trace}(\boldsymbol{\Lambda}\boldsymbol{X}^{-1}\boldsymbol{X})=\mathrm{trace}(\boldsymbol{\Lambda})$$

であるが，$\boldsymbol{\Lambda}$ は対角要素に固有値が並んだ対角行列なので，そのトレースは固有値の和で与えられる．

同様に，行列式については，10.5 節の行列式の性質⑧より

$$|\boldsymbol{A}|=|\boldsymbol{X}\boldsymbol{\Lambda}\boldsymbol{X}^{-1}|=|\boldsymbol{X}||\boldsymbol{\Lambda}||\boldsymbol{X}^{-1}|=|\boldsymbol{X}||\boldsymbol{\Lambda}|\frac{1}{|\boldsymbol{X}|}=|\boldsymbol{\Lambda}|$$

であり，$\boldsymbol{\Lambda}$ は対角要素に固有値が並んだ対角行列なので，その行列式は固有値の積で与えられる．■

10.9.3 対称行列の対角化

対称行列の固有値は実数になることが知られている．対称行列 $\boldsymbol{A}$ の異なる固有値 λ_i, λ_j に対応する固有ベクトルを $\boldsymbol{x}_i, \boldsymbol{x}_j$ とすると

$$\boldsymbol{A}\boldsymbol{x}_i-\lambda_i\boldsymbol{x}_i=\boldsymbol{0},\quad \boldsymbol{A}\boldsymbol{x}_j-\lambda_j\boldsymbol{x}_j=\boldsymbol{0}$$

が成立する．この 2 式の左からそれぞれ $\boldsymbol{x}_j', \boldsymbol{x}_i'$ を掛けると

$$\boldsymbol{x}_j'\boldsymbol{A}\boldsymbol{x}_i-\lambda_i\boldsymbol{x}_j'\boldsymbol{x}_i=\boldsymbol{x}_i'\boldsymbol{A}\boldsymbol{x}_j-\lambda_j\boldsymbol{x}_i'\boldsymbol{x}_j=0$$

となる．$\boldsymbol{A}$ が対称行列であるから $\boldsymbol{x}_j'\boldsymbol{A}\boldsymbol{x}_i=\boldsymbol{x}_i'\boldsymbol{A}\boldsymbol{x}_j$ であることと，$\lambda_i\neq\lambda_j$ であることを用いれば $\boldsymbol{x}_i'\boldsymbol{x}_j=0$ となる．このことから，対称行列においては，異なる固有値に対応する固有ベクトルは直交する．

固有ベクトルの定義より，固有ベクトルの定数倍もまた固有ベクトルとなる．したがって，$\boldsymbol{x}_i'\boldsymbol{x}_i=1$ となるように固有ベクトルを基準化することができる．このとき

$$\boldsymbol{X}=[\boldsymbol{x}_1\ \boldsymbol{x}_2\cdots\boldsymbol{x}_n]$$

とすると

$$\boldsymbol{X}'\boldsymbol{X} = \boldsymbol{I}$$

となる．つまり $\boldsymbol{X}^{-1} = \boldsymbol{X}'$ である．このことから n 次の対称な正方行列 $\boldsymbol{A}$ は

$$\boldsymbol{X}'\boldsymbol{A}\boldsymbol{X} = \boldsymbol{\Lambda}$$

のように対角化される．

実際には，対称行列の場合には，固有値の中に同じ値のものがあっても（つまり，固有方程式が重解を持つ場合でも），$\boldsymbol{X}'\boldsymbol{A}\boldsymbol{X} = \boldsymbol{\Lambda}$ のように対角化できる．

10.9.4　対称なべき等行列の固有値とランク

$\boldsymbol{A}$ を対称なべき等行列とする．$\boldsymbol{x}$ を $\boldsymbol{A}$ の固有ベクトル，λ を固有値とすれば，固有値と固有ベクトルの定義により

$$\boldsymbol{A}\boldsymbol{x} = \lambda\boldsymbol{x}$$

が成立する．この式の左から $\boldsymbol{A}$ を掛けると，

$$\boldsymbol{A}\boldsymbol{A}\boldsymbol{x} = \lambda\boldsymbol{A}\boldsymbol{x} = \lambda^2\boldsymbol{x}$$

が得られる．また，$\boldsymbol{A}$ がべき等行列であることを用いると

$$\boldsymbol{A}\boldsymbol{A}\boldsymbol{x} = \boldsymbol{A}\boldsymbol{x} = \lambda\boldsymbol{x}$$

が成立する．$\boldsymbol{x} \neq \boldsymbol{0}$ であるから，上の 2 式より $\lambda^2 = \lambda$ が成立しなければならない．したがって，べき等行列の固有値は 0 か 1 のいずれかである．

また，$\boldsymbol{A}$ は対称行列であるから，10.9.3 項で述べたように，$\boldsymbol{X}'\boldsymbol{A}\boldsymbol{X} = \boldsymbol{\Lambda}$ のように対角化でき，$\boldsymbol{A} = \boldsymbol{X}\boldsymbol{\Lambda}\boldsymbol{X}'$ が成り立つ．ただし，$\boldsymbol{X}$ は正則な行列で，$\boldsymbol{X}^{-1} = \boldsymbol{X}'$ である．この関係に定理 10.7.2 を用いると，$\mathrm{rank}(\boldsymbol{A}) = \mathrm{rank}(\boldsymbol{\Lambda})$ となる．ここで，$\boldsymbol{\Lambda}$ は $\boldsymbol{A}$ の固有値（つまり固有方程式の解）である 0 と 1 が対角要素に並んだ対角行列であるから，$\boldsymbol{\Lambda}$ のランクは $\boldsymbol{A}$ の固有値の中で 1 になるものの個数に等しい．さらに，べき等行列の固有値は 0 か 1 であることから，$\boldsymbol{A}$ の固有値の中で 1 になるものの個数は $\boldsymbol{A}$ の固有値の和に等しく，定理 10.9.1 により固有値の和はトレースに等しい．このことから，次の定理が得られる．

定理10.9.2

対称なべき等行列のランクはトレースに等しい.

10.10 定符号行列

n 次の正方行列 $\boldsymbol{A}$ を考える. 任意の $\mathbf{0}$ でないベクトル $\boldsymbol{x}$ に対して

$$\boldsymbol{x}'\boldsymbol{A}\boldsymbol{x} > 0$$

が成り立つならば, $\boldsymbol{A}$ を**正値定符号行列**(**positive definite matrix**)といい,

$$\boldsymbol{x}'\boldsymbol{A}\boldsymbol{x} < 0$$

を**負値定符号行列**(**negative definite matrix**)という. また, $\boldsymbol{x}'\boldsymbol{A}\boldsymbol{x} \geqq 0$ が成り立つならば, $\boldsymbol{A}$ を**半正値定符号行列**(**positive semi-definite matrix**, あるいは**非負値定符号行列**; **nonnegative definite matrix**)といい, $\boldsymbol{x}'\boldsymbol{A}\boldsymbol{x} \leqq 0$ が成り立つならば, $\boldsymbol{A}$ を**半負値定符号行列**(**negative semi-definite matrix**, あるいは**非正値定符号行列**; **nonpositive definite matrix**)という.

$\boldsymbol{A}$ が対称行列の場合を考えると, $\boldsymbol{A}$ は

$$\boldsymbol{Y}'\boldsymbol{A}\boldsymbol{Y} = \boldsymbol{\Lambda}$$

と対角化できる. この式の左と右から任意のベクトル $\boldsymbol{z}$ を掛けると

$$\boldsymbol{z}'\boldsymbol{Y}'\boldsymbol{A}\boldsymbol{Y}\boldsymbol{z} = \boldsymbol{z}'\boldsymbol{\Lambda}\boldsymbol{z}$$

となる. $\boldsymbol{Y}\boldsymbol{z} = \boldsymbol{x}$ と置けば

$$\boldsymbol{x}'\boldsymbol{A}\boldsymbol{x} = \boldsymbol{z}'\boldsymbol{\Lambda}\boldsymbol{z} = \sum_{i=1}^{n}\lambda_i z_i^2$$

となる. ただし, λ_i は $\boldsymbol{\Lambda}$ の第 i 対角要素, z_i は $\boldsymbol{z}$ の第 i 要素である. このことから, 全ての固有値について $\lambda_i > 0$ ($i = 1, 2, \ldots, n$) であることは, $\boldsymbol{A}$ が正値定符号行列であるための必要十分条件である. 同様に, $\lambda_i < 0$ ($i = 1, 2, \ldots, n$) であることは, $\boldsymbol{A}$ が負値定符号行列であるための必要十分条件である. 半定符号行列であるための必要十分条件は, 不等号を用いて同様に導かれる.

$\boldsymbol{Ax} = \lambda\boldsymbol{x}$ の両辺に $\boldsymbol{A}^{-1}$ を左から掛けて整理すると

$$\boldsymbol{A}^{-1}\boldsymbol{x} = \frac{1}{\lambda}\boldsymbol{x}$$

が得られる．このことから，$\boldsymbol{A}$ の固有値を λ とすると，$1/\lambda$ は $\boldsymbol{A}^{-1}$ の固有値となっていることがわかる．$\lambda_i > 0$ であれば $1/\lambda_i > 0$ であるから，$\boldsymbol{A}$ が正値定符号行列であれば，$\boldsymbol{A}^{-1}$ も正値定符号行列である．同様に，$\boldsymbol{A}$ が負値定符号行列であれば，$\boldsymbol{A}^{-1}$ も負値定符号行列である．

$\boldsymbol{A}$ が正値定符号行列であるための必要十分条件が，次の定理で与えられる（証明は省略）．

定理 10.10.1

n 次の正方行列 $\boldsymbol{A} = [a_{ij}]$ が正値定符号行列であるための必要十分条件は

$$|\boldsymbol{A}_k| = \begin{vmatrix} a_{11} & \cdots & a_{1k} \\ \vdots & \ddots & \vdots \\ a_{k1} & \cdots & a_{kk} \end{vmatrix} > 0$$

が $k = 1, 2, \ldots, n$ について成立することである．

$\boldsymbol{A}$ が負値定符号行列になるための必要十分条件は，$-\boldsymbol{A}$ が正値定符号行列となるための必要十分条件を考えることにより，以下のように得られる．

定理 10.10.2

n 次の正方行列 $\boldsymbol{A} = [a_{ij}]$ が負値定符号行列であるための必要十分条件は

$$(-1)^k|\boldsymbol{A}_k| = (-1)^k\begin{vmatrix} a_{11} & \cdots & a_{1k} \\ \vdots & \ddots & \vdots \\ a_{k1} & \cdots & a_{kk} \end{vmatrix} > 0$$

が $k = 1, 2, \ldots, n$ について成立することである．

10.11 行列を用いた微分法

$\boldsymbol{A}, \boldsymbol{B}$ を n 次の正方行列，$\boldsymbol{a}, \boldsymbol{x}$ を $n \times 1$ ベクトルとする．このとき

$$\frac{\partial \boldsymbol{a}'\boldsymbol{x}}{\partial \boldsymbol{x}} = \frac{\partial \boldsymbol{x}'\boldsymbol{a}}{\partial \boldsymbol{x}} = \boldsymbol{a}, \quad \frac{\partial \boldsymbol{x}'\boldsymbol{A}\boldsymbol{x}}{\partial \boldsymbol{x}} = (\boldsymbol{A}+\boldsymbol{A}')\boldsymbol{x}, \quad \frac{\partial^2 \boldsymbol{x}'\boldsymbol{A}\boldsymbol{x}}{\partial \boldsymbol{x}\partial \boldsymbol{x}'} = \boldsymbol{A}+\boldsymbol{A}'$$

$$\frac{\partial \log |\boldsymbol{A}|}{\partial \boldsymbol{A}} = (\boldsymbol{A}')^{-1}, \quad \frac{\partial\, \mathrm{trace}(\boldsymbol{B}\boldsymbol{A})}{\partial \boldsymbol{B}} = \boldsymbol{A}'$$

が成立する．2行目の2つの公式は本書では用いないが，有用なのでここで紹介しておく．行列およびベクトルの微分は，以下の例で示すように，それぞれの要素に対応する偏導関数が配置されたものと考えればよい．

[例] $n=2$として

$$\boldsymbol{A} = \begin{bmatrix} a_{11} & a_{12} \\ a_{21} & a_{22} \end{bmatrix}, \quad \boldsymbol{x} = \begin{bmatrix} x_1 \\ x_2 \end{bmatrix}, \quad \boldsymbol{a} = \begin{bmatrix} a_1 \\ a_2 \end{bmatrix}$$

としよう．$f = \boldsymbol{a}'\boldsymbol{x} = \boldsymbol{x}'\boldsymbol{a} = a_1x_1 + a_2x_2$とすれば

$$\frac{\partial f}{\partial \boldsymbol{x}} = \begin{bmatrix} \frac{\partial f}{\partial x_1} \\ \frac{\partial f}{\partial x_2} \end{bmatrix} = \begin{bmatrix} a_1 \\ a_2 \end{bmatrix} = \boldsymbol{a}$$

となることが確認できる．2番目の公式についても同様に，$g = \boldsymbol{x}'\boldsymbol{A}\boldsymbol{x} = a_{11}x_1^2 + (a_{12}+a_{21})x_1x_2 + a_{22}x_2^2$とすれば，

$$\frac{\partial g}{\partial \boldsymbol{x}} = \begin{bmatrix} \frac{\partial g}{\partial x_1} \\ \frac{\partial g}{\partial x_2} \end{bmatrix} = \begin{bmatrix} 2a_{11}x_1 + (a_{12}+a_{21})x_2 \\ (a_{21}+a_{12})x_1 + 2a_{22}x_2 \end{bmatrix} = (\boldsymbol{A}+\boldsymbol{A}')\boldsymbol{x}$$

となることが確認できる．3番目の公式は，2番目の公式をさらに微分することにより，

$$\frac{\partial^2 g}{\partial \boldsymbol{x}\partial \boldsymbol{x}'} = \begin{bmatrix} \frac{\partial^2 g}{\partial x_1^2} & \frac{\partial^2 g}{\partial x_1 \partial x_2} \\ \frac{\partial^2 g}{\partial x_2 \partial x_1} & \frac{\partial^2 g}{\partial x_2^2} \end{bmatrix} = \begin{bmatrix} 2a_{11} & a_{12}+a_{21} \\ a_{21}+a_{12} & 2a_{22} \end{bmatrix} = \boldsymbol{A}+\boldsymbol{A}'$$

となることがわかる．4番目，5番目の公式についても同様に確認できる．

特に，$\boldsymbol{A}$が対称行列である場合には，

$$\frac{\partial \boldsymbol{x}'\boldsymbol{A}\boldsymbol{x}}{\partial \boldsymbol{x}} = 2\boldsymbol{A}\boldsymbol{x}, \quad \frac{\partial^2 \boldsymbol{x}'\boldsymbol{A}\boldsymbol{x}}{\partial \boldsymbol{x}\partial \boldsymbol{x}'} = 2\boldsymbol{A}$$

が成立する．

10.12 多変数における極値問題

$\boldsymbol{x} = (x_1\, x_2 \cdots x_n)'$ の関数 $f(\boldsymbol{x})$ が $\boldsymbol{x}_0$ で極値を持つための十分条件を求めよう．$\boldsymbol{x}$ がスカラーの場合（つまり $\boldsymbol{x} = x$ の場合）は，

◆ $f'(x_0) = 0$ かつ $f''(x_0) < 0 \Longrightarrow f(x)$ は x_0 において極大
◆ $f'(x_0) = 0$ かつ $f''(x_0) > 0 \Longrightarrow f(x)$ は x_0 において極小

となる．

$\boldsymbol{x}$ がベクトルの場合には，

$$f'(\boldsymbol{x}) = \frac{\partial f(\boldsymbol{x})}{\partial \boldsymbol{x}} = \begin{bmatrix} \frac{\partial f(\boldsymbol{x})}{\partial x_1} \\ \frac{\partial f(\boldsymbol{x})}{\partial x_2} \\ \vdots \\ \frac{\partial f(\boldsymbol{x})}{\partial x_n} \end{bmatrix}, \quad \boldsymbol{H}(\boldsymbol{x}) = \frac{\partial^2 f(\boldsymbol{x})}{\partial \boldsymbol{x} \partial \boldsymbol{x}'} = \begin{bmatrix} \frac{\partial^2 f(\boldsymbol{x})}{\partial x_1 \partial x_1} & \frac{\partial^2 f(\boldsymbol{x})}{\partial x_1 \partial x_2} & \cdots & \frac{\partial^2 f(\boldsymbol{x})}{\partial x_1 \partial x_n} \\ \frac{\partial^2 f(\boldsymbol{x})}{\partial x_2 \partial x_1} & \frac{\partial^2 f(\boldsymbol{x})}{\partial x_2 \partial x_2} & \cdots & \frac{\partial^2 f(\boldsymbol{x})}{\partial x_2 \partial x_n} \\ \vdots & \vdots & \ddots & \vdots \\ \frac{\partial^2 f(\boldsymbol{x})}{\partial x_n \partial x_1} & \frac{\partial^2 f(\boldsymbol{x})}{\partial x_n \partial x_2} & \cdots & \frac{\partial^2 f(\boldsymbol{x})}{\partial x_n \partial x_n} \end{bmatrix}$$

と定義する．$\boldsymbol{H}(\boldsymbol{x})$ は**ヘッシアン**（**Hessian**）あるいは**ヘッセ行列**と呼ばれる．定義から明らかなように，ヘッシアンは対称行列である．このとき，$f(\boldsymbol{x})$ が $\boldsymbol{x}_0$ において極値を持つための十分条件は，スカラーの場合を一般化して

◆ $f'(\boldsymbol{x}_0) = \boldsymbol{0}$ かつ $\boldsymbol{H}(\boldsymbol{x}_0)$ が負値定符号行列 $\Longrightarrow f(\boldsymbol{x})$ は $\boldsymbol{x}_0$ において極大
◆ $f'(\boldsymbol{x}_0) = \boldsymbol{0}$ かつ $\boldsymbol{H}(\boldsymbol{x}_0)$ が正値定符号行列 $\Longrightarrow f(\boldsymbol{x})$ は $\boldsymbol{x}_0$ において極小

となる．

このことは，$f(\boldsymbol{x})$ を $\boldsymbol{x}_0$ の周りでテーラー展開すると

$$f(\boldsymbol{x}) \simeq f(\boldsymbol{x}_0) + [f'(\boldsymbol{x}_0)]'(\boldsymbol{x} - \boldsymbol{x}_0) + \frac{1}{2}(\boldsymbol{x} - \boldsymbol{x}_0)'\boldsymbol{H}(\boldsymbol{x}_0)(\boldsymbol{x} - \boldsymbol{x}_0)$$

となることから確認できる．

第11章 確率変数と確率分布

11.1 事象と確率

11.1.1 事象と確率の公理

例として，サイコロをふって出た目の値を ω とするという行動を考えよう．このように繰り返し可能な実験のことを**試行**（**trial**）という．実際にサイコロをふれば，1, 2, 3, 4, 5, 6 のいずれかの目が出るという結果が得られることになる．このような，試行によって得られる結果 ω を**標本点**（**sample point**）といい，標本点の集まり（**集合**；**set**）を**事象**（**event**）という．例えば，奇数の目が出る，つまり「ω は 1, 3, 5 のいずれかの値をとる」という集合は事象である．

得られうる全ての標本点 ω から構成される事象を**全事象**または**標本空間**（**sample space**）と呼び，通常 $\boldsymbol{\Omega}$ で表す．サイコロの例の場合には，全事象は「ω は 1, 2, 3, 4, 5, 6 のいずれかの値をとる」ということになる．つまり $\boldsymbol{\Omega} = \{\omega | \omega = 1, 2, 3, 4, 5, 6\}$ となる．これに対し，「何の結果も起こらない」という事象を**空事象**（**empty event**）と呼び，通常 ϕ で表す．

ある事象 A が起こらないという事象を，A の**余事象**（**complementary event**）と呼び，A^c で表す．ここの例では，「ω が奇数になる」という事象を A とすると，A^c は「ω が偶数になる」という事象になる．また，$\boldsymbol{\Omega}^c = \phi, \boldsymbol{\Omega} = \phi^c$ が成り立つ．事象 A と事象 B について $A \cap B = \phi$ が成り立つとき，A と B は**排反**（**exclusive**）であるという．したがって，A と A^c は排反である．

現代の数学においては，以下のコルモゴロフ（Kolmogorov）による公理によって確率は定義されている．

確率の公理：確率測度（probability measure）

確率 $\mathrm{P}(\cdot)$ は標本空間 $\boldsymbol{\Omega}$ 上で定義された集合関数で，以下の性質を満たすものである．

1 全ての事象 A に対して $0 \leqq \mathrm{P}(A) \leqq 1$

2 $\mathrm{P}(\boldsymbol{\Omega}) = 1$

3 有限個または無限個の互いに排反な全ての事象の列 $A_1, A_2, \ldots$ に対して

$$\mathrm{P}(A_1 \cup A_2 \cup \cdots) = P(A_1) + P(A_2) + \cdots$$

が成り立つ（この性質は**加法性**と呼ばれる）．

上の公理を満たす任意の $\mathrm{P}(\cdot)$ および事象 A, B に関して，以下のような性質が成り立つ．

1 $0 \leqq \mathrm{P}(A) \leqq 1$

2 $\mathrm{P}(A^c) = 1 - \mathrm{P}(A)$

3 $\mathrm{P}(\phi) = 0$

4 $A \subseteq B \Longrightarrow \mathrm{P}(A) \leqq \mathrm{P}(B)$ **（単調性）**

5 $\mathrm{P}(A \cup B) = \mathrm{P}(A) + \mathrm{P}(B) - \mathrm{P}(A \cap B)$ **（加法定理）**

加法定理より，$A \cap B = \phi$ ならば，$\mathrm{P}(A \cup B) = \mathrm{P}(A) + \mathrm{P}(B)$ となる．

[証明] 1は確率の公理の1そのもの．2は，$\boldsymbol{\Omega} = A \cup A^c$ および $A \cap A^c = \phi$ と確率の公理の2，3を用いれば，$\mathrm{P}(A) + \mathrm{P}(A^c) = \mathrm{P}(\boldsymbol{\Omega}) = 1$ であることからわかる．3は2において $A = \boldsymbol{\Omega}$ とすればよい．4は，$B = A \cup (B - A)$ および $A \cap (B - A) = \phi$ であることを用いると，確率の加法性より $\mathrm{P}(B) = \mathrm{P}(A) + \mathrm{P}(B - A) \geqq \mathrm{P}(A)$ となる．5については，まず $A \cup B = A \cup (B - A)$ および $A \cap (B - A) = \phi$ を用いれば，$\mathrm{P}(A \cup B) = \mathrm{P}(A) + \mathrm{P}(B - A)$ となる．さらに $B = (A \cap B) \cup (B - A)$ および $(A \cap B) \cap (B - A) = \phi$ を用いれば，$\mathrm{P}(B) = \mathrm{P}(A \cap B) + \mathrm{P}(B - A)$ であるから $\mathrm{P}(B - A) = \mathrm{P}(B) - \mathrm{P}(A \cap B)$ となる．これを最初の式に代入すれば5が得られる．

■

11.1.2　条件付き確率

事象Bが起こったという条件の下で事象がAが起こる確率を**条件付き確率**(**conditional probability**) といい，$\mathrm{P}(A \mid B)$で表す．$\mathrm{P}(A \mid B)$は

$$\mathrm{P}(A \mid B) = \frac{P(A \cap B)}{P(B)}$$

で定義される．この式を変形すると

$$\mathrm{P}(A \cap B) = \mathrm{P}(B)\mathrm{P}(A \mid B) \quad \textbf{（乗法定理）}$$

が得られる．この式はAとBを入れ換えても成立する（つまり，$\mathrm{P}(B \cap A) = \mathrm{P}(A)\mathrm{P}(B \mid A)$）．$\mathrm{P}(\cdot)$が確率の公理を満たすならば，条件付き確率$\mathrm{P}(\cdot \mid B)$もまた確率の公理を満たす．したがって，$\mathrm{P}(B \mid B) = 1$および

$$\mathrm{P}(A^c \mid B) = \frac{P(A^c \cap B)}{P(B)} = \frac{P(B) - P(A \cap B)}{P(B)} = 1 - \mathrm{P}(A \mid B)$$

などの性質が成り立つ．2つ目の等号の変形には，$(A^c \cap B) \cup (A \cap B) = B$および$(A^c \cap B) \cap (A \cap B) = \phi$であることを用いた．

11.1.3　独立性

$\mathrm{P}(A \cap B) = \mathrm{P}(A)\mathrm{P}(B)$であるとき，また，同じことであるが$\mathrm{P}(B \mid A) = \mathrm{P}(B)$であるとき，事象$A$と事象$B$は**独立である**という．つまり，事象$A$と事象$B$が独立であるということは，事象$A$が起こったか否かは事象$B$が起きる確率に影響を及ぼさないということを意味する．

11.2　確率変数

11.2.1　確率変数の定義

標本空間上で定義された実数値関数を，**確率変数**（**random variable**）という．11.1.1項で用いたサイコロの例でいえば，$X(\omega) = \omega$とすれば，$X(\omega)$はサイコロをふって出た目の値そのものが実現値となる確率変数になる．また，$Y(\omega) = \omega^2$とすれば，$Y(\omega)$は出た目の2乗が実現値となる確率変数になる．この例では，$\boldsymbol{\Omega}$は1次元の数直線上の離散的な値$1, 2, \ldots, 6$の集合であるが，実際にはより一般的な集合を考えることができる．例えば，$\boldsymbol{\Omega}$が2次元であるとし，$\omega = (\omega_1, \omega_2)$で，

ω_1, ω_2 はそれぞれ別々のサイコロの目の値であるとしよう．このとき，$X(\omega) = \omega_1 + \omega_2$ とすれば，$X(\omega)$ は 2 つのサイコロの目の和が実現値となる確率変数になる．さらに，ω が数直線（または任意の次元の空間）上の離散的でない，連続的な値をとる場合のように，さらに一般的な標本空間も考えることができる．

上記のように，確率変数は標本空間上の関数で定義されるが，今後は関数であることを明示的に表すための ω を省いて，単に X, Y 等のアルファベットの大文字で確率変数を表すことにする．また，その実現値は x, y 等のアルファベットの小文字を用いて表すことにする．

11.2.2 離散型確率変数

サイコロの目のように離散的な値をとる確率変数を，**離散型確率変数**（**discrete random variable**）という．

確率変数 X がとりうる実現値を $x_1, x_2, \ldots, x_n$ とする．n は無限大であってもかまわない．X が実現値 x_i をとる確率を $\mathrm{P}(X = x_i) = p_i$ とする．このとき

$$f(x_i) = \mathrm{P}(X = x_i) = p_i$$

を満たす関数 $f(x)$ を X の**確率関数**（**probability function；p.f**）という．確率の公理より，確率関数には以下の性質がある．

[1] $f(x_i) \geqq 0, \quad i = 1, 2, \ldots n$
[2] $\sum_{i=1}^{n} f(x_i) = 1$

上記の 2 つの性質を満たす関数は，どんな関数でも確率関数であり，確率関数が存在すれば X は確率変数であるということになる．

$X \leqq x$ である確率を表す関数

$$F(x) = \mathrm{P}(X \leqq x) = \sum_{i=1}^{n} I(x_i \leqq x) p_i = \sum_{i=1}^{n} I(x_i \leqq x) f(x_i)$$

を X の**分布関数**（**distribution function**）という．ただし $I(A)$ は A が真のときに 1，それ以外では 0 となる**定義関数**（**indicator function**）である．確率関数の性質から，分布関数には

図11.1　確率密度関数と確率の関係

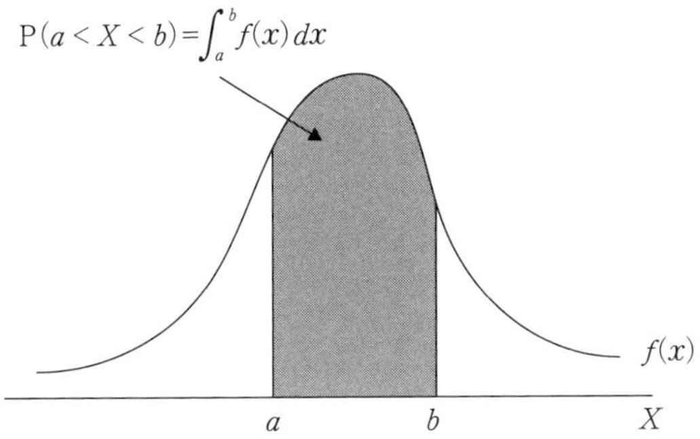

$$F(-\infty) = 0, \quad F(\infty) = 1$$

という性質がある.

11.2.3　連続型確率変数

離散的な値をとる確率変数を離散型確率変数と呼ぶのに対し，連続的な値をとる確率変数を**連続型確率変数**（**continuous random variable**）と呼ぶ.

離散型確率変数では $X = x$ となる確率 $P(X = x)$ が確率関数を用いて $P(X = x) = f(x)$ で与えられたが，連続型確率変数では，X が区間 (a, b) に入る確率が，**確率密度関数**（**probability density function；p.d.f**）$f(x)$ を用いて

$$P(a < X < b) = \int_a^b f(x)dx$$

で与えられる（図 11.1）.

離散型確率変数に対する確率関数の場合と同様に，確率密度関数には

$$f(x) \geqq 0, \quad \int_{-\infty}^{\infty} f(x)dx = 1$$

という性質がある.

連続型確率変数 X がある特定の値 a をとる確率は，a の値にかかわらず

$$P(X = a) = P(a \leqq X \leqq a) = \int_a^a f(x)dx = 0$$

となる．このことから

表11.1 同時確率分布

X ＼ Y	y_1	y_2	$\cdots$	y_m	計
x_1	p_{11}	p_{12}	$\cdots$	p_{1m}	$p_{1\cdot}$
x_2	p_{21}	p_{22}	$\cdots$	p_{2m}	$p_{2\cdot}$
$\vdots$	$\vdots$	$\vdots$		$\vdots$	$\vdots$
x_n	p_{n1}	p_{n2}	$\cdots$	p_{nm}	$p_{n\cdot}$
計	$p_{\cdot 1}$	$p_{\cdot 2}$	$\cdots$	$p_{\cdot m}$	1

$$\mathrm{P}(a \leqq X \leqq b) = \mathrm{P}(a < X \leqq b) = \mathrm{P}(a \leqq X < b) = \mathrm{P}(a < X < b)$$

が成立する．

離散型確率変数の場合と同様に，$X \leqq x$ となる確率を与える関数

$$F(x) = \mathrm{P}(X \leqq x) = \int_{-\infty}^{x} f(t)dt$$

を分布関数という．分布関数を用いれば

$$\mathrm{P}(a<X<b) = F(b)-F(a) = \int_{-\infty}^{b} f(x)dx-\int_{-\infty}^{a} f(x)dx = \int_{a}^{b} f(x)dx$$

と書くことができる．分布関数には

$$F(-\infty) = 0, \quad F(\infty) = 1$$

という性質がある．また，明らかに

$$F'(x) = f(x)$$

という関係が成り立つ．

11.3 確率分布

11.3.1 同時確率分布

これまでは確率変数が 1 変数の場合についてのみ考えてきたが，ここでは多変数の確率変数を考える．議論を簡単にするため，2 変数の場合についてのみ説明する

が，ここでの議論は2つ以上の変数がある場合にも拡張される．

まず，離散型確率変数の場合について説明する．2つの確率変数 X と Y が $X=x_i, Y=y_j$ をとる確率が

$$f(x_i, y_j) = \mathrm{P}(X=x_i, Y=y_j) = p_{ij}, \quad i=1,2,\ldots,n, \quad j=1,2,\ldots,m$$

で与えられているとする．このとき，$f(x,y)$ を確率変数 X, Y の**同時確率関数**（**joint probability function**）という．

同時確率分布は表11.1のようにまとめることができる．$p_{i\cdot}$ は，Y がどの値をとるかに関係なく，X が x_i をとる確率である．これを確率変数 X の**周辺分布**（**marginal distribution**）という．同様に $p_{\cdot j}$ を確率変数 Y の周辺分布という．X, Y の周辺分布は以下のようにして求められる．

$$f_x(x_i) = \mathrm{P}(X=x_i) = p_{i\cdot} = \sum_{j=1}^{m} p_{ij}, \quad f_y(y_j) = \mathrm{P}(Y=y_j) = p_{\cdot j} = \sum_{i=1}^{n} p_{ij}$$

$f_x(x), f_y(y)$ をそれぞれ X, Y の**周辺確率関数**（**marginal probability function**）という．確率の総和が1になることから，

$$\sum_{i=1}^{n}\sum_{j=1}^{m} p_{ij} = \sum_{i=1}^{n} p_{i\cdot} = \sum_{j=1}^{m} p_{\cdot j} = 1$$

が成り立つ．

連続型確率変数 X, Y の場合には，$a<X<b$ かつ $c<Y<d$ となる確率 $\mathrm{P}(a<X<b, c<Y<d)$ が**同時確率密度関数**（**joint probability density function**）$f(x,y)$ を用いて

$$\mathrm{P}(a<X<b, c<Y<d) = \int_c^d \int_a^b f(x,y)\,dx\,dy$$

で与えられる．**周辺確率密度関数**（**marginal probability density function**）は，同時確率密度関数から

$$f_x(x) = \int_{-\infty}^{\infty} f(x,y)\,dy, \quad f_y(y) = \int_{-\infty}^{\infty} f(x,y)\,dx$$

のように得られる（実際には，積分範囲は X, Y がとりうる範囲で行えばよい）．Y の値に関係なく，X が $a<X<b$ となる確率 $\mathrm{P}(a<X<b)$ は同時確率密度関数および周辺確率密度関数を用いて

$$\mathrm{P}(a < X < b) = \int_{-\infty}^{\infty}\int_{a}^{b} f(x, y)dxdy = \int_{a}^{b} f_x(x)dx$$

で与えられる．Y に関しても同様の議論が成り立つ．

同時確率密度関数には

$$f(x, y) \geqq 0, \quad \int_{-\infty}^{\infty}\int_{-\infty}^{\infty} f(x, y)dxdy = 1$$

という性質がある．同様に，周辺確率密度関数には

$$f_x(x) \geqq 0, \quad \int_{-\infty}^{\infty} f_x(x)dx = 1, \quad f_y(y) \geqq 0, \quad \int_{-\infty}^{\infty} f_y(y)dy = 1$$

という性質がある．

11.3.2 条件付き確率分布

表 11.1 において，Y が $Y = y_j$ という値をとるという条件の下で，$X = x_i$ となる確率を考えると

$$f(x_i | y_j) = \mathrm{P}(X = x_i | Y = y_j) = \frac{P(X = x_i, Y = y_j)}{P(Y = Y_j)} = \frac{f(x_i, y_j)}{f_y(y_j)}$$

となる．$f(x_i | y_j)$ を，$Y = y_j$ を与えたときの X の**条件付き確率関数**（**conditional probability function**）という．

X が x_i という値をとるという事象と，Y が y_j という値をとるという事象が独立であるということは

$$\mathrm{P}(X = x_i, Y = y_j) = \mathrm{P}(X = x_i)\mathrm{P}(Y = y_j)$$

となることである．これは，同時確率関数 $f(x, y)$ と周辺確率関数 $f_x(x), f_y(y)$ を用いれば

$$f(x_i, y_j) = f_x(x_i) f_y(y_j)$$

が成立することであり，$p_{ij}, p_{i\cdot}, p_{\cdot j}$ を用いれば

$$p_{ij} = p_{i\cdot} p_{\cdot j}$$

が成り立つことである．この関係が全ての i, j について成り立つとき，確率変数 X と Y は（**統計的に**）**独立である**という．条件付き確率関数の定義式より，X と Y

が独立であるとき

$$f_x(x_i) = f(x_i \mid y_j), \quad f_y(y_j) = f(y_j \mid x_i)$$

が成り立つ．

以上の議論は離散型確率変数について行ったが，確率関数を確率密度関数に置き換えることで，同様の議論が連続型確率変数に関しても成立する．つまり，連続型確率変数 X, Y の同時確率密度関数を $f(x, y)$ とし，周辺確率密度関数をそれぞれ $f_x(x), f_y(y)$ とすれば，$f(x \mid y) = f(x, y)/f_y(y)$ は X の**条件付き確率密度関数**（**conditional probability density function**）である．また，$f(x, y) = f_x(x) f_y(y)$ つまり $f(x \mid y) = f_x(x)$（または同じことであるが $f(y \mid x) = f_y(y)$）が成立すれば，確率変数 X と Y は（統計的に）独立であるという．

11.4 期待値と積率母関数

11.4.1 期待値

まず，1変数の場合について考える．確率（密度）関数 $f(x)$ を持つ確率変数 X の関数 $g(X)$ の**期待値**（**expectation**）は，次のように定義される．

$$\mathrm{E}[g(X)] = \begin{cases} \sum_{i=1}^{n} g(x_i) f(x_i) & \text{（離散型）} \\ \int_{-\infty}^{\infty} g(x) f(x) dx & \text{（連続型）} \end{cases}$$

連続型確率変数の場合には，周辺確率密度関数の場合と同様に，積分は X のとりうる範囲で行えばよい．

次に多変数の場合を考える．ここでは，簡単化のために2変数の場合についてのみ説明するが，ここでの議論はより多変数の場合にも当てはまる．離散型確率変数 X, Y の確率分布がp.146の表11.1のように与えられていたとする．このとき X, Y の関数 $g(X, Y)$ の期待値は

$$\mathrm{E}[g(X, Y)] = \sum_{i=1}^{n} \sum_{j=1}^{m} g(x_i, y_j) p_{ij} = \sum_{i=1}^{n} \sum_{j=1}^{m} g(x_i, y_j) f(x_i, y_j)$$

で定義される．ただし $f(x, y)$ は X, Y の同時確率関数である．$g(X, Y)$ が Y に依存しない，つまり $g(X, Y) = g(X)$ である場合

$$\mathrm{E}[g(X)] = \sum_{i=1}^{n} \sum_{j=1}^{m} g(x_i) f(x_i, y_j) = \sum_{i=1}^{n} g(x_i) \sum_{j=1}^{m} f(x_i, y_j) = \sum_{i=1}^{n} g(x_i) f_x(x_i)$$

が成立する．ただし $f_x(x_i)$ は X の周辺確率関数である．つまり，変数が複数あっても，1変数のみに依存する関数の期待値を求める場合には，周辺分布を用いて期待値を計算すればよい．

同様に，連続型確率変数 X, Y の関数 $g(X, Y)$ の期待値は

$$\mathrm{E}[g(X, Y)] = \int_{-\infty}^{\infty}\int_{-\infty}^{\infty} g(x, y)f(x, y)dxdy$$

で定義され，$g(X, Y) = g(X)$ の場合

$$\mathrm{E}[g(X)] = \int_{-\infty}^{\infty}\int_{-\infty}^{\infty} g(x)f(x, y)dxdy = \int_{-\infty}^{\infty} g(x)\int_{-\infty}^{\infty} f(x, y)dydx$$

$$= \int_{-\infty}^{\infty} g(x)f_x(x)dx$$

となる．ただし，$f(x, y), f_x(x)$ はそれぞれ，X, Y の同時確率密度関数と X の周辺確率密度関数である．

1変数であるか多変数であるかに関係なく，$g(X) = X$ の場合の期待値 $\mathrm{E}[X]$ を X の**平均（mean）**といい，多くの場合 μ で表す．また，$g(X) = (X-\mathrm{E}[X])^2$ の場合の期待値 $\mathrm{V}[X] = \mathrm{E}[(X-\mathrm{E}[X])^2]$ を**分散（variance）**といい，多くの場合 σ^2 で表す．分散の正の平方根は**標準偏差（standard deviation）**と呼ばれる．$\mathrm{E}[X^k]$ および $\mathrm{E}[(X-a)^k]$ をそれぞれ X の「(原点の周りの) k 次の**積率（moment）**」および「a の周りの k 次の積率」と呼ぶ．ただし，a, k は定数である．この表現を用いれば，平均は「(原点の周りの) 1次の積率」，分散は「平均の周りの2次の積率」であるということになる．

X の平均，分散は確率変数 X のみに依存する関数の期待値であるので，上で見たように，複数の確率変数がある場合は周辺分布を用いて計算すればよい．また，$g(X, Y) = (X-\mathrm{E}[X])(Y-\mathrm{E}[Y])$ の場合の期待値 $\mathrm{Cov}[X, Y] = \mathrm{E}[(X-\mathrm{E}[X])(Y-\mathrm{E}[Y])]$ を**共分散（covariance）**という．

定理 11.4.1

分散には $\mathrm{V}[X] = \mathrm{E}[X^2]-(\mathrm{E}[X])^2$ という性質がある．

[証明] 連続型の場合について証明を行う．X の確率密度関数を $f(x)$，$\mathrm{E}[X] = \mu$ とすれば

$$V[X]=E[(X-\mu)^2]=\int_{-\infty}^{\infty}(x-\mu)^2 f(x)dx=\int_{-\infty}^{\infty}(x^2-2x\mu+\mu^2)f(x)dx$$

$$=\int_{-\infty}^{\infty}x^2 f(x)dx-2\mu\int_{-\infty}^{\infty}xf(x)dx+\mu^2\int_{-\infty}^{\infty}f(x)dx=E[X^2]-2\mu E[X]+\mu^2=E[X^2]-(E[X])^2 \quad \blacksquare$$

ここでは連続型確率変数の場合についてのみ証明を行ったが，離散型の場合には積分を和で置き換えれば同様の議論が成り立つ．今後扱う多くの問題でも同様のことが成り立つので，今後は連続型確率変数の場合についてのみ証明を行う．また，特に断りが無い場合，$f(x)$ は X の確率密度関数を表すことにする．さらに，同時確率分布を扱う場合には，$f(x,y)$ は X, Y の同時確率密度関数を表し，$f_X(x), f_Y(y)$ はそれぞれ X と Y の周辺確率密度関数を表すものとする．

定理 11.4.2

a, b を定数とするとき

[1] $E[aX+b]=aE[X]+b$

[2] $V[aX+b]=a^2V[X]$

が成り立つ．

[証明] まず[1]を証明する．期待値の定義より

$$E[aX+b]=\int_{-\infty}^{\infty}(ax+b)f(x)dx=a\int_{-\infty}^{\infty}xf(x)dx+b\int_{-\infty}^{\infty}f(x)dx=aE[X]+b$$

[2]については，分散の定義と[1]より

$$V[aX+b]=E[\{(aX+b)-E[aX+b]\}^2]$$

$$=E[\{aX+b-aE[X]-b\}^2]=E[\{a(X-E[X])\}^2]$$

$$=\int_{-\infty}^{\infty}a^2(x-E[X])^2 f(x)dx=a^2\int_{-\infty}^{\infty}(x-E[X])^2 f(x)dx$$

$$=a^2E[(X-E[X])^2]=a^2V[X] \quad \blacksquare$$

この定理の[1]は，期待値を計算する際には，定数は期待値オペレータ E[・] の括弧の外に出してしまってかまわないことを意味している．このことを利用すると，[2]の証明における計算の3行目以降は

$$\mathrm{E}[\{a(X-\mathrm{E}[X])\}^2] = \mathrm{E}[a^2(X-\mathrm{E}[X])^2] = a^2\mathrm{E}[(X-\mathrm{E}[X])^2] = a^2\mathrm{V}[X]$$

のように，積分を明示的に用いずに計算することもできる．

2つの確率変数の共分散については，次の関係が成立する．

定理 11.4.3

共分散には $\mathrm{Cov}[X,Y] = \mathrm{E}[XY]-\mathrm{E}[X]\mathrm{E}[Y]$ という性質がある．

[証明] $\mathrm{E}[X]$，$\mathrm{E}[Y]$ は定数（非確率変数）であることに注意すれば，共分散の定義より

$$\begin{aligned}\mathrm{Cov}[X,Y] &= \mathrm{E}[(X-\mathrm{E}[X])(Y-\mathrm{E}[Y])]\\ &= \mathrm{E}[XY-\mathrm{E}[X]Y-X\mathrm{E}[Y]+\mathrm{E}[X]\mathrm{E}[Y]]\\ &= \mathrm{E}[XY]-\mathrm{E}[X]\mathrm{E}[Y]-\mathrm{E}[X]\mathrm{E}[Y]+\mathrm{E}[X]\mathrm{E}[Y]\\ &= \mathrm{E}[XY]-\mathrm{E}[X]\mathrm{E}[Y] \blacksquare\end{aligned}$$

X と Y が独立である場合には，$f(x,y) = f_x(x)f_y(y)$ であるから

$$\mathrm{E}[XY] = \int_{-\infty}^{\infty}\int_{-\infty}^{\infty} xyf(x,y)dxdy = \int_{-\infty}^{\infty}\int_{-\infty}^{\infty} xyf_x(x)f_y(y)dxdy$$

$$= \int_{-\infty}^{\infty} xf_x(x)dx\int_{-\infty}^{\infty} yf_y(y)dy = \mathrm{E}[X]\mathrm{E}[Y]$$

となる．したがって，次の定理が得られる．

定理 11.4.4

2つの確率変数 X と Y が互いに独立であるとき，$\mathrm{E}[XY] = \mathrm{E}[X]\mathrm{E}[Y]$ が成立する．

この定理の逆は成り立たない．つまり，$\mathrm{E}[XY] = \mathrm{E}[X]\mathrm{E}[Y]$ が成立するからといって，X と Y は独立であるとはいえない．また，この定理は3つ以上の確率変数の場合にも拡張できる．たとえば，3つの確率変数 X, Y, Z が互いに独立であれば $\mathrm{E}[XYZ] = \mathrm{E}[X]\mathrm{E}[Y]\mathrm{E}[Z]$ が成立する．また，この定理と定理 11.4.3 より，次の定理が得られる．

定理 11.4.5

互いに独立な確率変数の共分散は0である.

2つの確率変数 X と Y の和の平均，および分散については，次の性質が成り立つ.

定理 11.4.6

確率変数 X と Y の和に関して

[1] $\mathrm{E}[X+Y]=\mathrm{E}[X]+\mathrm{E}[Y]$

[2] $\mathrm{V}[X+Y]=\mathrm{V}[X]+\mathrm{V}[Y]+2\mathrm{Cov}[X, Y]$

が成り立つ.

[証明] [1]については

$$\begin{aligned}\mathrm{E}[X+Y]&=\int_{-\infty}^{\infty}\int_{-\infty}^{\infty}(x+y)f(x,y)dxdy\\&=\int_{-\infty}^{\infty}\int_{-\infty}^{\infty}xf(x,y)dxdy+\int_{-\infty}^{\infty}\int_{-\infty}^{\infty}yf(x,y)dxdy=\mathrm{E}[X]+\mathrm{E}[Y]\end{aligned}$$

[2]については

$$\begin{aligned}\mathrm{V}[X+Y]&=\mathrm{E}[\{(X+Y)-\mathrm{E}[X+Y]\}^2]=\mathrm{E}[\{(X-\mathrm{E}[X])+(Y-\mathrm{E}[Y])\}^2]\\&=\mathrm{E}[(X-\mathrm{E}[X])^2]+\mathrm{E}[(Y-\mathrm{E}[Y])^2]+2\mathrm{E}[(X-\mathrm{E}[X])(Y-\mathrm{E}[Y])]\\&=\mathrm{V}[X]+\mathrm{V}[Y]+2\mathrm{Cov}[X, Y] \quad ■\end{aligned}$$

X と Y が独立であれば，$\mathrm{Cov}[X, Y]=0$ であるから，$\mathrm{V}[X+Y]=\mathrm{V}[X]+\mathrm{V}[Y]$ となる．この関係は，以下の定理のように，3つ以上の確率変数についても拡張される.

定理 11.4.7

$X_i\ (i=1, 2, \ldots, n)$ は互いに独立な確率変数であるとする．このとき，$\mathrm{E}\left[\sum_{i=1}^{n}X_i\right]=\sum_{i=1}^{n}\mathrm{E}[X_i]$ および $\mathrm{V}\left[\sum_{i=1}^{n}X_i\right]=\sum_{i=1}^{n}\mathrm{V}[X_i]$ が成立する.

11.4.2 積率母関数

確率変数 X の**積率母関数（moment generating function；m.g.f）**は

$$M_X(t) = \mathrm{E}[e^{tX}]$$

で定義される．ただし e は自然対数の底である．

e^{tx} をマクローリン展開（9.4 節参照）を用いて展開すると

$$e^{tx} = 1 + tx + \frac{(tx)^2}{2!} + \cdots + \frac{(tx)^k}{k!} + \cdots = \sum_{k=0}^{\infty} \frac{(tx)^k}{k!}$$

である．このことを利用すると，積率母関数は次のように書ける．

$$M_X(t) = \int_{-\infty}^{\infty} e^{tx} f(x)dx = \int_{-\infty}^{\infty} \sum_{k=0}^{\infty} \frac{(tx)^k}{k!} f(x)dx = \sum_{k=0}^{\infty} \frac{t^k}{k!} \int_{-\infty}^{\infty} x^k f(x)dx = \sum_{k=0}^{\infty} \frac{t^k}{k!} \mathrm{E}[X^k]$$

$M_X(t)$ を t で微分すると

$$\frac{dM_X(t)}{dt} = \mathrm{E}[X] + \frac{2t}{2!}\mathrm{E}[X^2] + \frac{3t^2}{3!}\mathrm{E}[X^3] + \cdots$$

となる．この式を $t = 0$ で評価すると

$$\left.\frac{dM_X(t)}{dt}\right|_{t=0} = \mathrm{E}[X]$$

となり，X の 1 次の積率が求まる．$dM_X(t)/dt$ を t でさらに微分すると

$$\frac{d^2M_X(t)}{dt^2} = \frac{2}{2!}\mathrm{E}[X^2] + \frac{3 \cdot 2t}{3!}\mathrm{E}[X^3] + \cdots$$

となり，この式を $t = 0$ で評価すると

$$\left.\frac{d^2M_X(t)}{dt^2}\right|_{t=0} = \mathrm{E}[X^2]$$

が得られる．このように積率母関数を k 回微分して 0 で評価すると，一般に

$$\left.\frac{d^kM_X(t)}{dt^k}\right|_{t=0} = \mathrm{E}[X^k]$$

となり，k 次の積率が得られることになる．

このように，確率変数の積率を求める上で積率母関数は非常に便利である．しかし，tx が大きい場合に e^{tx} は非常に大きくなるので，積分が有限に収まらず，積率母関数が存在しない可能性がある．積率母関数が存在しない場合に有効なのが

$$\phi_X(t) = \mathrm{E}[e^{itX}]$$

で定義される**特性関数（characteristic function）**である．ただし $i=\sqrt{-1}$ である．ここまで用いてきた確率変数は実数値をとることを想定していたが，特性関数で用いるように，実際には複素数であってもかまわない．複素数値をとる確率変数 Z について $|\mathrm{E}[Z]| \leqq \mathrm{E}[|Z|]$ であること[1)]，オイラーの関係式より $e^{itx} = \cos tx + i\sin tx$ であること，また，複素数 $a+bi$ について $|a+bi| = \sqrt{a^2+b^2}$ であるから $|e^{itx}| = \sqrt{\cos^2 tx + \sin^2 tx} = 1$ であることを用いれば

$$|\mathrm{E}[e^{itX}]| \leqq \mathrm{E}[|e^{itX}|] = 1$$

となる．したがって，積率母関数が存在しない場合でも，特性関数は必ず存在する．

確率変数 X と Y が同一の特性関数を持つなら，X と Y の分布は同一であることが知られている．同様の性質が積率母関数についても成り立つ．このことを「積率母関数と分布の 1 対 1 対応」と呼ぶ．この性質の一般的な証明は特性関数を用いて行われるが，ここでは 2 つの確率密度関数 $f(x), g(x)$ の差 $f(x)-g(x)$ が無限回マクローリン展開可能である[2)]，つまり $f(x)-g(x) = a_0 + a_1x + a_2x^2 + \cdots = \sum_{k=0}^{\infty} a_k x^k$ と展開される場合のみを考え，積率母関数に関する次の定理を証明する．

定理 11.4.8

2 つの確率密度関数（または確率関数）$f(x), g(x)$ があって，それらの積率母関数が $-h < t < h\ (h>0)$ である全ての t に対して存在し，かつ同一であれば $f(x)$ と $g(x)$ は等しい．

[証明] 連続型確率変数の場合について証明する．仮定から

$$f(x) - g(x) = \sum_{k=0}^{\infty} a_k x^k$$

である．この両辺に $f(x)-g(x)$ を掛けると

1）$|\mathrm{E}[Z]| \leqq \mathrm{E}[|Z|]$ は modulus inequality と呼ばれる．証明は省略する．

2）9.4 節参照

$$[f(x)-g(x)]^2 = [f(x)-g(x)]\sum_{k=0}^{\infty} a_k x^k = \sum_{k=0}^{\infty}[f(x)-g(x)]a_k x^k$$

が得られる．この式の両辺を x で積分すると

$$\begin{aligned}\int_{-\infty}^{\infty}[f(x)-g(x)]^2 dx &= \int_{-\infty}^{\infty}\sum_{k=0}^{\infty}[f(x)-g(x)]a_k x^k dx \\ &= \sum_{k=0}^{\infty}\int_{-\infty}^{\infty}[f(x)-g(x)]a_k x^k dx = \sum_{k=0}^{\infty} a_k \int_{-\infty}^{\infty}[f(x)-g(x)]x^k dx \\ &= \sum_{k=0}^{\infty} a_k \int_{-\infty}^{\infty}[x^k f(x)-x^k g(x)]dx = \sum_{k=0}^{\infty} a_k \left[\int_{-\infty}^{\infty} x^k f(x)dx - \int_{-\infty}^{\infty} x^k g(x)dx\right]\end{aligned}$$

となる．$f(x)$ と $g(x)$ の積率母関数が $-h < t < h$ で同一であるから，各次数の積率も同一である．つまり

$$\int_{-\infty}^{\infty} x^k f(x)dx = \int_{-\infty}^{\infty} x^k g(x)dx$$

である．したがって

$$\int_{-\infty}^{\infty}[f(x)-g(x)]^2 dx = 0$$

となる．このことは $f(x) = g(x)$，つまり 2 つの確率密度関数が同一であることを意味する．■

また，2 つの確率変数の和の積率母関数については，次の定理が成立する．

定理 11.4.9

2 つの確率変数 X と Y の確率密度関数（または確率関数）を $f_x(x), f_y(y)$ とし，対応する積率母関数 $M_X(t), M_Y(t)$ が存在するとする．このとき，X, Y が独立ならば

$$M_{X+Y}(t) = M_X(t)M_Y(t)$$

が成立する．

[証明] ここでは連続型の場合について証明するが，離散型の場合も同様である．

X と Y の和 $X+Y$ の積率母関数は

$$M_{X+Y}(t) = \mathrm{E}[e^{t(X+Y)}]$$

で定義される．X と Y が独立なので，X と Y の同時確率密度関数 $f(x, y)$ が

$f(x, y) = f_x(x)f_y(y)$ となることを用いると

$$M_{X+Y}(t) = \mathrm{E}[e^{t(X+Y)}] = \int_{-\infty}^{\infty}\int_{-\infty}^{\infty} e^{t(x+y)} f(x, y)dxdy$$
$$= \int_{-\infty}^{\infty}\int_{-\infty}^{\infty} e^{t(x+y)} f_x(x)f_y(y)dxdy = \int_{-\infty}^{\infty} e^{tx} f_x(x)dx \int_{-\infty}^{\infty} e^{ty} f_y(y)dy$$
$$= \mathrm{E}[e^{tX}]\mathrm{E}[e^{tY}] = M_X(t)M_Y(t) \quad \blacksquare$$

11.4.3　繰り返し期待値の法則

X, Y を任意の確率変数（実際にはベクトルや行列でもかまわない）とすると

$$\mathrm{E}_X[\mathrm{E}[Y \mid X]] = \mathrm{E}[Y]$$

が成立する．ここで $\mathrm{E}_X[\cdot]$ は X の周辺分布に関する期待値である．つまり，Y の（条件なしの）期待値は，Y の条件付き期待値 $\mathrm{E}[Y \mid X]$ に対して，条件となっている変数 X の分布を用いて期待値をとったものに等しい．言い換えれば，ある確率変数（ここでは Y）の期待値を求めたい場合には，まず他の確率変数（ここでは X）の値を固定して（非確率変数とみなして）条件付きの期待値を求め，その後に固定した変数（X）に関しての期待値を求めればよいことを意味している．この関係は**繰り返し期待値の法則**（**law of iterated expectations**）と呼ばれる．

条件付き期待値の厳密な定義はここでは省略するが，X, Y が連続型確率変数の場合について，この関係を確認しておこう．条件付き確率密度関数と周辺確率密度関数に $f(x, y) = f_x(x)f(y \mid x)$ という関係があることを用いれば，

$$\mathrm{E}[Y] = \iint yf(x, y)dydx = \iint yf_x(x)f(y \mid x)dydx$$
$$= \int f_x(x)\underbrace{\int yf(y \mid x)dy}_{\mathrm{E}[Y \mid X]}dx = \mathrm{E}_X[\mathrm{E}[Y \mid X]]$$

となることがわかる．

11.5　確率変数の変数変換

関数 $y = g(x)$ を用いて連続型確率変数 X を $Y = g(X)$ と変換することを考える．$Y = g(X)$ が 1 対 1 変換の場合，X, Y の確率密度関数をそれぞれ $f_x(x), f_y(y)$ とすると

$$f_y(y) = f_x(x)\left|\frac{dx}{dy}\right|$$

が成り立つ.

[証明] まず $g(x)$ が単調増加 ($\frac{dy}{dx} = g'(x) > 0$) の場合を考える. このとき, $\mathrm{P}(X \leqq x) = \mathrm{P}(Y \leqq g(x)) = \mathrm{P}(Y \leqq y)$ となる. したがって, $F_x(x), F_y(y)$ をそれぞれ X, Y の分布関数とすれば

$$F_x(x) = \mathrm{P}(X \leqq x) = \mathrm{P}(Y \leqq y) = F_y(y)$$

となる.

$$F_x(x) = F_y(y)$$

の両辺を x で微分すると $F_x'(x) = f_x(x), F_y'(y) = f_y(y)$ であるから

$$f_x(x) = f_y(y)\frac{dy}{dx}$$

したがって,

$$f_y(y) = f_x(x)\frac{dx}{dy}$$

となる.

次に, $g(x)$ が単調減少 ($\frac{dy}{dx} = g'(x) < 0$) の場合には, $\mathrm{P}(X \leqq x) = \mathrm{P}(Y \geqq g(x))$ $= \mathrm{P}(Y \geqq y) = 1 - \mathrm{P}(Y < y)$ となる. したがって

$$F_x(x) = \mathrm{P}(X \leqq x) = \mathrm{P}(Y > y) = 1 - F_y(y)$$

となる.

$$F_x(x) = 1 - F_y(y)$$

の両辺を x で微分すると

$$f_x(x) = -f_y(y)\frac{dy}{dx}$$

となり, $\frac{dy}{dx} < 0$ であるから $\left|\frac{dy}{dx}\right| = -\frac{dy}{dx}$ となるので

$$f_y(y) = -f_x(x)\frac{dx}{dy} = f_x(x)\left|\frac{dx}{dy}\right|$$

となる.

以上の結果をまとめると

$$f_y(y) = f_x(x)\left|\frac{dx}{dy}\right|$$

が得られる. ■

以上では, 確率変数が1変数の場合の変数変換を考え, 変換前と変換後の確率密度関数の関係を導いた. この関係を用いるためには変数変換が1対1の対応でなければならないことに注意が必要である. また, この関係は, 以下のように多変数の場合にも拡張できる（多変数の場合の証明は省略する).

n 個の確率変数 $X_1, X_2, \ldots, X_n$ に1対1対応の変数変換を行って得られた確率変数が $Y_1, Y_2, \ldots, Y_n$ であるとする. このとき, $X_1, X_2, \ldots, X_n$ と $Y_1, Y_2, \ldots, Y_n$ の確率密度関数をそれぞれ $f_x(x_1, x_2, \ldots, x_n), f_y(y_1, y_2, \ldots, y_n)$ とすると

$$f_y(y_1, y_2, \ldots, y_n) = f_x(x_1, x_2, \ldots, x_n)\,|J|$$

が成立する. ただし J は, 積分の変数変換の場合と同様に, n 次の行列式

$$J = \begin{vmatrix} \dfrac{\partial x_1}{\partial y_1} & \dfrac{\partial x_1}{\partial y_2} & \cdots & \dfrac{\partial x_1}{\partial y_n} \\ \dfrac{\partial x_2}{\partial y_1} & \dfrac{\partial x_2}{\partial y_2} & \cdots & \dfrac{\partial x_2}{\partial y_n} \\ \vdots & \vdots & \ddots & \vdots \\ \dfrac{\partial x_n}{\partial y_1} & \dfrac{\partial x_n}{\partial y_2} & \cdots & \dfrac{\partial x_n}{\partial y_n} \end{vmatrix}$$

で定義されるヤコビアンである. ベクトルを用いて $\boldsymbol{x} = (x_1\, x_2 \cdots x_n)'$, $\boldsymbol{y} = (y_1\, y_2 \cdots y_n)'$ とすれば,

$$J = \left|\frac{\partial \boldsymbol{x}}{\partial \boldsymbol{y}'}\right|$$

と書くこともできる。

この関係は, 1変数で $g'(x) > 0$ の場合の

$$F_x(x) = F_y(y)$$

という関係の両辺を x で微分すると

$$f_x(x) = f_y(y)\frac{dy}{dx}$$

であるから

$$f_y(y) = f_x(x)\frac{dx}{dy}$$

になるという計算過程を覚えておき，後は $\frac{dx}{dy}$ に絶対値を付けて

$$f_y(y) = f_x(x)\left|\frac{dx}{dy}\right|$$

とすればよいと考えると覚えやすい．多変数の場合の関係も $\frac{dx}{dy}$ をヤコビアン J で置き換えるだけで得られる．

11.6 代表的な離散型確率分布

以下では、いくつかのよく用いられる離散型確率分布を取り上げ，それらの確率関数が必要な条件を満たしているかを確認し，さらに平均，分散および積率母関数等の基本的な性質を説明する．

11.6.1 2項分布

ある実験を行い，成功する確率が $p\,(0 \leqq p \leqq 1)$，失敗する確率が $q\,(=1-p)$ であるとする．このような実験を n 回行って x 回成功する確率は

$$f(x) = {}_nC_x p^x q^{n-x}, \quad x = 0, 1, 2, \ldots, n$$

で与えられる．ただし ${}_nC_x = \frac{n!}{x!(n-x)!}$ である．確率関数が上の $f(x)$ で与えられる確率分布を**2項分布**（**binomial distribution**）といい，X が2項分布に従うことを $X \sim B(n, p)$ と表す．

まず，$f(x)$ が，確率関数の満たすべき性質を満たしていることを確認する．$f(x) \geqq 0$ であることは明らかである．次に $\sum f(x) = 1$ を満たしているかどうかであるが，2項定理（9.1節参照）により

$$\sum_{x=0}^{n} {}_nC_x p^x q^{n-x} = (p+q)^n = 1$$

となる．したがって，$f(x)$ は確かに確率関数である．

次に X の平均，分散を求めよう．X の平均は，定義に基づいて計算すると

$$
\begin{aligned}
\mathrm{E}[X] &= \sum_{x=0}^{n} xf(x) = \sum_{x=0}^{n} x\frac{n!}{x!(n-x)!}p^x q^{n-x} \\
&= \sum_{x=1}^{n} x\frac{n!}{x!(n-x)!}p^x q^{n-x} = \sum_{x=1}^{n} \frac{n(n-1)!}{(x-1)!(n-x)!}p\cdot p^{x-1} q^{n-x}
\end{aligned}
$$

$x-1=y, n-1=m$ と置くと，$m-y=n-x$ であるから

$$
\mathrm{E}[X] = np\sum_{y=0}^{m} \frac{m!}{y!(m-y)!}p^y q^{m-y} = np
$$

となる．最後の等号では $f(y)=\frac{m!}{y!(m-y)!}p^y q^{m-y}$ とすれば，$f(y)$ は $Y \sim B(m,p)$ となる確率変数 Y の確率関数であることを用いた．

次に分散を求めよう．分散を求めるために，まず2次の積率を計算する．平均を求めたときと同様の計算を行うことにより

$$
\begin{aligned}
\mathrm{E}[X^2] &= \sum_{x=0}^{n} x^2 f(x) = \sum_{x=0}^{n} x^2\frac{n!}{x!(n-x)!}p^x q^{n-x} = \sum_{x=1}^{n} x^2\frac{n!}{x!(n-x)!}p^x q^{n-x} \\
&= \sum_{x=1}^{n} x\frac{n!}{(x-1)!(n-x)!}p^x q^{n-x} = \sum_{x=1}^{n} \frac{[(x-1)+1]n!}{(x-1)!(n-x)!}p^x q^{n-x} \\
&= \sum_{x=2}^{n} \frac{n!}{(x-2)!(n-x)!}p^x q^{n-x} + \underbrace{\sum_{x=1}^{n} \frac{n!}{(x-1)!(n-x)!}p^x q^{n-x}}_{\text{平均の計算により}\ np} \\
&= \sum_{y=0}^{m} \frac{n(n-1)m!}{y!(m-y)!}p^{y+2} q^{m-y} + np \\
&= n(n-1)p^2 \underbrace{\sum_{y=0}^{m} \frac{m!}{y!(m-y)!}p^y q^{m-y}}_{\text{確率関数の性質より}\ 1} + np = n(n-1)p^2 + np
\end{aligned}
$$

3行目から4行目への変形では $y=x-2, m=n-2$ とした．したがって，定理11.4.1を用いると，X の分散は

$$
\begin{aligned}
\mathrm{V}[X] &= \mathrm{E}[X^2] - (\mathrm{E}[X])^2 = n(n-1)p^2 + np - (np)^2 \\
&= np - np^2 = np(1-p) = npq
\end{aligned}
$$

となる．

次に，積率母関数を求める．積率母関数の定義に基づいて計算すると，2項定理

(9.1 節参照) により

$$M_X(t) = \mathrm{E}[e^{tX}] = \sum_{x=0}^{n} e^{tx} {}_nC_x p^x q^{n-x} = \sum_{x=0}^{n} {}_nC_x (pe^t)^x q^{n-x} = (pe^t + q)^n$$

となる.

$$\frac{dM_X(t)}{dt} = n(pe^t + q)^{n-1} pe^t$$

であるから, この式を $t = 0$ で評価することにより

$$\left.\frac{dM_X(t)}{dt}\right|_{t=0} = n(p+q)^{n-1} p = np$$

のように 1 次の積率が求まる. 同様に,

$$\frac{d^2 M_X(t)}{dt^2} = n(n-1)(pe^t + q)^{n-2}(pe^t)^2 + n(pe^t + q)^{n-1} pe^t$$

を $t = 0$ で評価することにより, 2 次の積率が求まる.

11.6.2 ポアソン分布

確率関数

$$f(x) = \frac{e^{-\lambda}\lambda^x}{x!}, \quad x = 0, 1, 2, 3, \ldots$$

を持つ確率分布を**ポアソン分布** (**Poisson distribution**) と呼ぶ. 2 項分布の確率関数において, $np = \lambda$ と固定して $n \to \infty$ とするとポアソン分布の確率関数が得られることが知られている.

まず, 上の確率関数が必要な条件を満たしていることを確認しよう. $f(x) \geqq 0$ は明らかである. また

$$\sum_{x=0}^{\infty} f(x) = \sum_{x=0}^{\infty} \frac{e^{-\lambda}\lambda^x}{x!} = e^{-\lambda} \sum_{x=0}^{\infty} \frac{\lambda^x}{x!} = 1$$

となるので, $f(x)$ は確率関数である. 最後の等号の変形ではマクローリン展開 (9.4 節参照) により $e^{\lambda} = \sum_{x=0}^{\infty} \lambda^x / x!$ であることを用いた.

次に平均と分散を求めよう. 平均は

$$\mathrm{E}[X] = \sum_{x=0}^{\infty} x f(x) = \sum_{x=0}^{\infty} x \frac{e^{-\lambda}\lambda^x}{x!} = \sum_{x=1}^{\infty} x \frac{e^{-\lambda}\lambda^x}{x!} = \sum_{x=1}^{\infty} \frac{e^{-\lambda}\lambda^x}{(x-1)!}$$

$$= \lambda \sum_{y=0}^{\infty} \frac{e^{-\lambda}\lambda^y}{y!} = \lambda$$

となる．ただし $y = x-1$ であり，最後の行の変形では，$\frac{e^{-\lambda}\lambda^y}{y!}$ がポアソン分布の確率関数であることを用いた．

次に，分散を求めるために，定義に基づいて2次の積率を計算する．

$$\begin{aligned}
\mathrm{E}[X^2] &= \sum_{x=0}^{\infty} x^2 \frac{e^{-\lambda}\lambda^x}{x!} = \sum_{x=1}^{\infty} x^2 \frac{e^{-\lambda}\lambda^x}{x!} = \sum_{x=1}^{\infty} x \frac{e^{-\lambda}\lambda^x}{(x-1)!} \\
&= \sum_{x=1}^{\infty} \frac{[(x-1)+1]e^{-\lambda}\lambda^x}{(x-1)!} = \sum_{x=1}^{\infty} \frac{(x-1)e^{-\lambda}\lambda^x}{(x-1)!} + \underbrace{\sum_{x=1}^{\infty} \frac{e^{-\lambda}\lambda^x}{(x-1)!}}_{\text{平均の計算により}\ \lambda} \\
&= \sum_{x=2}^{\infty} \frac{e^{-\lambda}\lambda^x}{(x-2)!} + \lambda = \lambda^2 \sum_{y=0}^{\infty} \frac{e^{-\lambda}\lambda^y}{y!} + \lambda = \lambda^2 + \lambda
\end{aligned}$$

ただし $y = x-2$ である．したがって分散は

$$\mathrm{V}[X] = \mathrm{E}[X^2] - (\mathrm{E}[X])^2 = \lambda^2 + \lambda - \lambda^2 = \lambda$$

となる．

最後に，積率母関数を求めよう．定義に基づいて計算すれば

$$\begin{aligned}
M_X(t) &= \sum_{x=0}^{\infty} e^{tx} \frac{e^{-\lambda}\lambda^x}{x!} = \sum_{x=0}^{\infty} \frac{e^{-\lambda}(e^t\lambda)^x}{x!} = e^{-\lambda} \sum_{x=0}^{\infty} \frac{(e^t\lambda)^x}{x!} \\
&= e^{-\lambda} e^{\lambda e^t} = e^{\lambda(e^t-1)}
\end{aligned}$$

となる．上の式の1行目から2行目への変形においても，マクローリン展開を用いている．

$$\frac{dM_X(t)}{dt} = e^{\lambda(e^t-1)}\lambda e^t$$

を $t = 0$ で評価すれば

$$\left.\frac{dM_X(t)}{dt}\right|_{t=0} = \lambda$$

となり，平均が λ であることがわかる．同様に $d^2M_X(t)/dt^2$ を $t = 0$ で評価することにより，2次の積率が求まる．

11.7 代表的な連続型確率分布

以下では，いくつかの代表的な連続型確率分布を紹介し，離散型確率変数の場合と同様に，それらの確率密度関数が必要な条件を満たしているかを確認し，平均，分散および積率母関数等の基本的な性質を導出する．

11.7.1 一様分布

確率密度関数が

$$f(x) = \begin{cases} \frac{1}{b-a} & a \leqq x \leqq b \text{ の場合} \\ 0 & \text{その他の場合} \end{cases}$$

で与えられる確率分布を**一様分布**（**uniform distribution**）という．

まず，確率密度関数の性質を確認する．$f(x) \geqq 0$ は明らかである．また，

$$\int_a^b f(x)dx = \int_a^b \frac{1}{b-a}dx = \frac{1}{b-a}[x]_a^b = 1$$

であるから，$f(x)$ は確かに確率密度関数である．

次に，平均と分散を求めよう．平均は

$$\mathrm{E}[X] = \int_a^b xf(x)dx = \frac{1}{b-a}\int_a^b xdx = \frac{1}{b-a}\left[\frac{x^2}{2}\right]_a^b = \frac{b^2-a^2}{2(b-a)} = \frac{b+a}{2}$$

となる．また，2 次の積率は

$$\mathrm{E}[X^2] = \int_a^b x^2f(x)dx = \frac{1}{b-a}\int_a^b x^2dx = \frac{1}{b-a}\left[\frac{x^3}{3}\right]_a^b$$

$$= \frac{b^3-a^3}{3(b-a)} = \frac{(b-a)(b^2+ab+a^2)}{3(b-a)} = \frac{b^2+ab+a^2}{3}$$

となるので，分散は

$$\mathrm{V}[X] = \mathrm{E}[X^2]-(\mathrm{E}[X])^2$$

$$= \frac{b^2+ab+a^2}{3}-\left(\frac{b+a}{2}\right)^2 = \frac{b^2-2ab+a^2}{12} = \frac{(b-a)^2}{12}$$

となる．

11.7.2 指数分布

確率密度関数が

$$f(x) = \begin{cases} \lambda e^{-\lambda x} & x \geqq 0 \\ 0 & x < 0 \end{cases}$$

で与えられる分布を**指数分布（exponential distribution）**という．ただし$\lambda > 0$であるとする．

まず，この確率密度関数が必要な条件を満たしているかを確認しよう．$f(x) \geqq 0$は明らかである．次に

$$\int_0^\infty f(x)dx = \int_0^\infty \lambda e^{-\lambda x}dx = [-e^{-\lambda x}]_0^\infty = \lim_{x\to\infty}(-e^{-\lambda x})-(-e^0)$$

$$= 0-(-1) = 1$$

であるから，$f(x)$は確かに確率密度関数である．また，指数分布の分布関数は

$$F(x) = \int_0^x f(x)dx = [-e^{-\lambda x}]_0^x = -e^{-\lambda x}-(-1) = 1-e^{-\lambda x}$$

となる．

次に平均と分散を求める．平均は

$$\mathrm{E}[X] = \int_0^\infty xf(x)dx = \int_0^\infty x\lambda e^{-\lambda x}dx = [x(-e^{-\lambda x})]_0^\infty - \int_0^\infty (-e^{-\lambda x})dx$$
$$= -\lim_{x\to\infty}\frac{x}{e^{\lambda x}} + 0\cdot e^0 - \left[\frac{e^{-\lambda x}}{\lambda}\right]_0^\infty = -\left(0-\frac{e^0}{\lambda}\right) = \frac{1}{\lambda}$$

となる．1行目の2番目の等号から3番目の等号への変形では9.6節の部分積分を用い，$f(x) = x, g'(x) = \lambda e^{-\lambda x}$（つまり，$g(x) = -e^{-\lambda x}$）とした．また，2行目の極限は9.2節のロピタルの定理を用いれば

$$\lim_{x\to\infty}\frac{x}{e^{\lambda x}} = \lim_{x\to\infty}\frac{1}{\lambda e^{\lambda x}} = 0$$

となる．

同様に，$f(x) = x^2, g'(x) = \lambda e^{-\lambda x}$として部分積分を行えば，

$$\mathrm{E}[X^2] = \int_0^\infty x^2\lambda e^{-\lambda x}dx = [x^2(-e^{-\lambda x})]_0^\infty - \int_0^\infty 2x(-e^{-\lambda x})dx$$

この式の最右辺第1項の値は，平均の場合と同じようにロピタルの定理を用いれば0となる．また，第2項の積分に関しては平均の計算より

$$\int_0^\infty x\lambda e^{-\lambda x}dx = \frac{1}{\lambda}$$

であることがわかっているので

$$\mathrm{E}[X^2] = \int_0^\infty 2xe^{-\lambda x}dx = \frac{2}{\lambda^2}$$

となる．したがって，分散は

$$\mathrm{V}[X] = \mathrm{E}[X^2] - (\mathrm{E}[X])^2 = \frac{2}{\lambda^2} - \left(\frac{1}{\lambda}\right)^2 = \frac{1}{\lambda^2}$$

となる．

最後に積率母関数を求める．

$$M_X(t) = \mathrm{E}[e^{tX}] = \int_0^\infty e^{tx}\lambda e^{-\lambda x}dx = \lambda\int_0^\infty e^{(t-\lambda)x}dx = \lambda\left[\frac{e^{(t-\lambda)x}}{t-\lambda}\right]_0^\infty$$

この積分は $t-\lambda < 0$ でなければ発散するので，$t < \lambda$ の場合を考えると，

$$M_X(t) = \frac{\lambda}{t-\lambda}(0-1) = \frac{\lambda}{\lambda-t}$$

となる．この積率母関数を微分して $t=0$ で評価することにより（$\lambda > 0$ であるから，積率母関数は $t=0$ では発散しない）

$$\left.\frac{dM_X(t)}{dt}\right|_{t=0} = \frac{1}{\lambda}, \quad \left.\frac{d^2M_X(t)}{dt^2}\right|_{t=0} = \frac{2}{\lambda^2}$$

が得られる．

11.7.3 正規分布

確率密度関数が

$$f(x) = \frac{1}{\sqrt{2\pi}\,\sigma}e^{-\frac{(x-\mu)^2}{2\sigma^2}}$$

で与えられる確率分布を**正規分布**（**normal distribution**）という．ただし，$\sigma > 0$ である．確率変数 X がこの確率密度関数を持つとき，$X \sim \mathrm{N}(\mu, \sigma^2)$ と書き表す（図 11.2）．

まず，この確率密度関数が必要な性質を満たしているかを確認する．$f(x) \geqq 0$ は明らかである．次に

$$\int_{-\infty}^\infty f(x)dx = \frac{1}{\sqrt{2\pi}\,\sigma}\int_{-\infty}^\infty e^{-\frac{(x-\mu)^2}{2\sigma^2}}dx$$

について，$z = \frac{x-\mu}{\sigma}$ という変数変換を行うと，$x = \sigma z + \mu$ であるから $\frac{dx}{dz} = \sigma$ となる．したがって

図11.2　正規分布の確率密度関数

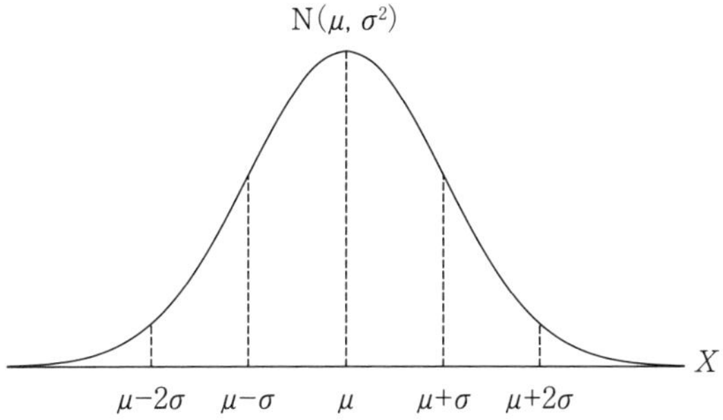

$$\int_{-\infty}^{\infty}\frac{1}{\sqrt{2\pi}\,\sigma}e^{-\frac{(x-\mu)^2}{2\sigma^2}}dx = \frac{1}{\sqrt{2\pi}\,\sigma}\int_{-\infty}^{\infty}e^{-\frac{z^2}{2}}\sigma dz$$

$$= \frac{1}{\sqrt{2\pi}}\int_{-\infty}^{\infty}e^{-\frac{z^2}{2}}dz = \frac{1}{\sqrt{2\pi}}\left[\int_{-\infty}^{0}e^{-\frac{z^2}{2}}dz+\int_{0}^{\infty}e^{-\frac{z^2}{2}}dz\right]$$

が得られる．$e^{-\frac{z^2}{2}}$ は $z=0$ に関して左右対称（偶関数，つまり $g(x)=g(-x)$ を満たす関数）なので，最後の式の 0 から ∞ の積分が存在すれば −∞ から 0 の積分も存在し，−∞ から ∞ の積分は 0 から ∞ の積分の 2 倍に等しくなる．$z>0$ の場合に対して $t=z^2/2$ と変数変換すると，$z=(2t)^{\frac{1}{2}}$ であるから

$$\frac{dz}{dt} = \frac{1}{2}(2t)^{\frac{1}{2}-1}\cdot 2 = \frac{\sqrt{2}}{2}t^{-\frac{1}{2}}$$

となるので，ガンマ関数の性質により（9.8 節を参照）

$$\int_{0}^{\infty}e^{-\frac{z^2}{2}}dz = \int_{0}^{\infty}e^{-t}\frac{\sqrt{2}}{2}t^{-\frac{1}{2}}dt = \frac{\sqrt{2}}{2}\int_{0}^{\infty}e^{-t}t^{\frac{1}{2}-1}dt$$

$$= \frac{\sqrt{2}}{2}\Gamma\left(\tfrac{1}{2}\right) = \frac{\sqrt{2\pi}}{2}$$

が得られる．したがって，

$$\int_{-\infty}^{\infty}f(x)dx = \frac{1}{\sqrt{2\pi}}\cdot 2\cdot\frac{\sqrt{2\pi}}{2} = 1$$

となるので，$f(x)$ は確率密度関数である．

次に平均を求める．平均についても $z=\frac{x-\mu}{\sigma}$ という変数変換を行うと

$$\mathrm{E}[X] = \int_{-\infty}^{\infty}x\frac{1}{\sqrt{2\pi}\,\sigma}e^{-\frac{(x-\mu)^2}{2\sigma^2}}dx = \frac{1}{\sqrt{2\pi}\,\sigma}\int_{-\infty}^{\infty}(\sigma z+\mu)e^{-\frac{z^2}{2}}\sigma dz$$

$$= \frac{\sigma}{\sqrt{2\pi}}\int_{-\infty}^{\infty} ze^{-\frac{z^2}{2}}dz + \mu\underbrace{\frac{1}{\sqrt{2\pi}}\int_{-\infty}^{\infty} e^{-\frac{z^2}{2}}dz}_{\text{確率密度関数の性質より 1}}$$

$$= \frac{\sigma}{\sqrt{2\pi}}\int_{-\infty}^{0} ze^{-\frac{z^2}{2}}dz + \frac{\sigma}{\sqrt{2\pi}}\int_{0}^{\infty} ze^{-\frac{z^2}{2}}dz + \mu$$

となる．ここで第 2 項の積分に注目すると，

$$\int_0^{\infty} ze^{-\frac{z^2}{2}}dz = \left[-e^{-\frac{z^2}{2}}\right]_0^{\infty} = -0-(-1) = 1$$

となり，積分が存在する．$ze^{-\frac{z^2}{2}}$ は奇関数（つまり $g(-x) = -g(x)$ を満たす関数）であるから

$$\int_{-\infty}^{0} ze^{-\frac{z^2}{2}}dz = -\int_0^{\infty} ze^{-\frac{z^2}{2}}dz = -1$$

となり，

$$\mathrm{E}[X] = \mu$$

が得られる[3]．

次に分散を求める．平均の場合と同様に $z = \frac{x-\mu}{\sigma}$ という変数変換を行うと

$$\mathrm{E}[X^2] = \int_{-\infty}^{\infty} x^2 \frac{1}{\sqrt{2\pi}\sigma} e^{-\frac{(x-\mu)^2}{2\sigma^2}}dx = \frac{1}{\sqrt{2\pi}\sigma}\int_{-\infty}^{\infty}(\sigma z+\mu)^2 e^{-\frac{z^2}{2}}\sigma dz$$

$$= \frac{1}{\sqrt{2\pi}}\int_{-\infty}^{\infty}(\sigma^2 z^2 + 2\mu\sigma z + \mu^2)e^{-\frac{z^2}{2}}dz$$

$$= \frac{\sigma^2}{\sqrt{2\pi}}\int_{-\infty}^{\infty} z^2 e^{-\frac{z^2}{2}}dz + \frac{2\mu\sigma}{\sqrt{2\pi}}\int_{-\infty}^{\infty} ze^{-\frac{z^2}{2}}dz + \frac{\mu^2}{\sqrt{2\pi}}\int_{-\infty}^{\infty} e^{-\frac{z^2}{2}}dz$$

となる．上の式の第 2，3 項に関しては，これまでの計算から

$$\int_{-\infty}^{\infty} ze^{-\frac{z^2}{2}}dz = 0, \quad \frac{1}{\sqrt{2\pi}}\int_{-\infty}^{\infty} e^{-\frac{z^2}{2}}dz = 1$$

であることがわかっているので，第 1 項を考える．前の計算と同様に，$z > 0$ の場合に対して $t = z^2/2$ と変数変換を行えば

3）$g(x)$ が奇関数であるからという理由だけで，安易に $\int_{-\infty}^{\infty} g(x)dx = 0$ としてはならない．$\int_{-\infty}^{\infty} g(x)dx$ は $\int_a^b g(x)dx$ の a, b がそれぞれ独立に $-\infty$ と ∞ に近づくことを意味している．ところが $g(x) = x$ のとき，$\int_a^b g(x)dx = (b^2-a^2)/2$ であるから，$a = -b$ と固定して b を ∞ に近づければ $\lim_{b\to\infty}\int_{-b}^{b} f(x)dx = 0$ であるが，$a = -2b$ と固定した場合には $\lim_{b\to\infty}\int_{-2b}^{b} f(x)dx = -\infty$ となる．したがって，$\int_{-\infty}^{\infty} g(x)dx = 0$ を得るためには $\int_0^{\infty} g(x)dx$ が存在しなければならない．

$$\frac{\sigma^2}{\sqrt{2\pi}}\int_0^{\infty} z^2 e^{-\frac{z^2}{2}} dz = \frac{\sigma^2}{\sqrt{2\pi}}\int_0^{\infty} 2te^{-t}\frac{\sqrt{2}}{2}t^{-\frac{1}{2}}dt$$

$$= \frac{\sigma^2}{\sqrt{\pi}}\int_0^{\infty} t^{\frac{3}{2}-1}e^{-t}dt = \frac{\sigma^2}{\sqrt{\pi}}\Gamma\left(\tfrac{3}{2}\right) = \frac{\sigma^2}{\sqrt{\pi}}\frac{1}{2}\underbrace{\Gamma\left(\tfrac{1}{2}\right)}_{\sqrt{\pi}} = \frac{\sigma^2}{2}$$

となる．$z^2 e^{-\frac{z^2}{2}}$ は偶関数なので

$$\frac{\sigma^2}{\sqrt{2\pi}}\int_{-\infty}^{\infty} z^2 e^{-\frac{z^2}{2}} dz = \sigma^2$$

となるから

$$\mathrm{E}[X^2] = \sigma^2 + \mu^2$$

が得られる．したがって，Xの分散は

$$\mathrm{V}[X] = \mathrm{E}[X^2] - (\mathrm{E}[X])^2 = \sigma^2 + \mu^2 - \mu^2 = \sigma^2$$

となる．

次に積率母関数を求める．積率母関数の定義により

$$M_X(t) = \mathrm{E}[e^{tX}] = \int_{-\infty}^{\infty} e^{tx}\frac{1}{\sqrt{2\pi}\,\sigma}e^{-\frac{(x-\mu)^2}{2\sigma^2}}dx = \int_{-\infty}^{\infty}\frac{1}{\sqrt{2\pi}\,\sigma}e^{tx-\frac{(x-\mu)^2}{2\sigma^2}}dx$$

である．指数部分に注目すると

$$tx - \frac{(x-\mu)^2}{2\sigma^2} = \frac{-x^2 + 2\mu x - \mu^2 + 2t\sigma^2 x}{2\sigma^2} = \frac{-x^2 + 2(\mu + t\sigma^2)x - \mu^2}{2\sigma^2}$$

$$= \frac{-\{x-(\mu+t\sigma^2)\}^2 + (\mu+t\sigma^2)^2 - \mu^2}{2\sigma^2} = \frac{-\{x-(\mu+t\sigma^2)\}^2 + 2\mu t\sigma^2 + t^2\sigma^4}{2\sigma^2}$$

$$= -\frac{\{x-(\mu+t\sigma^2)\}^2}{2\sigma^2} + \mu t + \frac{\sigma^2 t^2}{2}$$

であるから

$$M_X(t) = \frac{1}{\sqrt{2\pi}\,\sigma}\int_{-\infty}^{\infty} e^{-\frac{\{x-(\mu+t\sigma^2)\}^2}{2\sigma^2} + \mu t + \frac{\sigma^2 t^2}{2}}dx$$

$$= e^{\mu t + \frac{\sigma^2 t^2}{2}}\int_{-\infty}^{\infty}\underbrace{\frac{1}{\sqrt{2\pi}\,\sigma}e^{-\frac{\{x-(\mu+t\sigma^2)\}^2}{2\sigma^2}}}_{\mathrm{N}(\mu+t\sigma^2,\,\sigma^2)\text{ の p.d.f}}dx = e^{\mu t + \frac{\sigma^2 t^2}{2}}$$

となる．

$$\frac{dM_X(t)}{dt} = e^{\mu t + \frac{\sigma^2 t^2}{2}}(\mu + \sigma^2 t)$$

$$\frac{d^2 M_X(t)}{dt^2} = e^{\mu t + \frac{\sigma^2 t^2}{2}}(\mu + \sigma^2 t)(\mu + \sigma^2 t) + e^{\mu t + \frac{\sigma^2 t^2}{2}}\sigma^2 = e^{\mu t + \frac{\sigma^2 t^2}{2}}\{(\mu + \sigma^2 t)^2 + \sigma^2\}$$

に $t = 0$ を代入すると，

$$\left.\frac{dM_X(t)}{dt}\right|_{t=0} = \mu, \quad \left.\frac{d^2 M_X(t)}{dt^2}\right|_{t=0} = \mu^2 + \sigma^2$$

となり，1次と2次のモーメントが求まる．

以上では，定義に基づいた計算と，積率母関数に基づいた計算により正規分布のモーメントを計算した．以下では，モーメントを計算するための別の方法を説明する．上で見たように，正規分布の確率密度関数には

$$\int_{-\infty}^{\infty} \frac{1}{\sqrt{2\pi}\sigma} e^{-\frac{(x-\mu)^2}{2\sigma^2}} dx = 1$$

という性質があり，これは任意の μ, σ^2 の値に対して成立する．つまり，この式は μ, σ^2 に関して恒等式である．したがって，この式の両辺を μ で偏微分することができる．実際に偏微分を行うと

$$\frac{\partial}{\partial \mu} \int_{-\infty}^{\infty} \frac{1}{\sqrt{2\pi}\sigma} e^{-\frac{(x-\mu)^2}{2\sigma^2}} dx = 0$$

となる．左辺の微分と積分の順序を入れ換えると（実際には微分と積分の順序を入れ換えるには特定の条件が満たされている必要があるが，ここではこの条件には深入りしない）

$$\begin{aligned}
&\int_{-\infty}^{\infty} \frac{1}{\sqrt{2\pi}\sigma} \frac{\partial}{\partial \mu} e^{-\frac{(x-\mu)^2}{2\sigma^2}} dx \\
&= \int_{-\infty}^{\infty} \frac{1}{\sqrt{2\pi}\sigma} e^{-\frac{(x-\mu)^2}{2\sigma^2}} \left[-\frac{2(x-\mu)(-1)}{2\sigma^2} \right] dx = \int_{-\infty}^{\infty} \frac{1}{\sqrt{2\pi}\sigma} e^{-\frac{(x-\mu)^2}{2\sigma^2}} \frac{(x-\mu)}{\sigma^2} dx \\
&= \frac{1}{\sigma^2} \underbrace{\int_{-\infty}^{\infty} \frac{1}{\sqrt{2\pi}\sigma} e^{-\frac{(x-\mu)^2}{2\sigma^2}} x dx}_{\mathrm{E}[X]} - \frac{\mu}{\sigma^2} \underbrace{\int_{-\infty}^{\infty} \frac{1}{\sqrt{2\pi}\sigma} e^{-\frac{(x-\mu)^2}{2\sigma^2}} dx}_{1} = 0
\end{aligned}$$

となる．この式より，$\mathrm{E}[X] = \mu$ が得られる．

標準化

$X \sim \mathrm{N}(\mu, \sigma^2)$ のときに,

$$Z = \frac{X-\mu}{\sigma}$$

の分布を考える．これまで同様に，$z = \frac{x-\mu}{\sigma}$ という変数変換を行うと

$$\mathrm{P}(X < x_0) = \int_{-\infty}^{x_0} \frac{1}{\sqrt{2\pi}\sigma} e^{-\frac{(x-\mu)^2}{2\sigma^2}} dx = \int_{-\infty}^{\frac{x_0-\mu}{\sigma}} \frac{1}{\sqrt{2\pi}\sigma} e^{-\frac{z^2}{2}} \sigma dz$$

$$= \int_{-\infty}^{z_0} \underbrace{\frac{1}{\sqrt{2\pi}} e^{-\frac{z^2}{2}}}_{\mathrm{N}(0,\,1)\text{ の p.d.f}} dz = \mathrm{P}(Z < z_0)$$

となる．ただし，$z_0 = \frac{x_0-\mu}{\sigma}$ である．このことから，Z は平均 0，分散 1 の正規分布（**標準正規分布；standard normal distribution**）に従う．つまり，任意の正規分布 $\mathrm{N}(\mu, \sigma^2)$ に従う確率変数 X に対して $Z = \frac{X-\mu}{\sigma}$ と置けば，Z は標準正規分布に従うことになる．このことから，標準正規分布の確率表（標準正規分布表）さえあれば，任意の正規分布の確率を計算できることになる．標準正規分布の確率密度関数を解析的に積分することはできないので，標準正規分布表は数値計算によって計算される．

また，同様の計算を行えば，$X \sim \mathrm{N}(\mu, \sigma^2)$ のとき，$aX+b \sim \mathrm{N}(a\mu+b, a^2\sigma^2)$ であることが示される．この関係は，11.5 節の性質を用いて，以下のように導くこともできる．$Y = aX+b$ と変数変換を行えば，$X = \frac{Y-b}{a}$（$x = \frac{y-b}{a}$）であるから $\frac{dx}{dy} = \frac{1}{a}$ となる．したがって，Y の確率密度関数 $f_y(y)$ は

$$f_y(y) = f_x(x)\left|\frac{dx}{dy}\right| = \frac{1}{\sqrt{2\pi}\sigma} e^{-\frac{\{(y-b)/a-\mu\}^2}{2\sigma^2}} \left|\frac{1}{a}\right| = \frac{1}{\sqrt{2\pi}|a|\sigma} e^{-\frac{\{y-(a\mu+b)\}^2}{2(a\sigma)^2}}$$

となるが，これは $\mathrm{N}(a\mu+b, a^2\sigma^2)$ の確率密度関数に他ならない．したがって $Y \sim \mathrm{N}(a\mu+b, a^2\sigma^2)$ である．

正規分布の再生性

X_1 と X_2 が独立で，$X_1 \sim \mathrm{N}(\mu_1, \sigma_1^2)$, $X_2 \sim \mathrm{N}(\mu_2, \sigma_2^2)$ であるとする．このとき，X_1, X_2 の積率母関数はそれぞれ

$$M_{X_1}(t) = e^{\mu_1 t + \frac{\sigma_1^2 t^2}{2}}, \quad M_{X_2}(t) = e^{\mu_2 t + \frac{\sigma_2^2 t^2}{2}}$$

である．したがって，定理 11.4.9 を用いると

$$M_{X_1+X_2}(t)=M_{X_1}(t)M_{X_2}(t)=e^{\mu_1 t+\frac{\sigma_1^2 t^2}{2}}e^{\mu_2 t+\frac{\sigma_2^2 t^2}{2}}=e^{(\mu_1+\mu_2)t+\frac{(\sigma_1^2+\sigma_2^2)t^2}{2}}$$

であるが，これは $\mathrm{N}(\mu_1+\mu_2, \sigma_1^2+\sigma_2^2)$ の積率母関数である．積率母関数と分布の 1 対 1 対応により，X_1+X_2 の分布は $\mathrm{N}(\mu_1+\mu_2, \sigma_1^2+\sigma_2^2)$ である．

以上のように，正規分布に従う独立な確率変数の和もまた正規分布に従う．このような性質を**正規分布の再生性**という．正規分布の再生性を用いると，次の定理が得られる．

定理 11.7.1

$X_1, X_2, \ldots, X_n$ が，それぞれ独立に $\mathrm{N}(\mu, \sigma^2)$ に従うとき，$X_1, X_2, \ldots, X_n$ の標本平均 $\bar{X}$ は $\mathrm{N}(\mu, \frac{\sigma^2}{n})$ に従う．

[証明] $X_i \sim \mathrm{N}(\mu, \sigma^2)$ であるから $\frac{X_i}{n} \sim \mathrm{N}(\frac{\mu}{n}, \frac{\sigma^2}{n^2})$ となる．正規分布の再生性より

$$\frac{X_1}{n}+\frac{X_2}{n} \sim \mathrm{N}\left(\frac{2\mu}{n}, \frac{2\sigma^2}{n^2}\right), \quad \frac{X_1}{n}+\frac{X_2}{n}+\frac{X_3}{n} \sim \mathrm{N}\left(\frac{3\mu}{n}, \frac{3\sigma^2}{n^2}\right)$$

これを繰り返していくと

$$\frac{X_1}{n}+\frac{X_2}{n}+\frac{X_3}{n}+\cdots+\frac{X_n}{n} \sim \mathrm{N}\left(\frac{n\mu}{n}, \frac{n\sigma^2}{n^2}\right)=\mathrm{N}\left(\mu, \frac{\sigma^2}{n}\right)$$

となる．■

11.7.4　2 変数正規分布と多変数正規分布

2 つの確率変数 X と Y の同時確率密度関数が

$$f(x,y)=\frac{1}{2\pi\sigma_x\sigma_y\sqrt{1-\rho^2}}e^{-\frac{1}{2(1-\rho^2)}\left\{\frac{(x-\mu_x)^2}{\sigma_x^2}-2\rho\frac{(x-\mu_x)(y-\mu_y)}{\sigma_x\sigma_y}+\frac{(y-\mu_y)^2}{\sigma_y^2}\right\}}$$

で与えられる確率分布を **2 変数正規分布**（**bivariate normal distribution**）と呼ぶ．後に説明するように，正規分布には，2 変数正規分布をさらに拡張した**多変数正規分布**（**multivariate normal distribution**）も存在する．2 変数正規分布において $a<X<b$ かつ $c<Y<d$ となる確率は

$$\mathrm{P}(a<X<b, c<Y<d)=\int_c^d\int_a^b f(x,y)dxdy$$

で定義される．

まず，この確率密度関数が必要な性質を満たしていることを確認する．$f(x,y) \geqq 0$ は明らかである．次に

$$\int_{-\infty}^{\infty}\int_{-\infty}^{\infty} f(x,y)dxdy = 1$$

についてであるが，これを確認するために，まず周辺分布を求める．$u = \frac{x-\mu_x}{\sigma_x}$，$v = \frac{y-\mu_y}{\sigma_y}$ と置けば，確率密度関数の指数部分は

$$\begin{aligned}
-\frac{1}{2(1-\rho^2)}(u^2-2\rho uv+v^2) &= -\frac{(v-\rho u)^2+u^2-\rho^2u^2}{2(1-\rho^2)} \\
&= -\frac{(v-\rho u)^2}{2(1-\rho^2)}-\frac{u^2}{2} = -\frac{[(y-\mu_y)/\sigma_y-\rho(x-\mu_x)/\sigma_x]^2}{2(1-\rho^2)}-\frac{(x-\mu_x)^2}{2\sigma_x^2} \\
&= -\frac{[y-\mu_y-\rho\sigma_y(x-\mu_x)/\sigma_x]^2}{2\sigma_y^2(1-\rho^2)}-\frac{(x-\mu_x)^2}{2\sigma_x^2}
\end{aligned}$$

と変形できるので，X, Y の同時確率密度関数は

$$f(x,y) = \frac{1}{\sqrt{2\pi}\sigma_y\sqrt{1-\rho^2}}e^{-\frac{[y-\mu_y-\rho\sigma_y(x-\mu_x)/\sigma_x]^2}{2\sigma_y^2(1-\rho^2)}}\frac{1}{\sqrt{2\pi}\sigma_x}e^{-\frac{(x-\mu_x)^2}{2\sigma_x^2}}$$

のように変形できる．したがって，X の周辺確率密度関数は

$$\begin{aligned}
f_x(x) &= \int_{-\infty}^{\infty} f(x,y)dy \\
&= \int_{-\infty}^{\infty}\frac{1}{\sqrt{2\pi}\sigma_y\sqrt{1-\rho^2}}e^{-\frac{[y-\mu_y-\rho\sigma_y(x-\mu_x)/\sigma_x]^2}{2\sigma_y^2(1-\rho^2)}}\frac{1}{\sqrt{2\pi}\sigma_x}e^{-\frac{(x-\mu_x)^2}{2\sigma_x^2}}dy \\
&= \int_{-\infty}^{\infty}\underbrace{\frac{1}{\sqrt{2\pi}\sigma_y\sqrt{1-\rho^2}}e^{-\frac{[y-\mu_y-\rho\sigma_y(x-\mu_x)/\sigma_x]^2}{2\sigma_y^2(1-\rho^2)}}}_{\mathrm{N}(\mu_y+\rho\sigma_y(x-\mu_x)/\sigma_x,\ \sigma_y^2(1-\rho^2))\text{の p.d.f}}dy\frac{1}{\sqrt{2\pi}\sigma_x}e^{-\frac{(x-\mu_x)^2}{2\sigma_x^2}} \\
&= \frac{1}{\sqrt{2\pi}\sigma_x}e^{-\frac{(x-\mu_x)^2}{2\sigma_x^2}}
\end{aligned}$$

となるので，X の周辺分布は平均 μ_x，分散 σ_x^2 の正規分布となる．このことと，1変数の正規分布の性質を用いれば，

$$\int_{-\infty}^{\infty}\int_{-\infty}^{\infty} f(x,y)dxdy = \int_{-\infty}^{\infty}\left[\int_{-\infty}^{\infty} f(x,y)dy\right]dx = \int_{-\infty}^{\infty} f_x(x)dx = 1$$

となり，2変数正規分布の確率密度関数が必要な条件を満たしていることがわかる．同様の計算を行うことにより，Y の周辺分布は平均 μ_y，分散 σ_y^2 の正規分布で

あることが示される．

次に，X の平均と分散を計算しよう．定義に基づいて，同時確率密度関数から X の平均を計算すると

$$\mathrm{E}[X]=\int_{-\infty}^{\infty}\int_{-\infty}^{\infty}xf(x,y)dxdy=\int_{-\infty}^{\infty}x\left[\int_{-\infty}^{\infty}f(x,y)dy\right]dx$$

$$=\int_{-\infty}^{\infty}xf_x(x)dx=\mu_x$$

となる．最後の行では $f_x(x)$ が $\mathrm{N}(\mu_x,\sigma_x^2)$ の確率密度関数であることを用いた．つまり，X の平均は，X の周辺分布の平均 μ_x に等しい．同様にして，X の分散は

$$\mathrm{V}[X]=\int_{-\infty}^{\infty}\int_{-\infty}^{\infty}(x-\mu_x)^2f(x,y)dxdy=\int_{-\infty}^{\infty}(x-\mu_x)^2\left[\int_{-\infty}^{\infty}f(x,y)dy\right]dx$$

$$=\int_{-\infty}^{\infty}(x-\mu_x)^2f_x(x)dx=\sigma_x^2$$

となり，X の周辺分布の分散に等しいことがわかる．同様の計算により，Y の平均と分散も Y の周辺分布の平均と分散に等しいことがわかる．以上では，定義に基づいて同時確率密度関数から平均，分散を計算したが，11.4.1 項で示したように，平均と分散を計算する場合には，最初から周辺分布を用いて計算してもかまわない．

次に X と Y の共分散を求める．$\mathrm{E}[X]=\mu_x, \mathrm{E}[Y]=\mu_y$ であるから，11.4.1 項で導いた性質を用いると

$$\mathrm{Cov}[X,Y]=\mathrm{E}[XY]-\mathrm{E}[X]\mathrm{E}[Y]=\mathrm{E}[XY]-\mu_x\mu_y$$

となるので，$\mathrm{E}[XY]$ を求める．

$$\mathrm{E}[XY]=\int_{-\infty}^{\infty}\int_{-\infty}^{\infty}xyf(x,y)dxdy$$

$$=\int_{-\infty}^{\infty}\int_{-\infty}^{\infty}xy\frac{1}{\sqrt{2\pi}\,\sigma_y\sqrt{1-\rho^2}}e^{-\frac{[y-\mu_y-\rho\sigma_y(x-\mu_x)/\sigma_x]^2}{2\sigma_y^2(1-\rho^2)}}\frac{1}{\sqrt{2\pi}\,\sigma_x}e^{-\frac{(x-\mu_x)^2}{2\sigma_x^2}}dxdy$$

$$=\int_{-\infty}^{\infty}x\frac{1}{\sqrt{2\pi}\,\sigma_x}e^{-\frac{(x-\mu_x)^2}{2\sigma_x^2}}\left[\int_{-\infty}^{\infty}y\frac{1}{\sqrt{2\pi}\,\sigma_y\sqrt{1-\rho^2}}e^{-\frac{[y-\mu_y-\rho\sigma_y(x-\mu_x)/\sigma_x]^2}{2\sigma_y^2(1-\rho^2)}}dy\right]dx$$

[　] 内の積分は平均 $\mu_y+\rho\sigma_y(x-\mu_x)/\sigma_x$, 分散 $\sigma_y^2(1-\rho^2)$ の正規分布の平均なので

$$\mathrm{E}[XY] = \int_{-\infty}^{\infty} x \frac{1}{\sqrt{2\pi}\sigma_x} e^{-\frac{(x-\mu_x)^2}{2\sigma_x^2}} \left[\mu_y + \frac{\rho\sigma_y(x-\mu_x)}{\sigma_x}\right] dx$$

$$= \left(\mu_y - \frac{\rho\sigma_y\mu_x}{\sigma_x}\right) \underbrace{\int_{-\infty}^{\infty} x \frac{1}{\sqrt{2\pi}\sigma_x} e^{-\frac{(x-\mu_x)^2}{2\sigma_x^2}} dx}_{\mathrm{E}[X],\ X\sim \mathrm{N}(\mu_x,\ \sigma_x^2)} + \frac{\rho\sigma_y}{\sigma_x} \underbrace{\int_{-\infty}^{\infty} x^2 \frac{1}{\sqrt{2\pi}\sigma_x} e^{-\frac{(x-\mu_x)^2}{2\sigma_x^2}} dx}_{\mathrm{E}[X^2],\ X\sim \mathrm{N}(\mu_x,\ \sigma_x^2)}$$

$$= \left(\mu_y - \frac{\rho\sigma_y\mu_x}{\sigma_x}\right)\mu_x + \frac{\rho\sigma_y}{\sigma_x}(\mu_x^2 + \sigma_x^2) = \mu_x\mu_y + \rho\sigma_x\sigma_y$$

となる．$\mathrm{E}[X^2]$ の計算には $\mathrm{V}[X] = \mathrm{E}[X^2] - (\mathrm{E}[X])^2$ を用いればよい．以上の結果より

$$\mathrm{Cov}[X, Y] = \mu_x\mu_y + \rho\sigma_x\sigma_y - \mu_x\mu_y = \rho\sigma_x\sigma_y$$

が得られる．したがって

$$\frac{\mathrm{Cov}[X, Y]}{\sqrt{\mathrm{V}[X]}\sqrt{\mathrm{V}[Y]}}$$

で定義される X と Y の**相関係数**（**correlation coefficient**）は

$$\frac{\mathrm{Cov}[X, Y]}{\sqrt{\mathrm{V}[X]}\sqrt{\mathrm{V}[Y]}} = \frac{\rho\sigma_x\sigma_y}{\sqrt{\sigma_x^2\sigma_y^2}} = \rho$$

となる．

次に相関係数が $\rho = 0$ を満たす場合を考えよう．このとき，2変数正規分布の同時確率密度関数は

$$f(x, y) = \frac{1}{2\pi\sigma_x\sigma_y} e^{-\frac{1}{2}\left\{\frac{(x-\mu_x)^2}{\sigma_x^2} + \frac{(y-\mu_y)^2}{\sigma_y^2}\right\}}$$

$$= \frac{1}{\sqrt{2\pi}\sigma_x} e^{-\frac{(x-\mu_x)^2}{2\sigma_x^2}} \frac{1}{\sqrt{2\pi}\sigma_y} e^{-\frac{(y-\mu_y)^2}{2\sigma_y^2}} = f_x(x) f_y(y)$$

となる．このことから，X, Y が2変数正規分布に従い，相関係数 $\rho = 0$ のとき（つまり，X と Y の共分散が0のとき），X と Y は独立であるということになる[4)]．次に $\rho \neq 0$ の場合を考えよう．X, Y の同時確率密度関数が

$$f(x, y) = \frac{1}{\sqrt{2\pi}\sigma_y\sqrt{1-\rho^2}} e^{-\frac{[y-\mu_y-\rho\sigma_y(x-\mu_x)/\sigma_x]^2}{2\sigma_y^2(1-\rho^2)}} \frac{1}{\sqrt{2\pi}\sigma_x} e^{-\frac{(x-\mu_x)^2}{2\sigma_x^2}}$$

4）定理11.4.4の下で説明したように，共分散が0であるからといって，2つの確率変数が独立であるとはいえない．しかし，ここで見たように，2つの確率変数が正規分布に従う場合には，相関が0，つまり共分散が0であれば2つの確率変数は独立であるといえる．

と変形されることと，X の周辺確率密度関数が

$$f_x(x) = \frac{1}{\sqrt{2\pi}\,\sigma_x} e^{-\frac{(x-\mu_x)^2}{2\sigma_x^2}}$$

であることを用いれば，$X = x$ を所与とした Y の条件付き確率密度関数は

$$f(y\,|\,x) = \frac{f(x,y)}{f_x(x)} = \frac{1}{\sqrt{2\pi}\,\sigma_y\sqrt{1-\rho^2}} e^{-\frac{[y-\mu_y-\rho\sigma_y(x-\mu_x)/\sigma_x]^2}{2\sigma_y^2(1-\rho^2)}}$$

となる．したがって，$X = x$ を所与としたときの Y の条件付き確率分布は平均 $\mu_y + \rho\sigma_y(x-\mu_x)/\sigma_x$, 分散 $\sigma_y^2(1-\rho^2)$ の正規分布になる．同様に，$Y = y$ を所与とした X の条件付き確率分布は平均 $\mu_x + \rho\sigma_x(y-\mu_y)/\sigma_y$, 分散 $\sigma_x^2(1-\rho^2)$ の正規分布になる[5)]．

次に，2 変数正規分布のベクトル表現を説明する．確率変数ベクトル

$$\boldsymbol{W} = \begin{bmatrix} X \\ Y \end{bmatrix}$$

の平均ベクトルを

$$\boldsymbol{\mu} = \mathrm{E}[\boldsymbol{W}] = \begin{bmatrix} \mathrm{E}[X] \\ \mathrm{E}[Y] \end{bmatrix} = \begin{bmatrix} \mu_x \\ \mu_y \end{bmatrix}$$

分散共分散行列を

$$\begin{aligned}
\boldsymbol{\Sigma} &= \mathrm{E}[(\boldsymbol{W}-\boldsymbol{\mu})(\boldsymbol{W}-\boldsymbol{\mu})'] \\
&= \mathrm{E}\left[\begin{bmatrix} X-\mu_x \\ Y-\mu_y \end{bmatrix}[X-\mu_x \;\; Y-\mu_y]\right] = \mathrm{E}\begin{bmatrix} (X-\mu_x)^2 & (X-\mu_x)(Y-\mu_y) \\ (X-\mu_x)(Y-\mu_y) & (Y-\mu_y)^2 \end{bmatrix} \\
&= \begin{bmatrix} \mathrm{V}[X] & \mathrm{Cov}[X,Y] \\ \mathrm{Cov}[X,Y] & \mathrm{V}[Y] \end{bmatrix} = \begin{bmatrix} \sigma_x^2 & \rho\sigma_x\sigma_y \\ \rho\sigma_x\sigma_y & \sigma_y^2 \end{bmatrix}
\end{aligned}$$

と定義する．$\boldsymbol{W}$ が平均ベクトル $\boldsymbol{\mu}$，分散共分散行列 $\boldsymbol{\Sigma}$ の正規分布に従うことを

$$\boldsymbol{W} \sim \mathrm{N}(\boldsymbol{\mu}, \boldsymbol{\Sigma})$$

と表す．ただし，$\boldsymbol{\Sigma}$ は正値定符号行列である．要素表示を用いて

5）$\mathrm{E}[X] = \mu_x$ であるから，X を所与とした Y の条件付き期待値 $\mathrm{E}[Y\,|\,X] = \mu_y + \rho\sigma_y(X-\mu_x)/\sigma_x$ の両辺において，X についての期待値をとれば，$\mathrm{E}_X[\mathrm{E}[Y\,|\,X]] = \mu_y + \rho\sigma_y(\mathrm{E}[X]-\mu_x)/\sigma_x = \mu_y = \mathrm{E}[Y]$ となり，繰り返し期待値の法則が成立することを確認できる（X の条件付き期待値についても同様）．

$$\begin{bmatrix} X \\ Y \end{bmatrix} \sim \mathrm{N}\left(\begin{bmatrix} \mu_x \\ \mu_y \end{bmatrix}, \begin{bmatrix} \sigma_x^2 & \rho\sigma_x\sigma_y \\ \rho\sigma_x\sigma_y & \sigma_y^2 \end{bmatrix}\right)$$

と表すこともできる．この表記法は k 変数のベクトルに対しても利用できる．k 変数のベクトル $\boldsymbol{W}$ が平均ベクトル $\boldsymbol{\mu}$，分散共分散行列 $\boldsymbol{\Sigma}$ の多変数正規分布に従うとき，$\boldsymbol{W}$ の確率密度関数は

$$f(\boldsymbol{w}) = \frac{1}{(2\pi)^{\frac{k}{2}}|\boldsymbol{\Sigma}|^{\frac{1}{2}}} e^{-\frac{1}{2}(\boldsymbol{w}-\mu)'\Sigma^{-1}(\boldsymbol{w}-\mu)}$$

で与えられる．2変数の場合で見てみると

$$|\boldsymbol{\Sigma}| = \begin{vmatrix} \sigma_x^2 & \rho\sigma_x\sigma_y \\ \rho\sigma_x\sigma_y & \sigma_y^2 \end{vmatrix} = \sigma_x^2\sigma_y^2 - (\rho\sigma_x\sigma_y)^2 = (1-\rho^2)\sigma_x^2\sigma_y^2$$

$$\boldsymbol{\Sigma}^{-1} = \frac{1}{(1-\rho^2)\sigma_x^2\sigma_y^2}\begin{bmatrix} \sigma_y^2 & -\rho\sigma_x\sigma_y \\ -\rho\sigma_x\sigma_y & \sigma_x^2 \end{bmatrix}$$

であるから

$$\begin{aligned}(\boldsymbol{w}-\mu)'\boldsymbol{\Sigma}^{-1}(\boldsymbol{w}-\mu) &= \frac{1}{(1-\rho^2)\sigma_x^2\sigma_y^2}[\sigma_y^2(X-\mu_x)^2 - \rho\sigma_x\sigma_y(X-\mu_x)(Y-\mu_y) \\ &\qquad -\rho\sigma_x\sigma_y(X-\mu_x)(Y-\mu_y) + \sigma_x^2(Y-\mu_y)^2] \\ &= \frac{1}{1-\rho^2}\left\{\frac{(X-\mu_x)^2}{\sigma_x^2} - 2\rho\frac{(X-\mu_x)(Y-\mu_y)}{\sigma_x\sigma_y} + \frac{(Y-\mu_y)^2}{\sigma_y^2}\right\}\end{aligned}$$

となる．$|\boldsymbol{\Sigma}|$ と $(\boldsymbol{w}-\mu)'\boldsymbol{\Sigma}^{-1}(\boldsymbol{w}-\mu)$ を $f(\boldsymbol{w})$ に代入すると，$f(\boldsymbol{w})$ は確かに2変数正規分布の確率密度関数であることがわかる．

k 変数の正規分布についても，2変数の場合と同様の周辺分布および条件付き分布の性質が成立し，正規分布に従う確率変数（ベクトル）は，無相関（つまり共分散が0）であれば独立であるといえる．

11.7.5　カイ2乗分布

確率変数 X が確率密度関数

$$f(x) = \begin{cases} \dfrac{1}{2^{\frac{n}{2}}\Gamma\left(\frac{n}{2}\right)} x^{\frac{n}{2}-1} e^{-\frac{x}{2}} & x \geqq 0 \\ 0 & \text{それ以外} \end{cases}$$

を持つとき，X は**自由度** (**degrees of freedom**) n の**カイ 2 乗分布** (**chi-squared distribution**) に従うといい，$X \sim \chi^2(n)$ と書く．

カイ 2 乗分布に従う確率変数の k 次のモーメントを求めよう．定義により

$$\mathrm{E}[X^k] = \int_0^\infty x^k f(x)dx = \int_0^\infty x^k \frac{1}{2^{\frac{n}{2}}\Gamma\left(\frac{n}{2}\right)} x^{\frac{n}{2}-1} e^{-\frac{x}{2}} dx$$

$$= \frac{1}{2^{\frac{n}{2}}\Gamma\left(\frac{n}{2}\right)} \int_0^\infty x^{\frac{n}{2}+k-1} e^{-\frac{x}{2}} dx$$

最後の行の積分において $t = \frac{x}{2}$ と変数変換を行うと，$x = 2t$ であるから $\frac{dx}{dt} = 2$ なので

$$\int_0^\infty x^{\frac{n}{2}+k-1} e^{-\frac{x}{2}} dx = \int_0^\infty (2t)^{\frac{n}{2}+k-1} e^{-t} 2dt$$

$$= 2^{\frac{n}{2}+k} \int_0^\infty t^{\frac{n}{2}+k-1} e^{-t} dt = 2^{\frac{n}{2}+k} \Gamma\left(\frac{n}{2}+k\right)$$

となる．したがって

$$\mathrm{E}[X^k] = \frac{1}{2^{\frac{n}{2}}\Gamma\left(\frac{n}{2}\right)} 2^{\frac{n}{2}+k} \Gamma\left(\frac{n}{2}+k\right) = \frac{2^k \Gamma\left(\frac{n}{2}+k\right)}{\Gamma\left(\frac{n}{2}\right)}$$

となる．

上の式において $k = 0$ とすると

$$\mathrm{E}[X^0] = \int_0^\infty f(x)dx = \frac{2^0 \Gamma\left(\frac{n}{2}\right)}{\Gamma\left(\frac{n}{2}\right)} = 1$$

となり，$f(x) \geqq 0$ は明らかなので，$f(x)$ は確率密度関数が満たすべき性質を満たしていることがわかる．

次にカイ 2 乗分布の平均と分散を求めよう．$k = 1$ とすると

$$\mathrm{E}[X] = \frac{2\Gamma\left(\frac{n}{2}+1\right)}{\Gamma\left(\frac{n}{2}\right)} = \frac{2 \frac{n}{2} \Gamma\left(\frac{n}{2}\right)}{\Gamma\left(\frac{n}{2}\right)} = n$$

となるので，カイ 2 乗分布の平均は n である．

次に $k = 2$ とすると

$$\mathrm{E}[X^2] = \frac{2^2 \Gamma\left(\frac{n}{2}+2\right)}{\Gamma\left(\frac{n}{2}\right)} = \frac{2^2 \left(\frac{n}{2}+1\right) \Gamma\left(\frac{n}{2}+1\right)}{\Gamma\left(\frac{n}{2}\right)} = \frac{2^2 \left(\frac{n}{2}+1\right)\left(\frac{n}{2}\right) \Gamma\left(\frac{n}{2}\right)}{\Gamma\left(\frac{n}{2}\right)} = n(n+2)$$

となる．したがって分散は

$$\mathrm{V}[X] = \mathrm{E}[X^2] - (\mathrm{E}[X])^2 = n(n+2) - n^2 = 2n$$

となる．

以上では，カイ２乗分布のモーメントを定義に基づいて計算した．次に，カイ２乗分布の積率母関数を求める．積率母関数は

$$M_X(t) = \mathrm{E}[e^{tX}] = \int_0^\infty e^{tx} f(x)dx = \int_0^\infty e^{tx} \frac{1}{2^{\frac{n}{2}}\Gamma\left(\frac{n}{2}\right)} x^{\frac{n}{2}-1} e^{-\frac{x}{2}} dx$$

$$= \frac{1}{2^{\frac{n}{2}}\Gamma\left(\frac{n}{2}\right)} \int_0^\infty x^{\frac{n}{2}-1} e^{-\left(\frac{1}{2}-t\right)x} dx = \frac{1}{2^{\frac{n}{2}}\Gamma\left(\frac{n}{2}\right)} \int_0^\infty x^{\frac{n}{2}-1} e^{-\frac{(1-2t)x}{2}} dx$$

となる．$(1-2t) \leqq 0$ であるとすると，上の式の被積分関数は $x \to \infty$ のとき ∞ に発散するので，積分も発散し存在しない．したがって $(1-2t) > 0$ を仮定する．ここで $y = \frac{(1-2t)x}{2}$ と変数変換すると，$x = \frac{2y}{1-2t}$ であるから $\frac{dx}{dy} = \frac{2}{1-2t}$ であり，

$$\int_0^\infty x^{\frac{n}{2}-1} e^{-\frac{(1-2t)x}{2}} dx = \int_0^\infty \left(\frac{2y}{1-2t}\right)^{\frac{n}{2}-1} e^{-y} \left(\frac{2}{1-2t}\right) dy$$

$$= \left(\frac{2}{1-2t}\right)^{\frac{n}{2}} \int_0^\infty y^{\frac{n}{2}-1} e^{-y} dy = \left(\frac{2}{1-2t}\right)^{\frac{n}{2}} \Gamma\left(\frac{n}{2}\right)$$

が得られる．したがって積率母関数は

$$M_X(t) = \frac{1}{2^{\frac{n}{2}}\Gamma\left(\frac{n}{2}\right)} \left(\frac{2}{1-2t}\right)^{\frac{n}{2}} \Gamma\left(\frac{n}{2}\right) = (1-2t)^{-\frac{n}{2}}$$

となる．

$$\frac{dM_X(t)}{dt} = -\frac{n}{2}(1-2t)^{-\frac{n}{2}-1}(-2) = n(1-2t)^{-\frac{n}{2}-1}$$

を $t=0$ で評価すると

$$\left.\frac{dM_X(t)}{dt}\right|_{t=0} = n$$

のように１次のモーメントが求まる．同様に $M_X(t)$ の２階の微分を $t=0$ で評価すれば２次のモーメント $n(n+2)$ が求まる[6)]．

以下では，カイ２乗分布のいくつかの重要な性質を説明する．

6）興味のある読者は自身で確認していただきたい．

定理 11.7.2

X_1 と X_2 が独立で $X_1 \sim \chi^2(n_1)$, $X_2 \sim \chi^2(n_2)$ ならば，$X_1 + X_2 \sim \chi^2(n_1 + n_2)$ となる．

[証明] 定理 11.4.9 より

$$M_{X_1+X_2}(t) = M_{X_1}(t)M_{X_2}(t) = (1-2t)^{-\frac{n_1}{2}}(1-2t)^{-\frac{n_2}{2}} = (1-2t)^{-\frac{n_1+n_2}{2}}$$

となるが，これは自由度 $n_1 + n_2$ のカイ 2 乗分布の積率母関数である．積率母関数と分布の 1 対 1 対応により，$X_1 + X_2 \sim \chi^2(n_1 + n_2)$ となる．■

定理 11.7.3

確率変数 Z が標準正規分布に従うとする．このとき Z^2 は自由度 1 のカイ 2 乗分布に従う．

[証明] Z^2 の分布関数を考えると

$$\begin{aligned} F(t) &= \mathrm{P}(Z^2 \leqq t) = \mathrm{P}(-\sqrt{t} \leqq Z \leqq \sqrt{t}) \\ &= \int_{-\sqrt{t}}^{\sqrt{t}} \frac{1}{\sqrt{2\pi}} e^{-\frac{z^2}{2}} dz = \int_{-\sqrt{t}}^{0} \frac{1}{\sqrt{2\pi}} e^{-\frac{z^2}{2}} dz + \int_{0}^{\sqrt{t}} \frac{1}{\sqrt{2\pi}} e^{-\frac{z^2}{2}} dz \end{aligned}$$

上の式の右辺第 2 項で $u = z^2$ と変数変換を行うと，$z = u^{\frac{1}{2}}$ であるから $\frac{dz}{du} = \frac{1}{2}u^{-\frac{1}{2}}$ となり

$$\int_{0}^{\sqrt{t}} \frac{1}{\sqrt{2\pi}} e^{-\frac{z^2}{2}} dz = \int_{0}^{t} \frac{1}{\sqrt{2\pi}} e^{-\frac{u}{2}} \frac{1}{2} u^{-\frac{1}{2}} du = \frac{1}{2\sqrt{2\pi}} \int_{0}^{t} u^{-\frac{1}{2}} e^{-\frac{u}{2}} du$$

となる．第 1 項にも同様の変数変換を行うか，または被積分関数が偶関数であることを利用すれば

$$\int_{-\sqrt{t}}^{0} \frac{1}{\sqrt{2\pi}} e^{-\frac{z^2}{2}} dz = \int_{0}^{\sqrt{t}} \frac{1}{\sqrt{2\pi}} e^{-\frac{z^2}{2}} dz$$

であることが示される．したがって，Z^2 の分布関数は

$$F(t) = 2\frac{1}{2\sqrt{2\pi}} \int_{0}^{t} u^{-\frac{1}{2}} e^{-\frac{u}{2}} du = \frac{1}{\sqrt{2\pi}} \int_{0}^{t} u^{-\frac{1}{2}} e^{-\frac{u}{2}} du$$

となる．$F(t)$ を t で微分することにより Z^2 の確率密度関数

$$f(t)=\frac{dF(t)}{dt}$$
$$=\frac{d}{dt}\left\{\frac{1}{\sqrt{2\pi}}\int_0^t u^{-\frac{1}{2}}e^{-\frac{u}{2}}du\right\}=\frac{1}{\sqrt{2\pi}}t^{-\frac{1}{2}}e^{-\frac{t}{2}}=\frac{1}{2^{\frac{1}{2}}\Gamma\left(\frac{1}{2}\right)}t^{-\frac{1}{2}}e^{-\frac{t}{2}}$$

が得られるが，これは自由度1のカイ2乗分布の確率密度関数に他ならない．したがって $Z^2\sim\chi^2(1)$ となる．■

以上の2つの定理を利用すると次の定理が得られる．

定理 11.7.4

$Z_1, Z_2, \ldots, Z_n$ がそれぞれ独立に標準正規分布に従っているならば，$Z_1^2+Z_2^2+\cdots+Z_n^2\sim\chi^2(n)$ が成立する．

[証明] まず，$n=2$ のとき，定理 11.7.3 より $Z_1^2\sim\chi^2(1), Z_2^2\sim\chi^2(1)$ であるから，定理 11.7.2 より $Z_1^2+Z_2^2\sim\chi^2(2)$ となる．次に $n=3$ のとき，$Z_1^2+Z_2^2\sim\chi^2(2), Z_3^2\sim\chi^2(1)$ であるから，定理 11.7.3 をもう一度用いることにより $Z_1^2+Z_2^2+Z_3^2\sim\chi^2(3)$ となる．同様の過程を繰り返すことにより，$Z_1^2+Z_2^2+\cdots+Z_n^2\sim\chi^2(n)$ が得られる．■

定理 11.7.5

$X_1, X_2, \ldots, X_n$ がそれぞれ独立に平均 μ，分散 σ^2 の正規分布に従っているならば，$Z_1^2+Z_2^2+\cdots+Z_n^2\sim\chi^2(n)$．ただし，$Z_i=\frac{X_i-\mu}{\sigma}$ である．

[証明] $X_i\sim \mathrm{N}(\mu,\sigma^2)$ であるから，$Z_i\sim \mathrm{N}(0,1)$．したがって，定理 11.7.4 より $Z_1^2+Z_2^2+\cdots+Z_n^2\sim\chi^2(n)$．■

次に，基本的な統計学の推定・検定で非常に重要な役割を果たす $\sum_{i=1}^{n}\left(\frac{X_i-\bar{X}}{\sigma}\right)^2$ の分布を考える．

$$\sum_{i=1}^{n}(X_i-\mu)^2=\sum_{i=1}^{n}\{(X_i-\bar{X})+(\bar{X}-\mu)\}^2$$
$$=\sum_{i=1}^{n}\{(X_i-\bar{X})^2+2(X_i-\bar{X})(\bar{X}-\mu)+(\bar{X}-\mu)^2\}$$
$$=\sum_{i=1}^{n}(X_i-\bar{X})^2+2(\bar{X}-\mu)\underbrace{\sum_{i=1}^{n}(X_i-\bar{X})}_{0}+\sum_{i=1}^{n}(\bar{X}-\mu)^2$$

$$= \sum_{i=1}^{n}(X_i - \bar{X})^2 + n(\bar{X} - \mu)^2$$

の両辺を σ^2 で割ると

$$\frac{\sum_{i=1}^{n}(X_i - \mu)^2}{\sigma^2} = \frac{\sum_{i=1}^{n}(X_i - \bar{X})^2}{\sigma^2} + \frac{n(\bar{X} - \mu)^2}{\sigma^2}$$

定理 11.7.5 により上式の左辺は自由度 n のカイ 2 乗分布に従う．また，右辺の第 2 項に関しては定理 11.7.1 より

$$\bar{X} \sim \mathrm{N}\left(\mu, \frac{\sigma^2}{n}\right)$$

を用いると，

$$\frac{\bar{X} - \mu}{\sigma/\sqrt{n}} \sim \mathrm{N}(0, 1)$$

であるから，

$$\left(\frac{\bar{X} - \mu}{\sigma/\sqrt{n}}\right)^2 = \frac{n(\bar{X} - \mu)^2}{\sigma^2} \sim \chi^2(1)$$

となる．したがって

$$U = \frac{\sum_{i=1}^{n}(X_i - \mu)^2}{\sigma^2}, \quad V = \frac{\sum_{i=1}^{n}(X_i - \bar{X})^2}{\sigma^2}, \quad W = \frac{n(\bar{X} - \mu)^2}{\sigma^2}$$

とすると，$U = V + W$ かつ $U \sim \chi^2(n), W \sim \chi^2(1)$ である．この V と W が独立であることを示す．そのためにまず $\bar{X} - \mu$ と $X_i - \bar{X}$ が独立であることを示す．

$$\mathrm{E}[\bar{X} - \mu] = \mathrm{E}[\bar{X}] - \mu = 0, \quad \mathrm{E}[X_i - \bar{X}] = \mathrm{E}[X_i] - \mathrm{E}[\bar{X}] = \mu - \mu = 0$$

であるから，$\bar{X} - \mu$ と $X_i - \bar{X}$ の共分散は

$$\mathrm{Cov}[\bar{X} - \mu, X_i - \bar{X}] = \mathrm{E}[(\bar{X} - \mu)(X_i - \bar{X})]$$

$$= \mathrm{E}[(\bar{X} - \mu)\{(X_i - \mu) - (\bar{X} - \mu)\}] = \mathrm{E}[(\bar{X} - \mu)(X_i - \mu)] - \underbrace{\mathrm{E}[(\bar{X} - \mu)^2]}_{\mathrm{V}[\bar{X}] = \frac{\sigma^2}{n}}$$

であるが，上式の第 1 項は

$$\mathrm{E}[(\bar{X} - \mu)(X_i - \mu)] = \mathrm{E}\left[\left(\frac{1}{n}\sum_{i=1}^{n} X_i - \mu\right)(X_i - \mu)\right]$$

$$= \mathrm{E}\left[\left\{\frac{1}{n}\sum_{i=1}^{n}(X_i - \mu)\right\}(X_i - \mu)\right] = \frac{1}{n}\mathrm{E}\left[\left\{\sum_{i=1}^{n}(X_i - \mu)\right\}(X_i - \mu)\right]$$

$$= \frac{1}{n}\left\{\sum_{j=1}^{n} \mathrm{E}[(X_j-\mu)(X_i-\mu)]\right\}$$

となる．ここで

$$\mathrm{E}[(X_j-\mu)(X_i-\mu)] = \begin{cases} 0 & j \neq i \\ \sigma^2 & j = i \end{cases}$$

であるから

$$\mathrm{E}[(\bar{X}-\mu)(X_i-\mu)] = \frac{\sigma^2}{n}$$

となる．したがって

$$\mathrm{Cov}[\bar{X}-\mu, X_i-\bar{X}] = \frac{\sigma^2}{n} - \frac{\sigma^2}{n} = 0$$

である．正規分布の再生性により $\bar{X}-\mu$ と $X_i-\bar{X}$ は正規分布に従い，その共分散は 0 であるから，$\bar{X}-\mu$ と $X_i-\bar{X}$ は独立である．$\bar{X}-\mu$ と $X_i-\bar{X}$ は互いに独立であり，V と W はそれぞれ $X_i-\bar{X}$ と $\bar{X}-\mu$ の関数であるから，V と W もまた互いに独立である．$U = V + W$ であることと，定理 11.4.9 を用いれば

$$M_U(t) = M_{V+W}(t) = M_V(t)M_W(t)$$

が成立する．

ここで，$U \sim \chi^2(n), W \sim \chi^2(1)$ より

$$M_U(t) = (1-2t)^{-\frac{n}{2}}, \quad M_W(t) = (1-2t)^{-\frac{1}{2}}$$

であるから

$$M_V(t) = \frac{M_U(t)}{M_W(t)} = \frac{(1-2t)^{-\frac{n}{2}}}{(1-2t)^{-\frac{1}{2}}} = (1-2t)^{-\frac{n-1}{2}}$$

が得られるが，これは自由度 $n-1$ のカイ 2 乗分布の積率母関数に他ならない．したがって，

$$V = \frac{\sum_{i=1}^{n}(X_i-\bar{X})^2}{\sigma^2} \sim \chi^2(n-1)$$

となる[7)]．

以上の結果をまとめると次の定理が得られる．

定理 11.7.6

$X_1, X_2, \ldots, X_n$ がそれぞれ独立に平均 μ，分散 σ^2 の正規分布に従っているならば，

$$\frac{\sum_{i=1}^{n}(X_i - \bar{X})^2}{\sigma^2} \sim \chi^2(n-1)$$

が成り立つ．ただし $\bar{X} = \frac{1}{n}\sum_{i=1}^{n} X_i$ である．

次に，正規分布の分散の推定量について考えよう．X_i $(i = 1, \ldots, n)$ は互いに独立に $\mathrm{N}(\mu, \sigma^2)$ に従っているとする．このとき，上で示したように

$$\frac{\sum_{i=1}^{n}(X_i - \bar{X})^2}{\sigma^2} \sim \chi^2(n-1)$$

である．カイ 2 乗分布の期待値はその自由度に等しい，つまり

$$\mathrm{E}\left[\frac{\sum_{i=1}^{n}(X_i - \bar{X})^2}{\sigma^2}\right] = n-1$$

であるから

$$\mathrm{E}\left[\sum_{i=1}^{n}(X_i - \bar{X})^2\right] = (n-1)\sigma^2$$

が成立する．したがって

$$S^2 = \frac{1}{n-1}\sum_{i=1}^{n}(X_i - \bar{X})^2$$

とすれば

$$\begin{aligned}\mathrm{E}[S^2] &= \mathrm{E}\left[\frac{1}{n-1}\sum_{i=1}^{n}(X_i - \bar{X})^2\right] \\ &= \frac{1}{n-1}\mathrm{E}\left[\sum_{i=1}^{n}(X_i - \bar{X})^2\right] = \frac{1}{n-1}(n-1)\sigma^2 = \sigma^2\end{aligned}$$

となる．このことから S^2 が σ^2 の不偏推定量であることがわかる[8]．μ が既知の場

7) $U = V + W$ であり，$U \sim \chi^2(n)$, $W \sim \chi^2(1)$ であるからといって直ちに $V \sim \chi^2(n-1)$ としてはいけない．$V \sim \chi^2(n-1)$ が成り立つためには，ここで示したように V と W が独立でなければならない．V と W が独立の場合に限り，積率母関数の性質を用いて $V \sim \chi^2(n-1)$ が得られる．

8) 不偏推定量については，11.9.2 項を参照．

合，

$$U=\frac{\sum_{i=1}^{n}(X_i-\mu)^2}{\sigma^2}\sim\chi^2(n)$$

であることを用いれば，同様の計算により

$$\hat{\sigma}^2=\frac{1}{n}\sum_{i=1}^{n}(X_i-\mu)^2$$

が σ^2 の不偏推定量であることが示される．しかし実際には，ほとんどの場合に μ は未知なので，S^2 が σ^2 の推定量として用いられる．

11.7.6　*t* 分布

確率変数 T が確率密度関数

$$f(t)=\frac{\Gamma\left(\frac{n+1}{2}\right)}{\sqrt{n\pi}\,\Gamma\left(\frac{n}{2}\right)}\left(1+\frac{t^2}{n}\right)^{-\frac{n+1}{2}}$$

を持つとき，T は自由度 n の ***t* 分布**（***t*-distribution**）に従うといい，$T\sim t(n)$ と書く．

$$f(-t)=\frac{\Gamma\left(\frac{n+1}{2}\right)}{\sqrt{n\pi}\,\Gamma\left(\frac{n}{2}\right)}\left(1+\frac{(-t)^2}{n}\right)^{-\frac{n+1}{2}}=f(t)$$

であるから，t 分布の確率密度関数は $t=0$ に関して左右対称（つまり偶関数）である．

定理 11.7.7

確率変数 Z と X が互いに独立で $Z\sim \mathrm{N}(0,1),\ X\sim\chi^2(n)$ ならば

$$T=\frac{Z}{\sqrt{X/n}}\sim t(n)$$

が成立する．

[証明] Z と X が独立であるから，Z と X の同時確率密度関数は

$$f(z,x)=f_z(z)f_x(x)=\frac{1}{\sqrt{2\pi}}e^{-\frac{z^2}{2}}\frac{1}{2^{\frac{n}{2}}\Gamma\left(\frac{n}{2}\right)}x^{\frac{n}{2}-1}e^{-\frac{x}{2}}$$

$$=\frac{1}{2^{\frac{n+1}{2}}\sqrt{\pi}\,\Gamma\left(\frac{n}{2}\right)}x^{\frac{n}{2}-1}e^{-\frac{z^2+x}{2}}=Kx^{\frac{n}{2}-1}e^{-\frac{z^2+x}{2}}$$

となる．ただし

$$K=\frac{1}{2^{\frac{n+1}{2}}\sqrt{\pi}\,\Gamma\left(\frac{n}{2}\right)}$$

である．これを用いると，T の分布関数は以下のように書ける．

$$\begin{aligned}F(c)&=\mathrm{P}(T\leqq c)=P\left(\frac{Z}{\sqrt{X/n}}\leqq c\right)\\&=\iint_{\frac{z}{\sqrt{x/n}}\leqq c}f(z,x)dxdz=\iint_{\frac{z}{\sqrt{x/n}}\leqq c}Kx^{\frac{n}{2}-1}e^{-\frac{z^2+x}{2}}dxdz\end{aligned}$$

ここで

$$t=\frac{z}{\sqrt{x/n}},\quad y=x$$

と変数変換をすると

$$z=\frac{tx^{\frac{1}{2}}}{n^{\frac{1}{2}}}=\frac{ty^{\frac{1}{2}}}{n^{\frac{1}{2}}},\quad x=y$$

であるからヤコビアンは

$$J=\begin{vmatrix}\frac{\partial z}{\partial t}&\frac{\partial z}{\partial y}\\\frac{\partial x}{\partial t}&\frac{\partial x}{\partial y}\end{vmatrix}=\begin{vmatrix}\frac{y^{\frac{1}{2}}}{n^{\frac{1}{2}}}&\frac{ty^{-\frac{1}{2}}}{2n^{\frac{1}{2}}}\\0&1\end{vmatrix}=\left(\frac{y}{n}\right)^{\frac{1}{2}}$$

となる．また，この変数変換により，積分範囲 $\frac{z}{\sqrt{x/n}}\leqq c$ は $-\infty<t\leqq c$，$0\leqq y<\infty$ となるので，T の分布関数は

$$F(c)=\int_{-\infty}^{c}\int_{0}^{\infty}Ky^{\frac{n}{2}-1}e^{-\frac{(t^2y/n)+y}{2}}\left|\frac{y}{n}\right|^{\frac{1}{2}}dydt=\frac{K}{n^{\frac{1}{2}}}\int_{-\infty}^{c}\int_{0}^{\infty}y^{\frac{n+1}{2}-1}e^{-\frac{(t^2/n+1)y}{2}}dydt$$

となる．さらに，$w=\frac{(t^2/n+1)y}{2}$ と変数変換を行うと，$y=\frac{2w}{t^2/n+1}$ であるから $\frac{dy}{dw}=\frac{2}{t^2/n+1}$ となり，

$$\begin{aligned}F(c)&=\frac{K}{n^{\frac{1}{2}}}\int_{-\infty}^{c}\int_{0}^{\infty}\left(\frac{2w}{t^2/n+1}\right)^{\frac{n+1}{2}-1}e^{-w}\frac{2}{t^2/n+1}dwdt\\&=\frac{K}{n^{\frac{1}{2}}}\int_{-\infty}^{c}\int_{0}^{\infty}\frac{2^{\frac{n+1}{2}}}{(t^2/n+1)^{\frac{n+1}{2}}}w^{\frac{n+1}{2}-1}e^{-w}dwdt\\&=\frac{K}{n^{\frac{1}{2}}}\Gamma\left(\frac{n+1}{2}\right)\int_{-\infty}^{c}\frac{2^{\frac{n+1}{2}}}{(t^2/n+1)^{\frac{n+1}{2}}}dt\end{aligned}$$

$$= \frac{1}{2^{\frac{n+1}{2}}\sqrt{\pi}\Gamma\left(\frac{n}{2}\right)} \frac{\Gamma\left(\frac{n+1}{2}\right)2^{\frac{n+1}{2}}}{n^{\frac{1}{2}}} \int_{-\infty}^{c} \left(1+\frac{t^2}{n}\right)^{-\frac{n+1}{2}} dt$$

$$= \frac{\Gamma\left(\frac{n+1}{2}\right)}{\sqrt{n\pi}\Gamma\left(\frac{n}{2}\right)} \int_{-\infty}^{c} \left(1+\frac{t^2}{n}\right)^{-\frac{n+1}{2}} dt$$

が得られる．したがって，T の確率密度関数は

$$f(c) = \frac{dF(c)}{dc} = \frac{\Gamma\left(\frac{n+1}{2}\right)}{\sqrt{n\pi}\Gamma\left(\frac{n}{2}\right)} \left(1+\frac{c^2}{n}\right)^{-\frac{n+1}{2}}$$

となるが，これは自由度 n の t 分布の確率密度関数である．よって $T \sim t(n)$ となる．■

次に t 分布のモーメントを求めよう．まず $2k+1$（奇数）次のモーメントは

$$\mathrm{E}[T^{2k+1}] = \int_{-\infty}^{\infty} t^{2k+1} f(t) dt$$

である．ここで $t^{2k+1}f(t)$ の t を $-t$ で置き換えると，$f(t)$ は偶関数なので

$$(-t)^{2k+1} f(-t) = -(t^{2k+1} f(t))$$

となり，$t^{2k+1}f(t)$ は奇関数であることがわかる．したがって，

$$\int_{0}^{\infty} t^{2k+1} f(t) dt$$

が存在すれば

$$\mathrm{E}[T^{2k+1}] = 0$$

となる．もし上の積分が存在しなければモーメントも存在しないことになる．例えば，自由度 1 の t 分布（これを**コーシー分布**〈**Cauthy distribution**〉という）の 1 次のモーメントを求めると，$n=1, k=0$ であるから

$$\int_{0}^{\infty} t^{2k+1} f(t) dt = \int_{0}^{\infty} t \frac{\overbrace{\Gamma\left(\frac{2}{2}\right)}^{\Gamma(1)=1}}{\sqrt{\pi}\underbrace{\Gamma\left(\frac{1}{2}\right)}_{\sqrt{\pi}}} \left(1+\frac{t^2}{1}\right)^{-\frac{2}{2}} dt = \frac{1}{\pi} \int_{0}^{\infty} \frac{t}{1+t^2} dt$$

$$= \frac{1}{\pi}\left[\frac{1}{2}\log(1+t^2)\right]_0^\infty = \frac{1}{2\pi}\left[\lim_{t\to\infty}\log(1+t^2) - \log 1\right]$$

である．1行目から2行目への積分は，2行目の最初の式の括弧内を t で微分すると1行目の被積分関数になることから確認できる．2行目の最後の式の極限は無限大になるので積分が存在せず，1次のモーメントも存在しない．

$2k$（偶数）次のモーメントは

$$\mathrm{E}[T^{2k}] = \int_{-\infty}^{\infty} t^{2k} f(t)dt = \int_{-\infty}^{\infty} t^{2k} \frac{\Gamma\left(\frac{n+1}{2}\right)}{\sqrt{n\pi}\,\Gamma\left(\frac{n}{2}\right)}\left(1+\frac{t^2}{n}\right)^{-\frac{n+1}{2}} dt$$
$$= \frac{\Gamma\left(\frac{n+1}{2}\right)}{\sqrt{n\pi}\,\Gamma\left(\frac{n}{2}\right)}\int_{-\infty}^{\infty} \frac{t^{2k}}{(1+t^2/n)^{\frac{n+1}{2}}} dt$$

であるが，上式の被積分関数は偶関数であるから，

$$\int_0^\infty \frac{t^{2k}}{(1+t^2/n)^{\frac{n+1}{2}}} dt$$

が存在すれば

$$\mathrm{E}[T^{2k}] = 2\frac{\Gamma\left(\frac{n+1}{2}\right)}{\sqrt{n\pi}\,\Gamma\left(\frac{n}{2}\right)}\int_0^\infty \frac{t^{2k}}{(1+t^2/n)^{\frac{n+1}{2}}} dt$$

となる．ここで $y = t^2$ と変数変換すると，$t = y^{\frac{1}{2}}$ より $\frac{dt}{dy} = \frac{1}{2}y^{-\frac{1}{2}}$ であるから

$$\int_0^\infty \frac{t^{2k}}{(1+t^2/n)^{\frac{n+1}{2}}} dt = \int_0^\infty \frac{y^k}{(1+y/n)^{\frac{n+1}{2}}}\left(\frac{1}{2}y^{-\frac{1}{2}}\right)dy = \frac{1}{2}\int_0^\infty \frac{y^{k-\frac{1}{2}}}{(1+y/n)^{\frac{n+1}{2}}} dy$$

となる．さらに

$$z = \frac{y/n}{1+y/n}$$

と変数変換をすると

$$z\left(1+\frac{y}{n}\right) = \frac{y}{n}, \quad \frac{y}{n}(1-z) = z$$

より

$$y=\frac{nz}{1-z},\quad \frac{dy}{dz}=\frac{n(1-z)-nz(-1)}{(1-z)^2}=\frac{n}{(1-z)^2}$$

となるので，$1+\frac{y}{n}=\frac{1}{1-z}$ であることを用いれば

$$\begin{aligned}\int_0^\infty \frac{y^{k-\frac{1}{2}}}{(1+y/n)^{\frac{n+1}{2}}}dy &= \int_0^1\left(\frac{nz}{1-z}\right)^{k-\frac{1}{2}}(1-z)^{\frac{n+1}{2}}\frac{n}{(1-z)^2}dz\\ &= n^{k+\frac{1}{2}}\int_0^1 z^{k-\frac{1}{2}}(1-z)^{-k+\frac{1}{2}+\frac{n+1}{2}-2}dz = n^{k+\frac{1}{2}}\int_0^1 z^{k+\frac{1}{2}-1}(1-z)^{\frac{n}{2}-k-1}dz\\ &= n^{k+\frac{1}{2}}B\left(k+\frac{1}{2},\frac{n}{2}-k\right) = n^{k+\frac{1}{2}}\frac{\Gamma\left(k+\frac{1}{2}\right)\Gamma\left(\frac{n}{2}-k\right)}{\Gamma\left(k+\frac{1}{2}+\frac{n}{2}-k\right)} = n^{k+\frac{1}{2}}\frac{\Gamma\left(k+\frac{1}{2}\right)\Gamma\left(\frac{n}{2}-k\right)}{\Gamma\left(\frac{n+1}{2}\right)}\end{aligned}$$

が得られる．ただし $B(\cdot,\cdot)$ はベータ関数である（9.8節参照）．したがって

$$\mathrm{E}[T^{2k}]=2\frac{\Gamma\left(\frac{n+1}{2}\right)}{\sqrt{n\pi}\,\Gamma\left(\frac{n}{2}\right)}\frac{1}{2}n^{k+\frac{1}{2}}\frac{\Gamma\left(k+\frac{1}{2}\right)\Gamma\left(\frac{n}{2}-k\right)}{\Gamma\left(\frac{n+1}{2}\right)}=\frac{n^k\Gamma\left(k+\frac{1}{2}\right)\Gamma\left(\frac{n}{2}-k\right)}{\sqrt{\pi}\,\Gamma\left(\frac{n}{2}\right)}$$

となる．ガンマ関数のパラメータは正でなければならないので，$2k$ 次のモーメントが存在するためには $\frac{n}{2}-k>0$ つまり $n>2k$ でなければならない．$k=0$ とすると，積分が常に存在し，

$$\mathrm{E}[T^0]=\int_{-\infty}^{\infty}f(t)dt=\frac{\overbrace{n^0}^{1}\overbrace{\Gamma\left(\frac{1}{2}\right)}^{\sqrt{\pi}}\Gamma\left(\frac{n}{2}\right)}{\sqrt{\pi}\,\Gamma\left(\frac{n}{2}\right)}=1$$

となるので，$f(t)$ は確率密度関数の満たすべき性質を持っていることがわかる．

$k=1$ とすれば，$n>2$ ならば2次のモーメントが存在し

$$\mathrm{E}[T^2]=\frac{n^1\Gamma\left(1+\frac{1}{2}\right)\Gamma\left(\frac{n}{2}-1\right)}{\sqrt{\pi}\,\Gamma\left(\frac{n}{2}\right)}=\frac{n\frac{1}{2}\Gamma\left(\frac{1}{2}\right)\Gamma\left(\frac{n}{2}-1\right)}{\sqrt{\pi}\left(\frac{n}{2}-1\right)\Gamma\left(\frac{n}{2}-1\right)}=\frac{\frac{n}{2}}{\frac{n}{2}-1}=\frac{n}{n-2}$$

となることがわかる．さらに，$n>2$ のとき，2次のモーメントが存在するので1次のモーメントも存在し[9)]，$\mathrm{E}[T]=0$ となる．したがって，自由度 n の t 分布の分散は

9）m 次のモーメントが存在すれば $n\,(<m)$ 次のモーメントも存在することが，Liapunov の不等式と呼ばれる不等式を用いて証明できる．

$$\mathrm{V}[T] = \mathrm{E}[T^2] - (\mathrm{E}[T])^2 = \frac{n}{n-2}$$

となる．

上でも見たように，t 分布では全ての次数のモーメントが存在するわけではない．したがって，t 分布の積率母関数は存在しない．

次の定理は正規母集団の平均に関する推定・検定を行う上で非常に重要である．

定理 11.7.8

$X_1, X_2, \ldots, X_n$ がそれぞれ互いに独立に $\mathrm{N}(\mu, \sigma^2)$ に従っているとき，

$$\bar{X} = \frac{1}{n}\sum_{i=1}^{n} X_i, \quad S^2 = \frac{1}{n-1}\sum_{i=1}^{n}(X_i - \bar{X})^2$$

とすると

$$T = \frac{\bar{X} - \mu}{S/\sqrt{n}} \sim t(n-1)$$

が成立する．

[証明] 定理 11.7.1 より

$$\bar{X} \sim \mathrm{N}\left(\mu, \frac{\sigma^2}{n}\right)$$

であるから，

$$Z = \frac{\bar{X} - \mu}{\sigma/\sqrt{n}} \sim \mathrm{N}(0, 1)$$

となる．また，定理 11.7.6 より

$$V = \frac{\sum_{i=1}^{n}(X_i - \bar{X})^2}{\sigma^2} \sim \chi^2(n-1)$$

である．さらに，定理 11.7.6 の導出で見たように $\bar{X} - \mu$ と $X_i - \bar{X}$ は互いに独立なので，それぞれ $\bar{X} - \mu$ と $X_i - \bar{X}$ の関数である Z と V も互いに独立である．したがって，定理 11.7.7 より

$$\frac{Z}{\sqrt{V/(n-1)}} \sim t(n-1)$$

が得られる．この左辺に Z と V を代入すると

$$\frac{Z}{\sqrt{V/(n-1)}} = \frac{\frac{\bar{X}-\mu}{\sigma/\sqrt{n}}}{\sqrt{\frac{\sum_{i=1}^{n}(X_i-\bar{X})^2}{\sigma^2}\Big/(n-1)}}$$

$$= \frac{\sqrt{n}(\bar{X}-\mu)}{\sqrt{\frac{\sum_{i=1}^{n}(X_i-\bar{X})^2}{n-1}}} = \frac{\sqrt{n}(\bar{X}-\mu)}{\sqrt{S^2}} = \frac{\bar{X}-\mu}{S/\sqrt{n}}$$

となる．したがって

$$T = \frac{\bar{X}-\mu}{S/\sqrt{n}} \sim t(n-1)$$

となる．■

この定理は，標準正規分布に従う確率変数

$$Z = \frac{\bar{X}-\mu}{\sigma/\sqrt{n}}$$

に含まれる σ^2 を不偏推定量 S^2 で置き換えて得られた

$$T = \frac{\bar{X}-\mu}{S/\sqrt{n}}$$

が自由度 $n-1$ の t 分布に従うことを意味する．この定理を用いると正規母集団の平均に関する区間推定や検定を行うことができる．

11.7.7 *F* 分布

確率変数 X の確率密度関数が

$$f(x) = \begin{cases} \dfrac{\Gamma\left(\frac{m+n}{2}\right)m^{\frac{m}{2}}n^{\frac{n}{2}}}{\Gamma\left(\frac{m}{2}\right)\Gamma\left(\frac{n}{2}\right)} \dfrac{x^{\frac{m}{2}-1}}{(mx+n)^{\frac{m+n}{2}}} & x \geqq 0 \\ 0 & \text{それ以外} \end{cases}$$

で与えられるとき，X は自由度 (m, n) の ***F* 分布**（***F*-distribution**）に従うといい，$X \sim F(m, n)$ と書く．

定理 11.7.9

2 つの確率変数 U と V が互いに独立で $U \sim \chi^2(m)$, $V \sim \chi^2(n)$ ならば

$$X = \frac{U/m}{V/n} \sim F(m, n)$$

が成り立つ.

[証明] U と V は独立なので, U と V の同時確率密度関数は

$$f(u, v) = f_u(u) f_v(v) = \frac{1}{2^{\frac{m}{2}}\Gamma\left(\frac{m}{2}\right)} u^{\frac{m}{2}-1} e^{-\frac{u}{2}} \frac{1}{2^{\frac{n}{2}}\Gamma\left(\frac{n}{2}\right)} v^{\frac{n}{2}-1} e^{-\frac{v}{2}}$$

$$= \underbrace{\frac{1}{2^{\frac{m+n}{2}}\Gamma\left(\frac{m}{2}\right)\Gamma\left(\frac{n}{2}\right)}}_{K\text{と置く}} u^{\frac{m}{2}-1} v^{\frac{n}{2}-1} e^{-\frac{u+v}{2}} = K u^{\frac{m}{2}-1} v^{\frac{n}{2}-1} e^{-\frac{u+v}{2}}$$

となる. したがって, X の分布関数は

$$F(c) = \mathrm{P}(X \leqq c) = P\left(\frac{U/m}{V/n} \leqq c\right) = \iint_D K u^{\frac{m}{2}-1} v^{\frac{n}{2}-1} e^{-\frac{u+v}{2}} du dv$$

となる. ただし $D = \{(u, v) \mid \frac{u/m}{v/n} \leqq c\}$ である.

$$x = \frac{u/m}{v/n}, \quad y = v$$

と変数変換を行うと

$$u = \frac{mxv}{n} = \frac{mxy}{n}, \quad v = y$$

となるので, ヤコビアンは

$$J = \begin{vmatrix} \frac{\partial u}{\partial x} & \frac{\partial u}{\partial y} \\ \frac{\partial v}{\partial x} & \frac{\partial v}{\partial y} \end{vmatrix} = \begin{vmatrix} \frac{my}{n} & \frac{mx}{n} \\ 0 & 1 \end{vmatrix} = \frac{my}{n}$$

となる. また, この変数変換により, D は $\{(x, y) \mid 0 \leqq x \leqq c, 0 \leqq y < \infty\}$ へと変換される. したがって

$$F(c) = K \int_0^c \int_0^\infty \left(\frac{mxy}{n}\right)^{\frac{m}{2}-1} y^{\frac{n}{2}-1} e^{-\frac{1}{2}\left(\frac{mxy}{n}+y\right)} \left|\frac{my}{n}\right| dy dx$$

$$= K\left(\frac{m}{n}\right)^{\frac{m}{2}}\int_0^c\int_0^\infty x^{\frac{m}{2}-1}y^{\frac{m+n}{2}-1}e^{-\frac{y}{2}\left(\frac{mx}{n}+1\right)}dydx$$

となる．さらに $z=\frac{y}{2}\left(\frac{mx}{n}+1\right)$ と変数変換を行うと $y=\frac{2nz}{mx+n}$ より $\frac{dy}{dz}=\frac{2n}{mx+n}$ となるので

$$F(c) = K\left(\frac{m}{n}\right)^{\frac{m}{2}}\int_0^c\int_0^\infty x^{\frac{m}{2}-1}\left(\frac{2nz}{mx+n}\right)^{\frac{m+n}{2}-1}e^{-z}\frac{2n}{mx+n}dzdx$$

$$= K\left(\frac{m}{n}\right)^{\frac{m}{2}}(2n)^{\frac{m+n}{2}}\int_0^c\int_0^\infty \frac{x^{\frac{m}{2}-1}}{(mx+n)^{\frac{m+n}{2}}}z^{\frac{m+n}{2}-1}e^{-z}dzdx$$

$$= K2^{\frac{m+n}{2}}m^{\frac{m}{2}}n^{\frac{n}{2}}\int_0^c \frac{x^{\frac{m}{2}-1}}{(mx+n)^{\frac{m+n}{2}}}dx\underbrace{\int_0^\infty z^{\frac{m+n}{2}-1}e^{-z}dz}_{\Gamma\left(\frac{m+n}{2}\right)}$$

$$= \frac{2^{\frac{m+n}{2}}m^{\frac{m}{2}}n^{\frac{n}{2}}}{2^{\frac{m+n}{2}}\Gamma\left(\frac{m}{2}\right)\Gamma\left(\frac{n}{2}\right)}\Gamma\left(\frac{m+n}{2}\right)\int_0^c \frac{x^{\frac{m}{2}-1}}{(mx+n)^{\frac{m+n}{2}}}dx$$

$$= \frac{\Gamma\left(\frac{m+n}{2}\right)m^{\frac{m}{2}}n^{\frac{n}{2}}}{\Gamma\left(\frac{m}{2}\right)\Gamma\left(\frac{n}{2}\right)}\int_0^c \frac{x^{\frac{m}{2}-1}}{(mx+n)^{\frac{m+n}{2}}}dx$$

が得られる．したがって，X の確率密度関数は

$$f(c) = \frac{dF(c)}{dc} = \frac{\Gamma\left(\frac{m+n}{2}\right)m^{\frac{m}{2}}n^{\frac{n}{2}}}{\Gamma\left(\frac{m}{2}\right)\Gamma\left(\frac{n}{2}\right)}\frac{c^{\frac{m}{2}-1}}{(mc+n)^{\frac{m+n}{2}}}$$

となるが，これは自由度 (m, n) の F 分布の確率密度関数に他ならない．したがって

$$X = \frac{U/m}{V/n} \sim F(m, n)$$

となる．■

次に F 分布のモーメントを求めよう．k 次のモーメントは

$$\mathrm{E}[X^k] = \int_0^\infty x^k f(x)dx$$

$$= \int_0^\infty x^k\underbrace{\frac{\Gamma\left(\frac{m+n}{2}\right)m^{\frac{m}{2}}n^{\frac{n}{2}}}{\Gamma\left(\frac{m}{2}\right)\Gamma\left(\frac{n}{2}\right)}}_{K\text{と置く}}\frac{x^{\frac{m}{2}-1}}{(mx+n)^{\frac{m+n}{2}}}dx = K\int_0^\infty \frac{x^{\frac{m}{2}+k-1}}{(mx+n)^{\frac{m+n}{2}}}dx$$

となる．ここで $y=\frac{mx}{mx+n}$ と変数変換すると，$x=\frac{ny}{m(1-y)}$ ，$mx+n=\frac{n}{1-y}$ ，$\frac{dx}{dy}=\frac{1}{m}\frac{n(1-y)-(-1)ny}{(1-y)^2}=\frac{n}{m(1-y)^2}$ となるので，

$$\begin{aligned}
\mathrm{E}[X^k] &= K\int_0^1 \frac{(ny)^{\frac{m}{2}+k-1}(1-y)^{\frac{m+n}{2}}}{\{m(1-y)\}^{\frac{m}{2}+k-1}n^{\frac{m+n}{2}}}\frac{n}{m(1-y)^2}dy \\
&= K\frac{n^{k-\frac{n}{2}}}{m^{\frac{m}{2}+k}}\int_0^1 y^{\frac{m}{2}+k-1}(1-y)^{\frac{n}{2}-k-1}dy = K\frac{n^{k-\frac{n}{2}}}{m^{\frac{m}{2}+k}}B\left(\frac{m}{2}+k,\frac{n}{2}-k\right) \\
&= K\frac{n^{k-\frac{n}{2}}}{m^{\frac{m}{2}+k}}\frac{\Gamma\left(\frac{m}{2}+k\right)\Gamma\left(\frac{n}{2}-k\right)}{\Gamma\left(\frac{m+n}{2}\right)} = \frac{\Gamma\left(\frac{m+n}{2}\right)m^{\frac{m}{2}}n^{\frac{n}{2}}}{\Gamma\left(\frac{m}{2}\right)\Gamma\left(\frac{n}{2}\right)}\frac{n^{k-\frac{n}{2}}}{m^{\frac{m}{2}+k}}\frac{\Gamma\left(\frac{m}{2}+k\right)\Gamma\left(\frac{n}{2}-k\right)}{\Gamma\left(\frac{m+n}{2}\right)} \\
&= \frac{n^k\Gamma\left(\frac{m}{2}+k\right)\Gamma\left(\frac{n}{2}-k\right)}{m^k\Gamma\left(\frac{m}{2}\right)\Gamma\left(\frac{n}{2}\right)}
\end{aligned}$$

が得られる．このモーメントが存在するためには，ガンマ関数またはベータ関数の性質より $\frac{n}{2}-k>0$（つまり $n>2k$）でなければならない．また，$k=0$ のときこの条件は常に満たされ，

$$\mathrm{E}[X^0]=\int_0^\infty f(x)dx=\frac{n^0\Gamma\left(\frac{m}{2}\right)\Gamma\left(\frac{n}{2}\right)}{m^0\Gamma\left(\frac{m}{2}\right)\Gamma\left(\frac{n}{2}\right)}=1$$

となるので，$f(x)$ は確率密度関数の満たすべき性質を満たしていることがわかる．$n>2$ のとき 1 次のモーメントが存在し

$$\mathrm{E}[X]=\frac{n\Gamma\left(\frac{m}{2}+1\right)\Gamma\left(\frac{n}{2}-1\right)}{m\Gamma\left(\frac{m}{2}\right)\Gamma\left(\frac{n}{2}\right)}=\frac{n\frac{m}{2}\Gamma\left(\frac{m}{2}\right)\Gamma\left(\frac{n}{2}-1\right)}{m\Gamma\left(\frac{m}{2}\right)\left(\frac{n}{2}-1\right)\Gamma\left(\frac{n}{2}-1\right)}=\frac{n}{n-2}$$

となる．また，2 次のモーメントは $n>4$ のときに存在し，

$$\begin{aligned}
\mathrm{E}[X^2] &= \frac{n^2\Gamma\left(\frac{m}{2}+2\right)\Gamma\left(\frac{n}{2}-2\right)}{m^2\Gamma\left(\frac{m}{2}\right)\Gamma\left(\frac{n}{2}\right)} = \frac{n^2\left(\frac{m}{2}+1\right)\Gamma\left(\frac{m}{2}+1\right)\Gamma\left(\frac{n}{2}-2\right)}{m^2\Gamma\left(\frac{m}{2}\right)\left(\frac{n}{2}-1\right)\Gamma\left(\frac{n}{2}-1\right)} \\
&= \frac{n^2\left(\frac{m}{2}+1\right)\frac{m}{2}\Gamma\left(\frac{m}{2}\right)\Gamma\left(\frac{n}{2}-2\right)}{m^2\Gamma\left(\frac{m}{2}\right)\left(\frac{n}{2}-1\right)\left(\frac{n}{2}-2\right)\Gamma\left(\frac{n}{2}-2\right)} = \frac{n^2(m+2)}{m(n-2)(n-4)}
\end{aligned}$$

となる．したがって，分散は

$$\mathrm{V}[X]=\mathrm{E}[X^2]-(\mathrm{E}[X])^2=\frac{n^2(m+2)}{m(n-2)(n-4)}-\left(\frac{n}{n-2}\right)^2$$

$$= \frac{n^2}{n-2}\left\{\frac{m+2}{m(n-4)} - \frac{1}{n-2}\right\} = \frac{n^2}{n-2}\left\{\frac{(m+2)(n-2)-m(n-4)}{m(n-2)(n-4)}\right\}$$

$$= \frac{n^2}{n-2}\left\{\frac{mn-2m+2n-4-mn+4m}{m(n-2)(n-4)}\right\} = \frac{n^2}{n-2}\left\{\frac{2m+2n-4}{m(n-2)(n-4)}\right\}$$

$$= \frac{2n^2(m+n-2)}{m(n-2)^2(n-4)}$$

となる.

11.8 行列と分布の性質

ここでは，11.7節で導出された分布に関する性質のいくつかを，計量経済学において有益となる行列形式でまとめておく.

この章においては，主に確率変数がスカラーの場合について説明してきたが，11.7.4項の2変数正規分布でも見たように，多くの議論は確率変数ベクトルの場合にも拡張できる．例えば，$n\times 1$ の確率変数ベクトル $\boldsymbol{X} = [X_1\, X_2 \cdots X_n]'$ の平均が $\boldsymbol{\mu}$ であるということは

$$\mathrm{E}[\boldsymbol{X}] = \begin{bmatrix} \mathrm{E}[X_1] \\ \mathrm{E}[X_2] \\ \vdots \\ \mathrm{E}[X_n] \end{bmatrix} = \begin{bmatrix} \mu_1 \\ \mu_2 \\ \vdots \\ \mu_n \end{bmatrix} = \boldsymbol{\mu}$$

のように，$\boldsymbol{X}$ のそれぞれの要素の期待値が $\boldsymbol{\mu}$ の対応する要素に等しいということを意味する．また，スカラーの場合を一般化した $\boldsymbol{X}$ の分散共分散行列は次のように定義される.

$$\mathrm{V}[\boldsymbol{X}] = \mathrm{E}[(\boldsymbol{X}-\boldsymbol{\mu})(\boldsymbol{X}-\boldsymbol{\mu})'] = \begin{bmatrix} \mathrm{V}[X_1] & \mathrm{Cov}[X_1, X_2] & \cdots & \mathrm{Cov}[X_1, X_n] \\ \mathrm{Cov}[X_2, X_1] & \mathrm{V}[X_2] & \cdots & \mathrm{Cov}[X_2, X_n] \\ \vdots & \vdots & \ddots & \vdots \\ \mathrm{Cov}[X_n, X_1] & \mathrm{Cov}[X_n, X_2] & \cdots & \mathrm{V}[X_n] \end{bmatrix}$$

したがって，分散共分散行列の第 i 行 j 列の要素は，$\boldsymbol{X}$ の i 番目と j 番目の要素の共分散を表すことになる．特に，対角要素については，$\boldsymbol{X}$ の要素の分散を表す.

確率変数ベクトルの平均と分散共分散行列を上記のように定義したとき，以下の性質が成立する.

行列と分布の性質

1 ベクトル $\boldsymbol{X}$ が平均 $\boldsymbol{\mu}$，分散共分散行列 $\boldsymbol{\Sigma}$ の分布に従うとき，$\boldsymbol{AX}+\boldsymbol{b}$ は平均 $\boldsymbol{A\mu}+\boldsymbol{b}$，分散共分散行列 $\boldsymbol{A\Sigma A}'$ の確率変数ベクトルとなる．ただし，$\boldsymbol{A}, \boldsymbol{b}$ は非確率の行列とベクトルで，$\boldsymbol{AX}+\boldsymbol{b}$ が定義できる（計算できる）ものとする．

2 ベクトル $\boldsymbol{X}$ が平均 $\boldsymbol{\mu}$，分散共分散行列 $\boldsymbol{\Sigma}$ の正規分布に従うとき，$\boldsymbol{AX}+\boldsymbol{b}$ は平均 $\boldsymbol{A\mu}+\boldsymbol{b}$，分散共分散行列 $\boldsymbol{A\Sigma A}'$ の正規分布に従う，つまり $\boldsymbol{AX}+\boldsymbol{b} \sim \mathrm{N}(\boldsymbol{A\mu}+\boldsymbol{b}, \boldsymbol{A\Sigma A}')$．ただし，$\boldsymbol{A}, \boldsymbol{b}$ は非確率の行列とベクトルで $\boldsymbol{AX}+\boldsymbol{b}$ が定義できるものとする．

3 $\boldsymbol{X}$ を $\boldsymbol{X} \sim \mathrm{N}(\boldsymbol{\mu}, \boldsymbol{\Sigma})$ であるような $n\times 1$ のベクトルとする．このとき $(\boldsymbol{X}-\boldsymbol{\mu})'\boldsymbol{\Sigma}^{-1}(\boldsymbol{X}-\boldsymbol{\mu}) \sim \chi^2(n)$ が成立する．

4 $\boldsymbol{X}: n\times 1$, $\boldsymbol{Y}: m\times 1$ で $\boldsymbol{X} \sim \mathrm{N}(\boldsymbol{\mu_X}, \boldsymbol{\Sigma_X})$, $\boldsymbol{Y} \sim \mathrm{N}(\boldsymbol{\mu_Y}, \boldsymbol{\Sigma_Y})$ かつ $\boldsymbol{X}$ と $\boldsymbol{Y}$ が独立であるとき，

$$\frac{(\boldsymbol{X}-\boldsymbol{\mu_X})'\boldsymbol{\Sigma}_{\boldsymbol{X}}^{-1}(\boldsymbol{X}-\boldsymbol{\mu_X})/n}{(\boldsymbol{Y}-\boldsymbol{\mu_Y})'\boldsymbol{\Sigma}_{\boldsymbol{Y}}^{-1}(\boldsymbol{Y}-\boldsymbol{\mu_Y})/m} \sim F(n, m)$$

が成立する．正規分布においては相関 0 が独立であることを意味するので，$\boldsymbol{X}$ と $\boldsymbol{Y}$ が独立であるためには，$\mathrm{E}[(\boldsymbol{X}-\boldsymbol{\mu_X})(\boldsymbol{Y}-\boldsymbol{\mu_Y})'] = \boldsymbol{0}$ であればよい．

5 $\boldsymbol{X} \sim \mathrm{N}(\boldsymbol{0}, \sigma^2\boldsymbol{I}_n)$ であるとする．$\boldsymbol{A}$ が $n\times n$ でランクが k の対称なべき等行列であれば

$$\frac{\boldsymbol{X}'\boldsymbol{AX}}{\sigma^2} \sim \chi^2(k)$$

が成立する．また，対称なべき等行列においては，トレースがランクと等しくなる．

6 $\boldsymbol{X} \sim \mathrm{N}(\boldsymbol{0}, \sigma^2\boldsymbol{I}_n)$ であるとする．また，$\boldsymbol{A}$ と $\boldsymbol{B}$ は $n\times n$ で，それぞれランクが k と l の対称なべき等行列であるとし，$\boldsymbol{AB} = \boldsymbol{0}$ が成立するとする．このとき

$$\frac{\boldsymbol{X}'\boldsymbol{AX}/k}{\boldsymbol{X}'\boldsymbol{BX}/l} = \frac{\boldsymbol{X}'\boldsymbol{AX}}{\boldsymbol{X}'\boldsymbol{BX}}\frac{l}{k} \sim F(k, l)$$

が成立する．

[証明]

1 については $\boldsymbol{AX}+\boldsymbol{b}$ の期待値と分散共分散行列の定義に対して定理 11.4.2 を用いれば, $\mathrm{E}[\boldsymbol{AX}+\boldsymbol{b}]=\boldsymbol{A}\mathrm{E}[\boldsymbol{X}]+\boldsymbol{b}=\boldsymbol{A\mu}+\boldsymbol{b}$, $\mathrm{V}[\boldsymbol{AX}+\boldsymbol{b}]=\mathrm{E}[(\boldsymbol{AX}+\boldsymbol{b}-\boldsymbol{A\mu}-\boldsymbol{b})(\boldsymbol{AX}+\boldsymbol{b}-\boldsymbol{A\mu}-\boldsymbol{b})']=\boldsymbol{A}\mathrm{V}[\boldsymbol{X}]\boldsymbol{A}'$ が確認できる.

2 は, 11.5 節の変数変換を用いれば導出できる. スカラーの場合については, p.171を参照せよ.

3 については, $\boldsymbol{C}$ を $\boldsymbol{\Sigma}$ を対角化する行列とすると, $\boldsymbol{\Sigma}$ が対称行列なので $\boldsymbol{C}'\boldsymbol{\Sigma}\boldsymbol{C}=\boldsymbol{\Lambda}$ かつ $\boldsymbol{C}'\boldsymbol{C}=\boldsymbol{I}$ が成り立つ. $\boldsymbol{\Lambda}^{1/2}$ を $\boldsymbol{\Sigma}$ の固有値の正の平方根を対角要素に持ち ($\boldsymbol{\Sigma}$ は正値定符号行列なので固有値は正である. 10.10 節参照), 残りの要素は 0 である行列とすると $\boldsymbol{\Lambda}^{1/2}\boldsymbol{\Lambda}^{1/2}=\boldsymbol{\Lambda}, \boldsymbol{\Sigma}=\boldsymbol{C\Lambda C}'=\boldsymbol{C\Lambda}^{1/2}(\boldsymbol{\Lambda}^{1/2})'\boldsymbol{C}'=\boldsymbol{DD}'$ が成立する. ここで $\boldsymbol{D}=\boldsymbol{C\Lambda}^{1/2}$ であり $\boldsymbol{\Lambda}^{1/2}$ は対称行列であることを用いた. $\boldsymbol{\Sigma}^{-1}=(\boldsymbol{DD}')^{-1}=(\boldsymbol{D}')^{-1}\boldsymbol{D}^{-1}=(\boldsymbol{D}^{-1})'\boldsymbol{D}^{-1}$ であることを用いると $(\boldsymbol{X}-\boldsymbol{\mu})'\boldsymbol{\Sigma}^{-1}(\boldsymbol{X}-\boldsymbol{\mu})=(\boldsymbol{D}^{-1}[\boldsymbol{X}-\boldsymbol{\mu}])'(\boldsymbol{D}^{-1}[\boldsymbol{X}-\boldsymbol{\mu}])$ と変形できるが, 性質2より $\boldsymbol{D}^{-1}[\boldsymbol{X}-\boldsymbol{\mu}]\sim\mathrm{N}(\boldsymbol{0},\boldsymbol{I}_n)$ であるから, $(\boldsymbol{X}-\boldsymbol{\mu})'\boldsymbol{\Sigma}^{-1}(\boldsymbol{X}-\boldsymbol{\mu})$ は n 個の独立な標準正規分布に従う確率変数の 2 乗和になる. したがって, 定理 11.7.4 より, $(\boldsymbol{X}-\boldsymbol{\mu})'\boldsymbol{\Sigma}^{-1}(\boldsymbol{X}-\boldsymbol{\mu})$ は自由度 n のカイ 2 乗分布に従う.

4は性質3および定理 11.7.9 から即座に導かれる.

5については, $\boldsymbol{A}$ を対角化すると $\boldsymbol{A}=\boldsymbol{C\Lambda C}', \boldsymbol{C}'\boldsymbol{C}=\boldsymbol{I}$ で, べき等行列の固有値は 0 か 1 であることを用いると, $\boldsymbol{\Lambda}$ は対角要素のうち k 個が 1 で他の要素は 0 の行列になる (10.9.4 項参照). このことから, $\boldsymbol{Z}=\boldsymbol{C}'\boldsymbol{X}$ と置くと $\boldsymbol{Z}\sim\mathrm{N}(\boldsymbol{0},\sigma^2\boldsymbol{I}_n)$ であり, $\boldsymbol{X}'\boldsymbol{AX}/\sigma^2=\boldsymbol{X}'\boldsymbol{C\Lambda C}'\boldsymbol{X}/\sigma^2=\boldsymbol{Z}'\boldsymbol{\Lambda Z}/\sigma^2$ は k 個の独立な標準正規分布に従う確率変数の 2 乗の和となる. したがって, 定理 11.7.4 より $\boldsymbol{X}'\boldsymbol{AX}/\sigma^2$ は自由度 k のカイ 2 乗分布に従う. 対称なべき等行列においてトレースとランクが等しいことは定理 10.9.2 で示されている.

6 については, $\boldsymbol{AB}=\boldsymbol{0}$ であるから, $\boldsymbol{AX}$ と $\boldsymbol{BX}$ の相関が 0 になり, $\boldsymbol{X}$ は正規分布に従うので $\boldsymbol{AX}$ と $\boldsymbol{BX}$ は独立である (11.7.4 項参照). また, $\boldsymbol{A}$ と $\boldsymbol{B}$ が対称なべき等行列であるから, $\boldsymbol{X}'\boldsymbol{AX}=(\boldsymbol{AX})'(\boldsymbol{AX}), \boldsymbol{X}'\boldsymbol{BX}=(\boldsymbol{BX})'(\boldsymbol{BX})$ のように表されるので, $\boldsymbol{X}'\boldsymbol{AX}$ と $\boldsymbol{X}'\boldsymbol{BX}$ も独立である. このことと性質5および定理 11.7.9 を用いれば6が得られる. ■

上記の性質5を用いると, 定理 11.7.6 の証明は以下のように簡略化できる.

$\boldsymbol{X} = [X_1\, X_2 \cdots X_n]'$，$\boldsymbol{\iota}$ を全ての要素が 1 であるような $n\times 1$ のベクトルであるとすれば，$\bar{X} = \frac{\boldsymbol{\iota}'\boldsymbol{X}}{n}$ であるから，

$$\sum_{i=1}^{n}(X_i - \bar{X})^2 = (\boldsymbol{X} - \boldsymbol{\iota}\bar{X})'(\boldsymbol{X} - \boldsymbol{\iota}\bar{X}) = \left(\boldsymbol{X} - \frac{\boldsymbol{\iota\iota}'}{n}\boldsymbol{X}\right)'\left(\boldsymbol{X} - \frac{\boldsymbol{\iota\iota}'}{n}\boldsymbol{X}\right) = \boldsymbol{X}'\boldsymbol{A}\boldsymbol{X}$$

と書ける．ただし，$\boldsymbol{A} = \boldsymbol{I}_n - \boldsymbol{\iota\iota}'/n$ であり，$\boldsymbol{A}$ は対称なべき等行列である．したがって，性質5により $\frac{\sum_{i=1}^{n}(X_i - \bar{X})^2}{\sigma^2}$ はカイ 2 乗分布に従い，その自由度は

$$\mathrm{rank}(\boldsymbol{A}) = \mathrm{trace}(\boldsymbol{A}) = \mathrm{trace}(\boldsymbol{I}_n - \boldsymbol{\iota\iota}'/n) = \mathrm{trace}(\boldsymbol{I}_n) - \mathrm{trace}(\boldsymbol{\iota\iota}'/n) = n-1$$

となる．

11.9 統計的推測

11.9.1 統計量とその性質

n 個の観測値 $X_1, X_2, \ldots, X_n$ から計算される関数

$$T = T(X_1, X_2, \ldots, X_n)$$

を**統計量**（**statistic**）という．統計量の分布を**標本分布**（**sampling distribution**）といい，標本分布の標準偏差，つまり分散の正の平方根を**標準誤差**（**standard error；s.e.**）という．

また，推定に用いられる統計量を**推定量**（**estimator**）という．例えば，標本平均と不偏分散

$$\bar{X} = \frac{1}{n}\sum_{i=1}^{n}X_i, \quad S^2 = \frac{1}{n-1}\sum_{i=1}^{n}(X_i - \bar{X})^2$$

はそれぞれ平均と分散の推定量である．$X_1, X_2, \ldots, X_n$ が互いに独立に $\mathrm{N}(\mu, \sigma^2)$ に従うとき $\bar{X} \sim \mathrm{N}(\mu, \frac{\sigma^2}{n})$ であるから，$\bar{X}$ の標本分布は $\mathrm{N}(\mu, \frac{\sigma^2}{n})$ であり，標準誤差は $\frac{\sigma}{\sqrt{n}}$ である．

検定に用いられる統計量を**検定統計量**（**test statistic**）という．

11.9.2 不偏性

あるパラメータ θ の推定量

$$\hat{\theta} = \hat{\theta}(X_1, X_2, \ldots, X_n)$$

について

$$\mathrm{E}[\hat{\theta}] = \theta$$

が成り立つとき，$\hat{\theta}$ は θ の**不偏推定量**（**unbiased estimator**）であるという．X_1, X_2 ..., X_n が互いに独立に $\mathrm{N}(\mu, \sigma^2)$ に従うとき，標本平均 $\bar{X}$ は μ の不偏推定量である．さらに，11.7.5 項で見たように

$$W = \frac{\sum_{i=1}^{n}(X_i - \bar{X})^2}{\sigma^2} \sim \chi^2(n-1)$$

となる．カイ 2 乗分布の平均はその自由度に等しいので

$$\mathrm{E}[W] = n-1$$

となる．このことを用いれば，

$$\mathrm{E}[S^2] = \mathrm{E}\left[\frac{\sigma^2 W}{n-1}\right] = \sigma^2$$

となるので，S^2 は σ^2 の不偏推定量であることがわかる．

11.9.3　有効性

パラメータ θ の 2 つの不偏推定量を $\hat{\theta}_1, \hat{\theta}_2$ とする．このとき

$$\mathrm{V}[\hat{\theta}_1] < \mathrm{V}[\hat{\theta}_2]$$

ならば，$\hat{\theta}_1$ は $\hat{\theta}_2$ よりも相対的に有効であるという．

$\hat{\theta}$ よりも有効な推定量があるかを判断する上では，p.49で説明したクラーメル・ラオ（Cramèr-Rao）の下限が有用である．

11.9.4　一致性と確率収束

2.1.2 項でも説明されているように，確率変数 X_n について

$$\lim_{n \to \infty} \mathrm{P}(|X_n - X| < \epsilon) = 1$$

が任意の正の ϵ に対して成り立つとき，X_n は X に**確率収束する**（**converge in**

probability）といい，

$$\operatorname*{plim}_{n\to\infty} X_n = X \quad \text{または} \quad X_n \xrightarrow{\text{pr}} X$$

と書く．X は確率変数でも定数でもかまわない．

あるパラメータ θ の推定量

$$\hat{\theta} = \hat{\theta}(X_1, X_2, \ldots, X_n)$$

について $\operatorname*{plim}_{n\to\infty} \hat{\theta} = \theta$ が成り立つとき，$\hat{\theta}$ は θ の**一致推定量**（**consistent estimator**）であるという．

11.9.5 確率収束とほとんど確実な収束

2.1.3 項でも説明しているが，確率変数の列 X_n について

$$\mathrm{P}\left(\lim_{n\to\infty} X_n = X\right) = 1$$

が成り立つとき，X_n は X にほとんど確実に（almost surely）収束する，または，確率 1 で（with probability 1）収束するといわれ，$X_n \xrightarrow{\text{as}} X, X_n \xrightarrow{\text{wp1}} X$ 等のように表す．

11.2.1 項で定義したように，確率変数 $X_n = X_n(\omega)$ は標本空間 $\mathbf{\Omega}$ 上の点 ω の関数であることを思い出せば，ほとんど確実な収束は以下のように理解できる．まず，適当に ω を固定したとしよう．ω が与えられているので，$X_n(\omega)$ は確率変数の実現値，つまり非確率変数になる．したがって，$X_n(\omega)$ は非確率変数の数列なので，その収束は通常の（非確率変数の）極限の概念に基づいて判断できる．そこで $\lim_{n\to\infty} X_n(\omega) = X(\omega)$ が成立するような ω の集合を $\mathbf{\Omega}_0$ としよう．この $\mathbf{\Omega}_0$ について $\mathrm{P}(\mathbf{\Omega}_0) = 1$ であるとき，$X_n \xrightarrow{\text{as}} X$ である．

これに対し確率収束は，$|X_n(\omega) - X(\omega)| < \epsilon$ となる ω の集合を $\mathbf{\Omega}_n$ とすれば，$\mathbf{\Omega}_n$ は当然 n に依存するが，どのような正の ϵ に対しても確率 $\mathrm{P}(\mathbf{\Omega}_n)$ の列が 1 に収束する，つまり際限なく 1 に近づいていくことを意味している．

2.1.3 項でも述べたように，$X_n \xrightarrow{\text{as}} X$ は $X_n \xrightarrow{\text{pr}} X$ を意味するが，逆は成り立たない．確率収束するがほとんど確実な収束はしない確率変数列としては，次のようなものを考えることができる[10)]．まず，$X_1 = 1$ である確率は 1 であるとする．次の 2 つの確率変数 X_2, X_3 は 1 つが 1，もう一方は 0 になり，どちらが 1 になる確率

も等しく，$\mathrm{P}(X_2=1)=\mathrm{P}(X_3=1)=\frac{1}{2}$ であるとする．次の3つの確率変数 X_4, X_5, X_6 はどれか1つが1，残りは0となり，どれが1になる確率も等しい（つまり $\mathrm{P}(X_4=1)=\mathrm{P}(X_5=1)=\mathrm{P}(X_6=1)=\frac{1}{3}$ ）．同様に繰り返して確率変数列を作っていけば，$\frac{k(k-1)}{2}+1 \leqq n \leqq \frac{k(k+1)}{2}$ であるような k 個の X_n ついて，どれか1つは1，残りの $k-1$ 個は0となり，$\mathrm{P}(X_n=1)=\frac{1}{k}$ かつ $\mathrm{P}(X_n=0)=\frac{k-1}{k}$ である．このような X_n を考えれば，$\frac{k(k-1)}{2}+1 \leqq n \leqq \frac{k(k+1)}{2}$ を満たす n と任意の $0<\epsilon<1$ に対して

$$\mathrm{P}(|X_n|<\epsilon)=\frac{k-1}{k}$$

である．$n\to\infty$ のとき $k\to\infty$ であるから $\lim_{n\to\infty}\mathrm{P}(|X_n|<\epsilon)=1$ が成立し，$X_n \xrightarrow{\mathrm{pr}} 0$ となる．しかし，どのような実現値の列を考えても，$\frac{k(k-1)}{2}+1 \leqq n \leqq \frac{k(k+1)}{2}$ であるような k 個の X_n のうち1つが必ず1になるので，$\lim_{n\to\infty} X_n(\omega)=0$ が成立するような ω は存在しない（どんなに大きな n をとっても，$X_{n'}=1$ となるような $n'>n$ が存在する）．したがって，$X_n \xrightarrow{\mathrm{pr}} 0$ は成立するが，$X_n \xrightarrow{\mathrm{as}} 0$ は成立しない．

11.9.6 分布収束と中心極限定理

確率変数 X_n の分布関数を $F_n(\cdot)$ とする．2.1.1項でも説明しているように，$F(\cdot)$ の全ての連続な点 c で $\lim_{n\to\infty}F_n(c)=F(c)$ が成り立つならば，X_n は分布関数 $F(x)$ を持つ確率変数 X に**分布収束する（converge in distribution）**といい，$X_n \xrightarrow{D} X$ と表す．収束先の分布，つまり $F(\cdot)$ を分布関数として持つ確率分布は**極限分布（limiting distribution, limit distribution）**と呼ばれる．

特に重要な分布収束の例は，以下の定理で与えられる．

定理 11.9.1

$X_1, X_2, \ldots, X_n$ は平均 μ, 分散 σ^2 を持つ分布から独立に得られた標本であるとする．このとき

$$S_n=\frac{1}{\sqrt{n}}\sum_{i=1}^{n}\frac{X_i-\mu}{\sigma}=\frac{\sum_{i=1}^{n}(X_i-\mu)}{\sigma\sqrt{n}}=\frac{\sqrt{n}(\bar{X}_n-\mu)}{\sigma}$$

10）この例と11.9.6項で見る分布収束が確率収束を意味しないことを示す例は，Davidson（1994）による例をもとにしている（2章の脚注2を参照）．

は標準正規分布に分布収束する．ただし，$\bar{X}_n = \frac{\sum_{i=1}^{n} X_i}{n}$ である．

この定理は**中心極限定理**（**central limit theorem；CLT**）と呼ばれる．2.4 節では，X_i の平均が 0 であると仮定しても一般性は失われないことを述べた上で $\mu=0$ の場合を考えたが，ここでは一般的に $\mu \neq 0$ の場合について考えておこう．

[証明] 証明は X_i の積率母関数の存在を仮定して行うが，積率母関数が存在しない場合でも，積率母関数を特性関数に置き換えれば，証明はほとんど同様に行うことができる．

$X_i-\mu$ の積率母関数は

$$M_{X_i-\mu}(t) = \mathrm{E}[e^{t(X_i-\mu)}] = e^{-\mu t}\mathrm{E}[e^{tX_i}] = e^{-\mu t}M_{X_i}(t)$$

であるから，X_i の積率母関数が存在すれば $X_i-\mu$ の積率母関数も存在する．ここで，$\mathrm{E}[e^0]=1, \mathrm{E}[X_i-\mu]=0, \mathrm{E}[(X_i-\mu)^2]=\sigma^2$ であるから $M_{X_i-\mu}(0)=1, M'_{X_i-\mu}(0)=0, M''_{X_i-\mu}(0)=\sigma^2$ が成立する．ただし $M'_{X_i-\mu}(0), M''_{X_i-\mu}(0)$ はそれぞれ $M'_{X_i-\mu}(t), M''_{X_i-\mu}(t)$ を $t=0$ で評価したものである．したがってテイラーの定理（9.4 節参照）により

$$\begin{aligned} M_{X_i-\mu}(t) &= M_{X_i-\mu}(0) + M'_{X_i-\mu}(0)t + \frac{M''_{X_i-\mu}(\xi)}{2}t^2 \\ &= 1 + \frac{M''_{X_i-\mu}(\xi)}{2}t^2 = 1 + \frac{\sigma^2 t^2}{2} + \frac{[M''_{X_i-\mu}(\xi)-\sigma^2]t^2}{2} \end{aligned}$$

を満たす ξ が 0 と t の間に存在する．

次に S_n の積率母関数を考えると

$$\begin{aligned} M_{S_n}(t) &= \mathrm{E}[e^{tS_n}] = \mathrm{E}\left[e^{t\frac{\sum_{i=1}^{n}(X_i-\mu)}{\sigma\sqrt{n}}}\right] = \mathrm{E}\left[\prod_{i=1}^{n} e^{t\frac{X_i-\mu}{\sigma\sqrt{n}}}\right] \\ &= \prod_{i=1}^{n}\mathrm{E}\left[e^{t\frac{X_i-\mu}{\sigma\sqrt{n}}}\right] = \left\{\mathrm{E}\left[e^{t\frac{X_i-\mu}{\sigma\sqrt{n}}}\right]\right\}^n = \left[M_{X_i-\mu}\left(\frac{t}{\sigma\sqrt{n}}\right)\right]^n \end{aligned}$$

となる．1 行目から 2 行目への変形には，$X_i-\mu$ が互いに独立であることを用いた．

ここで，先のテイラーの定理の式で t を $\frac{t}{\sigma\sqrt{n}}$ で置き換えると，

$$M_{X_i-\mu}\left(\frac{t}{\sigma\sqrt{n}}\right)=1+\frac{t^2}{2n}+\frac{[M''_{X_i-\mu}(\xi')-\sigma^2]t^2}{2n\sigma^2}$$

が成立する．ただし，ξ' は0と $\frac{t}{\sigma\sqrt{n}}$ の間の値である．したがって

$$M_{S_n}(t)=\left\{1+\frac{t^2}{2n}+\frac{[M''_{X_i-\mu}(\xi')-\sigma^2]t^2}{2n\sigma^2}\right\}^n$$

となるが，$n\to\infty$ のとき，$\xi'\to 0$ なので

$$\lim_{n\to\infty}[M''_{X_i-\mu}(\xi')-\sigma^2]=0$$

となる．証明は省略するが，$\lim_{n\to\infty}h(n)=0$ を満たす任意の関数 $h(n)$ に対して

$$\lim_{n\to\infty}\left[1+\frac{a}{n}+\frac{h(n)}{n}\right]^n=e^a$$

であることを用いれば

$$\lim_{n\to\infty}M_{S_n}(t)=e^{\frac{t^2}{2}}$$

が得られるが，これは標準正規分布の積率母関数に他ならない．したがって，$S_n\xrightarrow{D}\mathrm{N}(0,1)$ となる．■

$S_n=\frac{\sqrt{n}(\bar{X}_n-\mu)}{\sigma}\xrightarrow{D}\mathrm{N}(0,1)$ であるとき，$\bar{X}$ は近似的（approximately）または漸近的（asymptotically）に $\mathrm{N}(\mu,\frac{\sigma^2}{n})$ に従うという意味で

$$\bar{X}\overset{a}{\sim}\mathrm{N}\left(\mu,\frac{\sigma^2}{n}\right)$$

と表す．

ここでは，代表的な例として X_i が共通の平均と分散を持つ独立な確率変数である場合の中心極限定理を証明した．実際には，2.4節でも述べたように，X_i の平均や分散が異なる場合や，X_i が独立でない場合でも，特定の条件の下で中心極限定理が成立することが知られている．

また，2.4節でも述べたように，確率収束は分布収束を意味するが，分布収束は確率収束を意味しない．よって，定理11.9.1で与えられた条件の下で，$\operatorname{plim}_{n\to\infty}S_n=S$ となるような S（ただし $S\sim\mathrm{N}(0,1)$）は存在しない．もし $\operatorname{plim}_{n\to\infty}S_n=S$

が成立するならば，標本の大きさを2倍の $2n$ にした

$$S_{2n}=\frac{1}{\sqrt{2n}}\sum_{i=1}^{2n}\frac{X_i-\mu}{\sigma}$$

についても $\operatorname*{plim}_{n\to\infty} S_{2n}=S$ が成立しなければならず，$\operatorname*{plim}_{n\to\infty}(S_{2n}-S_n)=0$ となるはずである．ここで S_n' を S_{2n} に含まれる項の $n+1$ 番目から $2n$ 番目までの n 個の和を標準化したもの，つまり

$$S_n'=\frac{1}{\sqrt{n}}\sum_{i=n+1}^{2n}\frac{X_i-\mu}{\sigma}$$

とすれば，$S_{2n}=\frac{S_n+S_n'}{\sqrt{2}}$ であるから

$$S_{2n}-S_n=\left(\frac{1}{\sqrt{2}}-1\right)S_n+\frac{1}{\sqrt{2}}S_n'$$

となる．S_n と S_n' は，$\sum$ で計算される確率変数の和が「1番目から n 番目までの n 個」と「$n+1$ 番目から $2n$ 番目までの n 個」という点しか違いがないので，$\operatorname*{plim}_{n\to\infty} S_n=S$ が成立するならば $\operatorname*{plim}_{n\to\infty} S_n'=S$ も成立しなければならない．このとき，

$$\operatorname*{plim}_{n\to\infty}(S_{2n}-S_n)=\operatorname*{plim}_{n\to\infty}\left(\frac{1}{\sqrt{2}}-1\right)S_n+\operatorname*{plim}_{n\to\infty}\frac{1}{\sqrt{2}}S_n'$$
$$=\left(\frac{1}{\sqrt{2}}-1\right)S+\frac{1}{\sqrt{2}}S=(\sqrt{2}-1)S$$

となり，これは明らかに $\operatorname*{plim}_{n\to\infty}(S_{2n}-S_n)=0$ に矛盾する．したがって，$\operatorname*{plim}_{n\to\infty} S_n=S$ となるような S は存在しない．

実際には，S_n と S_n' は共通の X_i を含んでいないので独立であるから，全ての n に対して

$$\mathrm{V}[S_{2n}-S_n]=\left(\frac{1}{\sqrt{2}}-1\right)^2\mathrm{V}[S_n]+\left(\frac{1}{\sqrt{2}}\right)^2\mathrm{V}[S_n']=2-\sqrt{2}$$

が成立する．S_n と S_n' についてはそれぞれ中心極限定理が成り立つので，$S_{2n}-S_n\xrightarrow{D}\mathrm{N}(0,2-\sqrt{2})$ ということになる．

●——参考文献

ここでは，本書を読むにあたって参考になる文献と，さらなる学習に役立つであろう文献のいくつかを挙げておく．

線形代数・微分積分学

◆ 石村園子『やさしく学べる線形代数』共立出版，2000年．

◆ 石村園子『やさしく学べる微分積分』共立出版，1999年．

◆ 永田靖『統計学のための数学入門30講（科学のことばとしての数学）』朝倉書店，2005年．

統計学

◆ 豊田利久・大谷一博・小川一夫・長谷川光・谷崎久志『基本統計学（第3版）』東洋経済新報社，2010年．

◆ 森棟公夫・照井伸彦・中川満・西埜晴久・黒住英司『統計学（New Liberal Arts Selection）』有斐閣，2008年．

数理統計学

◆ Hoel, P. G., *Introduction to Mathematical Statistics* (5th Edition), Wiley, 1985.（浅井晃・村上正康／共訳『入門数理統計学』培風館，1978年．）

◆ Hogg, R. V., J. McKean and A. T. Craig, *Introduction to Mathematical Statistics* (7th Edition), Pearson, 2012.（豊田秀樹／監訳『数理統計学ハンドブック』朝倉書店，2006年．）

◆ Gallant, A. R., *An Introduction to Econometric Theory*, Princeton University Press, 1997.

計量経済理論全般

◆ 山本拓『計量経済学』新世社，1995年．

◆ 森棟公夫『計量経済学（プログレッシブ経済学シリーズ）』東洋経済新報社，1999年．

◆ 羽森茂之『ベーシック計量経済学』中央経済社，2009年.
◆ 浅野皙・中村二朗『計量経済学（第2版）』有斐閣，2009年.
◆ 末石直也『計量経済学――ミクロデータ分析へのいざない』日本評論社，2015年.
◆ Hayashi, F., *Econometrics*, Princeton University Press, 2000.
◆ Wooldridge, J. M., *Econometric Analysis of Cross Section and Panel Data* (2nd Edition), MIT Press, 2010.
◆ Greene, W. H., *Econometric Analysis* (7th Edition), Pearson Education, 2011.
◆ Hamilton, J. D., *Time Series Analysis*, Princeton University Press, 1994.（沖本竜義・井上智夫／訳『時系列解析（上）定常過程編』『時系列解析（下）非定常／応用定常過程編』シーエーピー出版，2006年.）
◆ Hsiao, C., *Analysis of Panel Data* (3rd Edition), Cambridge University Press, 2014.（国友直人訳『ミクロ計量経済学の方法――パネル・データ分析』東洋経済新報社，2007年.）
◆ Davidson, J., *Econometric Theory*, Wiley-Blackwell, 2000.

漸近理論

◆ White, H., *Asymptotic Theory for Econometricians* (Revised Edition), Academic Press, 2000.
◆ Davidson, J., *Stochastic Limit Theory*, Oxford University Press, 1994.

データへの応用

◆ 沖本竜義『経済・ファイナンスデータの計量時系列分析（統計ライブラリー）』朝倉書店，2010年.
◆ 宮尾龍蔵『マクロ金融政策の時系列分析』日本経済新聞社，2006年.

計量経済分析用ソフトについて

◆ 加藤久和『gretlで計量経済分析』日本評論社，2012年.
◆ 松浦克己・C. マッケンジー『EViewsによる計量経済分析（第2版）』東洋経済新報社，2012年.
◆ 髙橋青天・北岡孝義『EViewsによるデータ分析入門――計量経済学の基礎からパネルデータ分析まで』東京図書，2013年.
◆ 北岡孝義・髙橋青天・溜川健一・矢野順治『EViewsで学ぶ実証分析の方法』日本評論社，2013年.
◆ 福地純一郎・伊藤有希『Rによる計量経済分析（シリーズ 統計科学のプラクティス）』朝倉書店，2011年.
◆ 筒井淳也・平井裕久・水落正明・秋吉美都・坂本和靖・福田亘孝『Stataで計量経済学入門（第2版）』ミネルヴァ書房，2011年.

●──索　引

ア　行

カ　行

サ　行

タ　行

ナ　行

ハ　行

マ　行

ヤ　行

ラ 行

ワ 行

●——著者紹介

難波明生（なんば・あきお）

1974年生まれ。神戸大学大学院経済学研究科博士前期課程修了。神戸大学大学院経済学研究科助手、講師、助教授、准教授を経て、2015年より同大学教授。
専門は計量経済学、統計学。

計量経済学講義（けいりょうけいざいがくこうぎ）

●————2015年9月15日　第1版第1刷発行
著　者——難波明生
発行者——串崎　浩
発行所——株式会社　日本評論社
〒170-8474　東京都豊島区南大塚3-12-4　振替 00100-3-16
電話 03-3987-8621（販売），03-3987-8595（編集）
http://www.nippyo.co.jp
印刷所——精文堂印刷
製本所——難波製本
装　幀——林　健造
検印省略　
Printed in Japan
ISBN 978-4-535-55835-9